U0942344

給香港樂壇寫笑忘書

陳嘉銘
吳子瑜
海邊欄
著

推薦序
尚未完場的流行歌討論……

朱耀偉｜香港大學香港研究課程教授

本書題為《給香港樂壇寫笑忘書》，就如其中一位作者陳嘉銘所言，是為了在《給下一輪廣東歌盛世備忘錄》之後再寫「一本在消逝與遺忘的陰影之外，還可以有更多回憶的、感覺的、尚未完場的流行歌討論」。作為親身經歷書中論及的不同階段的歌迷，我完全感受到三位作者在陰影之外步步向前，給廣東歌寫情書的動人情感。本書既是續篇，我倒想從頭說起。

《備忘錄》講到「盛世」，在卡爾維諾之外，我也想起陳冠中。在談及他的《盛世》時，陳冠中指出盛世也有很多問題，叮囑我們要繼續問「盛世是一個怎樣的盛世」。三位作者曾在訪問中提到，他們定義的「盛世」是「多元化，也是累積而來」，《笑忘書》亦嘗試進一步呈現這種多元。《備忘錄》的副題是「香港樂壇變奏」，假如廣東歌的盛世已經來臨，到底流行樂壇又有什麼變奏？在陳冠中筆下，進入「盛世」期後，全民喜氣洋洋，令人歎為觀止。市況或許喜氣洋洋，可能有人亦歎為觀止，但作為廣東歌「大好友」，我經常記住黃霑的博士論文如何為當年香港流行樂壇把脈，列舉廣東歌衰落的七大因素，亦曾在另一篇文章以此為鑑，指出在目睹其股價突然急升本應興奮莫名之時，還是擔心基本條件沒明顯改善。比方，我完全明白本書重點在於歌詞，但除了歌詞題材外，作為流行音樂工業，廣東歌是否已經寫下「新的一句」，流行音樂工業又已否開發「新的秩序」（Serrini 語）？

三位作者在各自的序分別提到不少重點，篇幅所限，在此只能每位講其中一點。首先，我完全同意陳嘉銘所說：「眾聲喧嘩，又豈止今昔課堂，更是流行文化，也有香港樂壇」。我在自己的今昔課堂一直有討論亞當諾有關流行音樂與文化工業的理論，從當年不敢苟同到近年開始改觀，因為不想「眾聲喧嘩」變成亞當諾所説的「虛假個人獨特性」。吳子瑜引林家謙《邊一個發明了 Encore》突顯「一種不想完結的熱情」，「廣東歌可以一直的 Encore 下去」也是我心底寄望。此歌在流行音樂頒獎禮拿下「至尊歌曲大獎」，沒有唱片公司的「獨立歌手」林家謙橫掃主流頒獎禮，寫下的歷史無疑令人雀躍，但這個現像究竟又應怎樣詮釋？海邊欄提醒「我們需要放下記憶」，更重要的是「如果要放下，就要將記憶活化。」要眾聲喧嘩一直 Encore 下去，活化有關廣東歌的記憶，抗拒浪漫化或妖魔化的典型，正是不可或缺的努力。黃碧雲《盛世戀》以此作結：「太平盛世，最驚心動魄的愛情故事也只能如此。八十年代的香港。」林夕寫的同名歌詞則説：「但是實情在盛世／情被你我浪費／就讓慾望混合眼淚／輕洗禮」。要是不甘心廣東歌的故事「只能如此」，恐怕不可因慾望和眼淚而浪費真情。

假如本文讀來像書評多於一般的序，完全因為我真心推薦這本書，祝願他們的情書會繼續寫下去，也希望借此機會與三位真正熱愛廣東歌而又精通文化理論的作者延續「尚未完場的流行歌討論」。

推薦序

最後的唯一（所有本地歌詞的序與跋）

潘源良｜創作人

最初是因為窮
爸爸我可以學鋼琴結他嗎
拍照／沖曬／超八米厘那些……
其實連畫畫寫寫／都要買點工具吧
沒有
卻關不住／赤子的創意與好奇

然後是因為懶
慣了沉醉在自我腦海中／飄浮
手空空／無一物
聲串串／字連連
你其他什麼可以構思得天馬行空
但不能沒有工具記錄登載
我一任胡思亂想東拼西湊
但足以憑旋律音韻配合
引吭分享

進入了工業／進入了社羣
受歡迎／不受歡迎
各取所需
卻共同
唱／出／了／一／個／時／代
見證了詩經因何叫做
國風

領略了
座中泣下誰最多
於是我們既為盛世備忘
自然也有笑與非笑／忘或不忘
有辣有唔辣

説未來／太沉重
因為記憶需要延續
曾經的百花齊放黃金年代風雲歲月無非
心頭的老歌
意義挖掘出來就死不掉
一如
赫胥黎筆下那
默記着／沙士比亞的
最後的／唯一的
勇敢新世界

化整為零
又回到
毫無工具甚至連
借來的時間／借來的地方
都成為了自我預言般完成後的
一個人在隧道
卻囚不住
腦海飛翔的曲與詞
配合節拍的想像迴音

當
時代從大調走向小調
低氣壓把心聲模造成進行曲
大家從唱着唱着／寫着／講着／討論着
Canto pop
我們母語流出來的奶與蜜
依然擁有
與旋律節奏永遠像戀人親嘴般吻合的
一
字
一
句

推薦序
送給後備忘，笑忘前

黃志淙｜電台 DJ／文藝教育／策展人

從備忘錄到笑忘書，時光忽然倒流至捷克作家昆德拉（Milan Kundera）的時代。他的名著《生命中不能承受之輕》（*The Unbearable Lightness of Being*）在 1984 年出版，後來在 1988 年又拍成電影《布拉格之戀》── 剛好是我的高中和大學畢業之年，也是被流行音樂打動至要投身電台當 DJ，及至做研究的階段，然後作了這串文字／概念／身分／夢想：

AcadeMediArTradExperiencEducation...

事實上，閱讀《給下一輪廣東歌盛世備忘錄── 香港樂壇變奏》時，在三位作者陳嘉銘、吳子瑜和海邊欄的文章中，經歷、沉醉、沉溺於流行文化遼闊的天空、複雜的關係、趣致的情懷、矛盾的衝突，當然還有近年在心中及腦交戰時一堆胡思亂想和關鍵詞（#hashtag）：

亂世／後／疫症／世界／香港
HK Pop／Canto Pop
Zoom／AI
Diaspora／離散／散聚／留下
離不開／留不低
流行音樂／廣東歌／風再起時
理性討論／重新認識／定義
熟悉／陌生
遺失／尋找

歷史／身分
充權／無力感
坂本龍一離世
Sakamotology……

因此，能夠有幸被邀預先細閱新作《給香港樂壇寫笑忘書》，部分題目和名字，無論是分析抑或是感言也好，我彷如登上香港流行音樂的時光列車。透過三位作者的資料和故事，我們可以選擇在左右兩邊的窗，在不同的速度和維度，尋找音樂及文本以內以外的事情，反照社會文化的變遷，自己及身邊人的變化。

吳子瑜用林家謙的《邊一個發明了 Encore》表達對今次續集的興奮，也寄意廣東歌文化繼續安歌。的確，過去幾年的流行曲因為亂世和疫情，變得和樂迷更加貼近。不過，開關、復常、忙碌、報復式旅遊，還有流行文化潮流周而復始式的循環定理，到底盛世可以維持幾耐？好人好歌，絕對值得珍惜！內容生產者，則絕對需要深思！媒體呢？樂迷呢？

Re：療癒，黃妍、鄧小巧和岑寧兒的聲音和曲目，從輕入手入心，面對沉重的時代。在這個後創傷漫長康復期，對容易受傷的心靈，這些氛圍和剎那的烏托邦，肯定繼續需要去書寫、歌唱和想像。

海邊欄選擇了六個廣東歌 Icons，包括梅艷芳、王菲、謝安琪、陳奕迅、張敬軒及姜濤，大多由細聽到大的記憶，既有個人亦有集體的成長歲月，有點滴也有浪濤。透過分析她／他們的身分多義性與曖昧性、超越性和爭議性，我們耳聽眼見的又豈止是音樂和歌手，回憶和想像，可以無限！

陳嘉銘在新作自序分享由備忘到笑忘的心路歷程，或者是很多朋友近年的深刻感受。「能夠寫書，以應對消逝、遺忘，就是無憾、福氣。」我們的城市和世界經歷這些世紀苦難，生離死別，成年人面對也十分艱困，青少年更加難上加難。如果沒有文化藝術、流行音樂等陪伴、逃避、發洩等，可能困難的情況倍加，難以想像。

Re：林海峰「以港式手法」用音樂和幽默為我哋大家打氣！利不利伸，我都會説這位三十多年的電台同事與朋友，絕對在香港樂壇／文化界，超越天王／唱作人等慣常稱號。他是這樣獨特和超凡，尤其是近年他的馬拉松跑者身分和多年來在《在晴朗的一天出發》開咪，我久不久有機會代班，完全親身體驗他的厲害，而且也更佩服擁有如此能耐和創意的林狗。

Re：家駒，「千禧世代的情懷」及「中國 Fans」的探索，執筆此刻剛好是他的六十二歲生日。很多「永遠青春」和「搖滾不死」的懷緬和論述。

2023 至 24 年間，我有兩位近親離世，而音樂文化啟蒙、亦師亦友的坂本龍一也離開了我們。心痛和癒合都無法想像的艱辛，寄情音樂、大自然，卻有神奇的力量！

2024 夏

作者序
由此到彼，廣東歌讓我不處異鄉

陳嘉銘

寫這篇作者自序，裏頭一字一句，在過去兩年的很多個晚上，都在我的腦內縈繞。

■ 由天水圍到西門町

2021 年底，我到了台北，住在很多香港人視為旅遊景點的西門町。那時候，書寫前作《給下一輪廣東歌盛世備忘錄 —— 香港樂壇變奏》（下稱《備忘錄》）的工作仍在進行中，而我在該書的序寫到在台北的兩件事 —— 我看見有台灣人聽香港流行歌，甚至懂得用廣東話唱出來。

自此，我一直在西門町的一間小房子內，做着研究 —— 讀書、寫文，卻十之八、九，都是關於香港的流行歌、電影、文化現象，就像我人在外地，心卻在港，更會因一首老歌、一套舊片，回想起是哪年哪月，在成長的屯門友愛邨商場一間街坊辦的小舖，買過錄音帶；以至是某年某月，由父母帶到屯門新墟的戲院看電影……回憶不斷，都是過去的家人和事情，裏頭充滿了歌聲與光影。

我開始意識到，自己原來沒有離開過新界西，包括我成長的屯門、住過的馬灣，還有離港前所住的天水圍 —— 我的心緒都在香港。之後，我每晚在西門町、成都路、萬華區……台北市、新北市不停地步行，很多時都是競步前進，直到不再看手機的網絡地圖，都知道方位何在、人往哪去；終於我知道，自己已在這個地方感到自如，至少在地理上融入了。

這段步行與書寫的生活，讓我聽了更多的歌，都是港台新舊經典；然後我也在酒吧餐廳，做了幾次音樂會，唱香港的電影主題曲，説移居者的故事。畢竟，生命要有音樂，更要有書寫以外的興趣，而唱歌是我年少時的明星夢——我和李玟是同一年無綫電視《新秀歌唱大賽》的參加者，對方後來到台灣而爆紅，我在落選後，電視台因開班教演戲和唱歌而向我招手，就成了戲劇老師羅冠蘭的門生；但羅老師在訓練班畢業時語重心長地跟我説：「我覺得你應該是讀書的。」讓我深刻至今。

來到今天，我有幸自己沒有離開過流行音樂的明星夢，卻是因為讀書，讓我在同一條軌跡上，可以一邊唱歌，也一邊分析。在西門町這個曾經被不少台灣文化人視作流行文化的集中地，我找到尚存的佳佳唱片和九五樂府，雖已並非今日遊人必去的唱片店，但都讓我想起屯門友愛邨三十多年前的唱片小舖。在萬華區可見的街市、鞋店、食檔、藥房……都是老街坊隨時經營幾十年的心血，教我腦海不停閃現我愛的新界西——雖然很多人説一切有變，但我內心清晰的影像，從來都在。

■ 由《備忘錄》到《笑忘書》

只有寫作，教我可以心有所依；而我在這兩、三年的確寫了很多東西，也很需要這份實在感，讓我在台北，能夠記着自己的香港感覺。

終於，我因寫作而弄到腰痠背痛，在萬華區一間中醫診所接受推拿，由一個年輕的台灣醫師主理。那天我第一次來到推拿室，醫師叫我坐下稍等，他站在一旁用手機連接藍牙擴音器，播的竟然是謝霆鋒的《活着 VIVA》，而他隨即坐下，低聲用廣東話唱歌，同時在我背上使力！這首歌之後，是郭富城的《Para Para Sakura》，醫師再三使力，更把我的手臂和脊骨拍來翻去，骨骼作響，讓我心驚膽戰，尤其驚覺兩首歌詞所寫的「像威化般乾脆」和「關節都軟化」，何其應景，如直白我的筋腱痛感！

如我在《備忘錄》的序所説，台灣人對廣東歌的熟悉，是遠超我的想像。而前作讓我再次跟突破的編輯史曉晴合作，更給我向另外兩位作者海邊欄和吳子瑜請教的機會 —— 我們四人都熱愛香港流行文化，而因為修習文化研究，會為流行音樂、電影電視、網上影像和討論多想，是什麼教本土社會，再次對廣東歌趨之若鶩。這就是《備忘錄》成書的前提，我們都想為這個大家都愛的城市 —— 一個彈丸之地卻能夠發展出讓世界熱愛的流行物事，盡心記錄，把香港樂壇的歷史、回憶，以及種種早被遺忘的，或被忽略的人事、歌曲與唱作，透過分析再現出來。

前作的書名，是因為我想到意大利作家卡爾維諾的《給下一輪太平盛世的備忘錄》，希望不至冒犯而挪用，成了我們第一本討論香港流行音樂的專書名目。卡爾維諾這本作品出版於 1985 年，是他到美國談寫作的演講講稿，裏面分別説到五個主題 —— 輕、快、準、顯和繁，作為寫作手法與眾分享；本來的第六講是以「稠」作為主題，説到文學創作所考慮的「濃度」，可惜他的猝逝，要作品隨人生寫上句號。

卡爾維諾的這本書是為了替文學創作備忘，而我們的《備忘錄》都想以這種「留給下一個盛世」的說法叨光。但若果對照這六個寫作手法去衡量，我們的《備忘錄》未能盡善盡美；而我們後來發現，可以補遺的地方尤其多，要加大力度去寫的題材，更加之多。

在推拿之後，我的腰背並無鬆弛，但連同我在西門町的流離浪蕩和回望過去，讓我想到對流行文化的着緊，也像身體的痛感如影隨形。《備忘錄》是為了那幾年忽然再次火熱的廣東歌，以及社會運動與其後靜謐，着緊地寫下似會消逝的聲音；書在 2022 年面世，至少對我來說，是着重備忘，卻也承認幾年間在港感受到的創傷，是仍在治療當中。對照起來，推拿只是身體的條件反射，書寫才是內心的靈魂默禱。

於是，為了補遺、給力，我和史曉晴、海邊欄和吳子瑜說，不如從頭來過，寫一本在消逝與遺忘的陰影之外，還可以有更多回憶的、感覺的、尚未完場的流行歌討論。於是我們開始着力的談，腦震盪而想到香港樂壇的八、九十年代對照今天，幾個年代的多元性，會有怎樣的對照。

之後大家擬題撰文，並以四個主題組成脈絡 —— 第一章的「構築時代」，是再論香港樂壇從八、九十年代至今的種種議題，比如亞洲與台港關係、移民潮、疫情，更有攸關廣東歌的大體與細節；至第二章「撿拾遺忘」，我們會討論一些久未被人提及，甚至已然遺忘的樂壇人事，比如再論梅艷芳、王菲、林憶蓮，也深化四大天王之說，更談到周潤發、黃秋生、吳君如和袁詠儀這些影人都出過唱片的文化現象。如果說書的上半部分是為昔日補遺，那來到下半部分的第三章「忘記前塵」，就會觀照一種開明態度，與樂壇擁抱新人事而走向未來，當下香港樂壇的創作也更多表現對社會議題的關注，比如我們寫到 my little airport 與林一峰都有為城市而創作，亦有歌手與詞人會讓樂迷深思性別議題，更不乏陳奕迅與張敬軒等等在千禧前後出現的歌手，為時代所帶來怎樣的意義與承傳；而第四章「探問盛世」，我們除卻再論謝安琪與 Beyond 之外，更以不少新晉歌手的視野，談到比如黃妍、鄧小巧、陳卓賢、Serrini、陳蕾與姜濤等等，如何再造廣東歌的未來盛世。全書脈絡都希望可以再跟讀者分享，香港樂壇之為本土流行文化，重要之處都是人的參與和熱誠，而從過去一路走來，都是着意打開更多空間，去擁抱音樂寄語的自由。

然而，我仍會擔憂，歷史總是走在消逝的命途之上，這讓我想到捷克作家米蘭・昆德拉在 1979 年出版的《笑忘書》，是關於幾個平民如網狀的七個故事，也有「笑」與「忘」近乎不能並置的情緒，在故事中隱隱然透露出來，而説到「人類對抗權力的鬥爭，就是記憶與遺忘的鬥爭」。這是昔日布拉格的歷史一頁，也可能是世界的隱喻——是記憶與遺忘的拉鋸，「笑」與「忘」或者分庭抗禮；但如果遺忘會是一個地方的宿命，那麼通過笑去應對，更以筆墨備忘，就是笑忘之書，可會有憾？

流行歌的挪用，讓「笑忘書」三個字成了兩首歌的名字，是王菲 2000 年的《笑忘書》（即《給自己的情書》國語版，而國粵版本都由林夕填詞），以及張敬軒 2006 年的《笑忘書》（林若寧填詞）。前述問到，以笑去應對遺忘，可會有憾？原來就在這兩首歌中找到答案，正是關於成長，而終究在長大之後，要接受幼時所相信的童話、遊戲、彩虹、天堂——都是張敬軒版本《笑忘書》提到的物事，原來都會消逝；唯有王菲版本的《笑忘書》，彷彿是為了紓解我們面對消逝物事的失落，「將這樣的感觸／寫一封情書送給我自己……不失為天大的幸福」。能夠書寫，以應對消逝、遺忘，就是無憾、福氣。

所以《給香港樂壇寫笑忘書》由此而來，也是我們給自己的，給廣東歌的情書。而今次的寫作過程，對我來說，並不像寫作《備忘錄》的時候，在懼怕瞬間消逝的痛感中記錄（甚至療傷），反而是經過積累、沉澱的分析，加大力度為近幾十年的，也都是多元化的廣東歌，加深說法。讀者一書在手，就可以感受到力之所在，都是我城音樂的眾樂與笑聲。

■ 由眾聲喧嘩到眾聲喧嘩

在台灣的政治大學台灣史研究所任教學科「台港流行文化歷史與明星研究」的時候，我在課上遇到的學生，大部分都投入地為兩地的流行歌、電影和電視等現象聽講與分享，讓我為課堂上的眾樂與笑聲感動。很多時候，我想到自己的大學時代，香港大學社會學系的恩師吳俊雄為我們講課的場面，如電影蒙太奇在現實閃現；更想到，如果由他去講今天的課，他會如何有條不紊，說得清楚明白，而我作為當下的老師，又能否借鏡把內容說得動聽。

但在我教學生涯的十多年裏，最早的幾年畢竟有憾，是我把流行文化學科視為娛樂，而有失莊嚴，內容不夠扎實。後來，我做動物與生態人文學研究，然後成科教學，才想到面對將逝的自然生態，一切已不能夠嬉戲了事；再想到流行文化，畢竟也同樣有一套生態環境，會隨着氣候茁壯，亦會在人為的破壞裏滅絕。我開始以謙卑、虔誠的心態，面對自己任教的這些學科，也感恩前人為我留下研究與教學的楷模，讓我知道可以怎樣重新上路。

然而偶爾，我會在時局與世態中猶豫，尤其因緣際會，最近我在香港聽到大學學生的兩個報告。其一是關於日本動漫，同學説到宮崎駿的《千與千尋》裏有中國式的建築，而車田正美的《聖鬥士星矢》就有中國古代俠義小説的橋段，結論就是日本動漫乃源於中國；其二是關於 K-pop，同學説到一些女團有中國風，所以南韓流行音樂乃源於中國。課堂時間太短，而我沒有空間能夠為同學逐點釐清説法，便只能問到，是否在一些作品裏找到「中國風」，就能以整個文化產物「源於中國」作結？同學似乎明白了什麼，也直言以網上 KOL 的短片作為「參考」，不能作準。

不能作準的事太多了。今日上課，同學不單是對着電腦屏幕，更有手機屏幕，連同課室的投影屏幕（如果他們有留心的話），就是在三個屏幕上奔馳；然而反過來在尋找「參考」的時候，屏幕再多，卻沒有打開資料的寬度。我的猶豫，是現實中在課堂上感受到的眾樂與笑聲，有多少是能夠對等於大家認真看待流行文化與歷史。

與昔日同窗談起，才驚覺那可能是我的想當然。原來以前，還不是有同學走堂遲到，更有在課上聽歌（當然是 Walkman、Discman 或 MP3）、在筆記本繪畫，更有小聲談大聲笑。對照今天課堂，同學以手機聽歌、看網上影片、圍坐傾談而笑出聲響，甚至互搶零食、大吃泡麪或飯盒，都是司空見慣；而我更在香港遇過同學携着大包貨品，與兩、三同學分拆再重新包裝，準備轉售⋯⋯以前課堂上的眾聲，到今天的眾聲，都是喧嘩。這讓我知道在當下教學，不比昔日艱難，而我要緊記學科本是莊嚴，好好做一個「守尾門」的人，守護着正確之説。

想來，眾聲喧嘩，又豈止今昔課堂，更是流行文化，也有香港樂壇——八、九十年代有改編歌曲與本地創作、譚詠麟張國榮與四大天王、亦中亦西或不中不西，還有生哀死嗚種種是是非非；到今天有選秀與 MIRROR、北上與留港、真抄襲與純創作、廣告代言與粉絲應援，更有政治表態與歌手立場，隨時是一念天堂與一念地獄的歌迷反差，都有是是非非。

但眾聲喧嘩，從來都是流行物事多元化的明證；香港樂壇雖然是非多，產量與意象其實更多。至於眾聲的説法，在八、九十年代是為對應不明前景的喧嘩；來到今日的眾聲，卻是面對昭然若揭的社會界限而造勢。雖然流行娛樂，僅為反斗，偶爾也可以治療人心創傷。前文提過，我也是從聽流行歌的沉溺中治療，雖説沒有療癒，卻原來在眾聲喧嘩裏，總好過只聽到單一的聲音。

《給香港樂壇寫笑忘書》就是為着香港樂壇的眾聲喧嘩，由過去來到今天，從遺忘與回憶，再而書寫、緊記。我由西門町回望新界西，讓我在兩邊都不會自覺是異鄉人，正是因為多元化的流行音樂，從錄音帶、MP3 到手機，自耳邊溢滿心海——原來縈繞腦內的，不僅是這篇作者自序的一字一句，還有我最喜愛的廣東歌。

作者序

一次 Encore 的機會

吳子瑜

和你深信／叫安歌／會安歌
保管好這團火
就算此時離了座
定有一個未來／能伴着過

林家謙的《邊一個發明了 Encore》，說的是一種不想完結的熱情。觀眾看演唱會時，因為不想表演完結，最後用盡自己的熱情，向舞台大叫「Encore」，希望台上歌手可以多唱幾首，讓快樂延長。Encore 應該是人類最實際的貪心，觀眾清楚知道歌手不會永恆地唱，還是想在僅餘的空間與時間，增添滿足。我也開始明白 Encore 的心情——當我有機會將《給下一輪廣東歌盛世備忘錄》續寫下去，固然開心，但也不知道還有沒有下一次，只好趁還有機會的時候，繼續好好書寫，盡力做好這次的「Encore」。

廣東歌對我來說當然重要，很多言行舉止、思考方法、待人接物，甚至各樣想像，都是從廣東歌或者歌手身上學來的。過去比較難過的幾年，也是廣東歌作我部分的情緒出口，給予了我精神上的支持。

書寫上一冊時，正值疫情最高峰的時間。最恐怖的不是病毒，而是所有由病毒衍生出來的，關於人的一切。最擔心的不是自己生病，而是不想影響別人，因而令自己的情緒變得有點敏感。現在翻閱上一冊，重讀自己所寫的文章，從中能看見想抗衡某種力量的感覺，談了新電視台的重要性、鄭欣宜抵抗主流壓力的明星形象、廣東歌詞的新紀元運動等等，實是想在廣東歌裏，找一些力量讓自己面對當時的困境。

事過境遷，開始書寫這續冊的時間，已經是疫情的尾聲，各種各樣的防疫政策逐漸解除，大家試着回到正常生活的同時，我的情緒也隨環境慢慢變得平復。是次的續冊，就如是我當下心境的反映，從療癒系歌手、廣東歌對疫症意義的轉化，以至對香港的重新定義等等，似乎希望可以從廣東歌內，整理出一道從困境中康復的路徑。

幸好，有了這次 Encore 的機會，我才了解廣東歌的神奇之處在於，無論處於任何的狀態與位置，都總會找到一首歌，可以描述當刻的心情。不管是少年時候的懵懂，還是面對現實社會的殘酷，我都可以從廣東歌裏，得到安慰和理解。在此感謝一眾廣東歌的創作人，一直為不同年代的香港譜曲作詞，將城市形形色色的各種情緒，投放在旋律與歌詞之中，惠澤眾人。

最後，請容我在此 Encore 部分，好好感謝書寫過程的好夥伴。謝謝李展鵬博士的穿針引線；謝謝嘉銘、海邊欄與編輯的扶持、認同和分享。過去幾年，尤其是疫情的時候，我們幾位只能網上會面，那些年月實不好過，但與你們開會的片段，回想起來還是會心微笑。雖然我早就不太記得每次開會的目的，過程也是認真的，沒有搞笑，但記憶很美好。

呀！還有，幸好我可以 Encore，不然有些說話，真的不知如何跟讀者說。多謝每一位支持上一冊《給下一輪廣東歌盛世備忘錄》的、參與分享會的，甚至在分享會後，或者在書展來找我們交流分享的讀者。當中有人說了鼓勵的話，有人分享了自己聽廣東歌的經歷，也有人分享埋藏在廣東歌背後的個人隱私……都讓我感到了書寫廣東歌的意義，就是希望大家可以從喜歡的事情，言說出自己的故事。

希望大家可以找到值得喊「Encore」的事情，我也希望廣東歌可以一直的 Encore 下去。

作者序

一趟 Re-remembering 之旅

海邊欄

小時候聽王菲的《約定》，只認定它是一個淒美的愛情故事。

成長後逐漸明白，詞人藉着淒美的故事，思考記憶與「我」的關係。主角回望美好的情感片段，是為了確認自己當下的存在狀態。

這首歌的深層意義引領我思考回憶的作用。回憶（可以是思考過程，也可以是想像中的往昔片段）重要，是因為人本能地需要透過敍述自身的故事，來確認當下的生存意義，而回憶正是這些故事的主要素材。當下「我」透過選擇「我」認同或珍視的「過去」，對生命歷程作出敍述，把當下「我」跟想像中的過去「我」連成一條線，以建立同一性。換句話來説，記憶其中一個意義，有助建立身分認同，那些有關「勿忘初心」、「歸來仍是那個少年」的論述，跟這意義息息相關。

除了此，我從我的學習及生活經驗裏發現，記憶還有另一個更重要的意義。近年，我因着放不下過去的一些事情，開始接受心理諮商。有一次，諮商師着我畫一幅畫，並引導我就作品對過去作自由聯想。事後我理解，這樣做的目的，是希望透過回憶，重新組裝那些受壓抑的、不願提及的、已經遺忘的經驗，讓生命裏留下來的黑洞重新被納入敍述系統裏，使黑洞變得可見，人們能在直面它的過程中得到療癒。這種心理治療讓我明白，記憶是為了活化生命。

在接受諮商時，突破出版社、嘉銘、子瑜及我正在籌劃為《給下一輪廣東歌盛世備忘錄——香港樂壇變奏》寫續集，主題恰巧就是

「記憶」。這是一個良機，讓我可藉着書寫記憶來處理當時我面對的問題。

《給香港樂壇寫笑忘書》中，我寫了六篇文章。過程中，我彷彿看見過去的「我」向自己走來，承載年少時的信念、成長的啟蒙、美好的歲月、生命歷程的變幻等等。這些資源，讓我在漂泊及無根的生活裏找到一個穩固的身分認同，又為我帶來心靈的安慰。記憶，似在溫柔地對我說：「生活很艱難，但總算經歷過動人的歲月」。

可是，這種處理記憶的方法，如果走向極端，就有機會成為記憶的俘虜。例如，它使人沉醉於回憶而無法面對現實，又或者只能按「我」記憶中的生活方式及價值觀行事，拒絕接受自己或事物的可能性。

要避免此情況出現，我們需要放下記憶。如果要放下，就要將記憶活化。這兩次書寫計劃，我透過閱讀歷史材料，代入每一個研究對象，包括明星、填詞人、樂迷、大眾傳媒等等，試把自己置於他們的脈絡，跟他們展開對話，體察他們對世界的認同及理解，跟我記憶中的現實，有何相似、相異以及相反的地方。在爬梳、整理及對比的過程中，我聽見破壞同一性的雜音、重遇一直刻意遺忘的創傷、重新見到自己在視野上的盲點、觸碰到銘刻於生命年輪裏各式各樣的裂痕。

更重要的領悟，是我覺察自己仍未有放下過去的能力，總是留戀美好，逃避創痛，又因着這些執著而生起各種渴愛與困苦。不過，每次記憶的組裝，都是直面模稜的練習，一點一滴為生命尋得更多可能性。

本書「笑忘」，是一種無所謂有，無所謂無的境界，而我正在路上，體驗「回憶活現時」，被它「挑逗」的滋味。

《給下一輪廣東歌盛世備忘錄——香港樂壇變奏》及《給香港樂壇寫笑忘書》的書寫計劃，對我而言，是一次千載難逢的機會，因此我必須衷心感激成就這趟記憶之旅，以及默默支持我的朋友們。不得不提的，當然是三位好拍檔：嘉銘、子瑜及 Dawn。荼蘼來得最晚，卻沒有因為春天正在消失而失去盛放的動力。感謝你們來到山上一同欣賞，又陪伴我繼續走這下坡路。一切一切，長居於心。

目次

第三章　忘記前塵

第四章　探問盛世

第一章

▼ 構築時代

「霓虹亮透晚上／把城內也照亮／猶豫在馬路上／只求在這午夜／找一個新方向」是達明一派的經典作品《今夜星光燦爛》（1987）開首的部分，在陳少琪的詞作裏，我們聽到「霓虹亮透」所象徵的香港，都在尋找新方向，以不同的可能性前行。

社會為構築時代而經歷起落，香港樂壇又豈能獨善其身？畢竟流行文化牽涉人與事、創作與對應；廣東歌與香港人一樣，也是隨時代的起落——運動與疫情、移民與離別，以至本土與跨界的互動，讓歌手與樂迷成長。第一章我們就會探尋廣東歌與時代並行的軌跡，再現燦爛有時，猶豫有時的每個年月。

疫下仍在的心跳脈搏——歌詞中的疫症隱喻

吳子瑜

一場世紀疫症讓整個城市停滯，一些以為牢不可破的城市特色，在外力的偷襲下，竟都變得脆弱無比。當時，佔據城市聲音的，只有新聞上的感染與死亡人數、疫苗接種人數、不同專家的意見，以及那些反反覆覆，來回不定的防疫政策，彷彿處處都是無形的危機、限制和監視。這幾年，全城在這樣時常提防的狀態過活——提防自己身體不適、與他人的接觸，還提防隨之而來、關於感染的無限可能與幻想，令每個人對自身身體的想像，不斷被官方的權力影響，將每個人的存在儼然隱藏於城中的潛在風險。

無論是 2003 年的沙士，抑或是 2020 年開始的新冠肺炎，官方及主流媒體對疾病的描述，都主導了大家對身體的想像，但流行曲呈現了另一種説法——就如填詞人會書寫疫症，卻沒有強調疫症的危險，而是努力帶領樂迷走出疫症的控制，擺脱苛刻無情的疫下社會。這是官方文件、新聞的大事紀錄難以捕捉到的色彩。

這些讓社會感到精神衰弱、恐懼和孤獨的疫症，的確給人有過翻天覆地的改變，但未必如我們所知只通向絕望，或許藉由流行曲，人們可以重新創造關於疫症的隱喻，找到另一種了解自己和社會的方法，讓人可以從無情的疫情之中得到解放。

■ 恐懼與突破恐懼

這兩場疫症傳播的途徑相當廣泛，既能經樓宇之間的渠道，又或透過飛沫及接觸傳播，當時很多患者根本無從得知自己的感染源頭；同時，因着疫症的高傳播性，政府實施了不少防疫措施，如社交距離限制，甚至要求隔離患者與密切接觸者。病毒和感染途徑的神秘和隨機性，自是一種對人的威脅，令我們的身體頓時成為心中的計時炸彈，任何人隨時都有機會無預兆地患病，被送去隔離。於是，人人自危，不時自我懷疑，像疑病症的徵兆。

雖然疫症讓社會充滿恐慌，流行曲卻呈現另一種的態度。周國賢（feat. 傅珮嘉）的《恐慌症與疑病之病》（2023，黃偉文詞）把對疾病的恐懼，喻為一種生存的提示，以驗證身體對周圍的環境仍有感覺，不至麻木，把疑病的「擔心」、「惶恐」及「悲觀」，視為防止「睡着」的提示，是刺激身體的感覺，強調此憂慮並非「弱點」，應好好保留。

泳兒的《早上 37.2 度》（2022，周耀輝詞）則談到「度數」。若人體體溫達攝氏 37.2 度，已經是低燒的徵狀，甚至在疫情的背景之下，容易疑想至確診新冠肺炎。本是讓人恐懼的現象，歌詞卻轉化為感受自我的途徑，「微微的燒」，只是「猶如青春」，續說「暖着暖着很好」，「可以活着很好」，藉此找回對生活的熱情。

官方對疫情的論述，是將大家的身體視為城市中潛在的風險，流行曲卻排除了疾病對身體的威脅，反而看為認識自我的途徑，讓經歷社會運動與疫症後曾一度對社會麻木的樂迷，尋回失去的感覺，重新連結自身與社會的關係。

■ 隔離與打破隔離

傳播率高的疫症，在人與人之間築起了一道圍牆，甚至將自己與世界分開，成為被隔離的個體。「隔離」、「密切接觸者」、「病毒株」等與疫症相關的用詞相繼出現，形塑出與身體有關的各種想像和限制。部分流行曲以這些突然冒起的新用詞為題，描述關係中的距離。

陳凱詠的《隔離》(2021，陳耀森、KW 朱敏希詞) 借「隔離」比喻歌者在愛情關係中被冷落，如同疫症患者的自我隔離，無法與他人接觸。歌詞中特別談到「十四天」，是被隔離者一般被隔離的日數，也直接寫出對方「隔離了我」時，「該怎去搞清楚」的無助。雲浩影的《密切接觸者》(2022，亞木詞) 則借疫情期間與染疫者有過接觸，且具染疫風險的「密切接觸者」概念，談到情侶間的愛恨糾纏。一般來說，被列為密切接觸者的人，需經過一段監測期，待檢測結果呈陰性後才可視為安全。密切接觸者的身分難言是好的，但歌者為了與愛人維持關係冒上風險，呈現情人既害怕受傷，又渴望親密的矛盾感覺。

雖然疫情令人際間變得疏離，讓不少人大為不慣，但有人因遠離了人羣，而得到脱俗的快樂。《一人之境》(2020，林家謙詞) 與《國際孤獨等級》(2023，黃偉文詞) 的主題同樣關於「孤獨」，卻説明「孤獨」不一定可悲，甚至可叫人享受。在林家謙的《一人之境》，歌者用熱鬧的派對與獨處的快樂作對比，一再頌唱「一個人原來都可以盡興／多了人卻還沒多高興」，有些人在獨處時才能聽見內心的聲音，這是過去習慣如常的社交生活時無法達到的境界。至於 Gareth T. 談到創作《國際孤獨等級》的靈感，來自疫情回港時的隔離，於是歌中反覆談到「我不怕悶」、「不怕寂寞」，甚至「喜歡孤獨」，直言「別派人來找我」，説明孤獨有時比起羣體的生活更有意義，至少不需為了迎合別人的要求而扭曲自己，讓自我可以在川流不息的社會中得以保存。

其實，自疫情影響全球，各地的既有生活模式完全改變，日常如上班、上課都變為在家工作、在家上學；以往的實體會面都變成了網絡會議。疫症的肆虐，雖曾讓全球陷入一段沉寂，但也因着疫症，讓人重新發現珍貴的感情生活。

過去幾年，人們為了避免感染，長期佩戴口罩，又因邊境的封閉，限制國際間流動，讓身處兩地的親友無法會面。當交流減少，自然會令人更加懷念、珍惜相見的日子。不少流行曲都談到疫情時的距離，視為觸發思念的誘因。馮允謙的《遠在眼前》（2020，藺慶峰詞）訴説疫情時候身處異地的情侶，「談情都只可隔着電腦」，反而更加掛念往日親身的接觸，甚至説「相隔愈遠／靈魂愈近」；黃明德的《沒有穿校服的日子》（2022，林若寧詞）談到疫情讓學生斷斷續續有兩年無法回學校上課，「不記得開學過／不記得畢業過」，錯失了珍貴的時光，連「討厭返學的」都變得「牽掛上堂」；Dear Jane（feat. SOPHY）的《給防護罩一吻》（2020，林寶詞）將疫情時常戴着的口罩喻為「防護罩」，讓人無法接觸，於是想除下防護罩，與情人親吻，「親親那細菌武器」；姜濤的《蒙着嘴説愛你》（2020，陳詠謙詞）則談到雖然人人都戴着口罩，對人的關懷卻更加深厚，直唱「即使要蒙着我嘴／更大聲歡呼／全憑愛令人堅持／還有各位的照顧」。

縱使因着各種社交距離措施，人與人之間的距離不斷被拉開，流行曲卻反其道而行，用疫症來突破生活的窠臼，並視之為讓人開發新生活方式的機遇，讓一度過分沉溺於效益的冷漠都市，找回屬於生命的熱情。

■ 疫下的荒謬與抵抗荒謬

就算以上種種流行曲的歌詞，從疫症的隱喻上，淡化了束縛社會的壓力，但不能否認的是，疫情時期的香港社會正受着天災與人禍的影響，所有人的基本權利和生活空間均被侵蝕，也似是等閒之事。當世事沒有辦法再用理性的邏輯預算或衡量，反映出來的荒謬感覺亦愈見明顯。然而，流行曲在這幾年間利用疫症的隱喻，展現香港社會反抗荒謬的態度，請樂迷別讓如此的荒謬，成為別人口中的「新常態」。

早在 2003 年的沙士後，有流行曲嘗試表達香港面對疫情生活的荒謬，頓悟人生的不可預測。梁漢文的《廢城故事》(2004，林夕詞)描述了一對情人的婚禮受到沙士影響而延遲，疫情完結卻已天人永隔，歌詞中「人這樣渺小竟反了天／恐慌裏會望見什麼的遠見」，道出天意弄人，生命何其荒謬和脆弱的觀點。同時，陳奕迅的《幸災樂禍》(2003，黃偉文詞)重申疫症只是荒謬生活的其中一項，不保證疫後一定會好起來，於是歌者學會「感激這困境／讓我見證／衰過的比較識去反應」，接受生命無理性的變化。這兩首歌認為生命總是無可預測的，叫人要努力在亂流似的生活中生存。而梁漢文的《新聞女郎》(2004，林夕詞)羅列了一系列在 2003 年發生過的大事，如美軍開戰、七一大遊行、巨星離世，以及沙士……面對這些大事，歌者囑咐擔任新聞主播的前度女友，「變成主播做得好」，「但你切勿麻木」。縱使世事總是遺憾的重複出現，但不要放棄對生命的熱情，包括為生命而悲哀，或是喝彩都好，力抗看似毫無意義的未來。

2020 年的香港，當疫症再一次出現時，不少流行曲又再一次借疫症，探討不同的生命主題。達明一派的《我的男朋友》(2021，林夕詞)借用防疫應用程式「安心出行」，討論如何在紛擾不定的社會中得到安心。歌中的「你」沒有安穩的狀態，不是「牽掛四周／憂慮永久」，就是已經瘋狂得「病到已喪心」。「安心出口／再安心出走」彷彿只是一個期望，甚有諷刺時弊之意。但是，談到最後，歌者還是寄語大家，縱在亂流漂泊，也要「安於不安」，「無愁無憂／願你我無內疚」，反映歌者面對荒謬生命時，不願被荒謬影響，仍然期望問心無愧，光明磊落。

許廷鏗的《有今生沒來世》(2022)，與《廢城故事》一樣同由林夕填詞，以籌辦婚禮的故事為背景，第一段以「前年你總以為明年會搞婚禮」，「不可抗力怎可能控制」，重提生命的無常，預備的事情沒有百分百的保障，不如趁珍重的人尚在眼前時，好好珍惜，發揮心中最大的熱情，擁抱每一刻的花火；甚至已經不再討論往後，如最後一句歌詞所言，「若關於永恆／請轉換話題」。又如，Maniac 與邱彥筒（Marf）的《仍有心跳脈搏》(2023，顏暐宗詞）提到雖然「荒誕像這一切也變成往常」，已是生活的本質，但人的狂想還是會在某處隱隱發熱，抵抗着荒謬的生命，更説「再將我相信的如煙火般綻放」，也「將已枯萎的心扉增添脈搏」，認為將自己的信念延續，才是對生命保持熱情的方法。

流行曲藉着疫症的隱喻，道出了香港社會疫情時的荒謬，但荒謬之中盡是不願與荒謬妥協的人。他們都寧願安於亂流之中，尋找生活的樂趣，也不甘於安逸裏，苟且的活着。於是，生命不須再讓既定的力量和模式框限，自由地展露每個生命的熱情和獨特性。

■ 小結：生活復常？

經過兩年多的疫情，香港社會無不受盡疫症的煎熬，瀰漫着恐懼與冷漠。官方在「防疫」與「生命」為先的原則下，實施各種嚴厲的防疫措施，以減低病症傳播的風險，然而生活在其中的大眾，面對生活上種種的扭曲，難免也會有點不是味兒，卻又無從申訴的無奈。

無情的疫下社會，曾經叫人失去了對未來的想像，流行曲卻在此時，成為了當時樂迷的安慰，紓解在疫症時期，每個被迫困在斗室的孤獨靈魂；也意圖改變疫症的隱喻，讓疫症所帶着的恐懼與冷漠，轉化成另一種生活的想像，及至對生命的熱情，甚至藉着勾勒疫情時的種種荒謬，叫人莫被荒謬的生活同化，要主宰自己的故事。

隨着疫情的退去，各種隔離措施一一取消，生活看似復常了。究竟在疫情時的荒謬，仍會在大家心中留痕嗎？當然，創作人繼續為香港的復常之路寫歌，但從當中的作品，如洪助昇的《生活復常》（2022，林若寧詞）講述親友離世後，一步步回復正常生活的痛苦、[1] 陳健安的《繼續繼續》（2023，Oscar 詞）講述香港經歷幾年的大事件後，繼續互助陪伴彼此出發、[2] 柳應廷脱離了前作《坐看雲起時》（2022，小克詞）的鬱結，在《從零開始的新世界》（2023，Oscar 詞）叫人嘗試從舊有的世界，一起脫胎到新的一章[3]……似乎香港的「抗疫」之路，仍然沒有在脫下口罩的一刻真正結束，還是有一些陰霾，在歌詞之中暗暗流動。

1 《叱咤樂壇》:〈洪助昇生活復常送俾一直鼓勵佢嘅離世朋友〉，商業電台，2023 年 1 月 10 日。

2 論盡音樂 PLUS:〈論盡專訪 陳健安《繼續繼續》〉，YouTube，2023 年 5 月 9 日，https://www.youtube.com/watch?v=U3cgDFkWtls。

3 商業電台 Hong Kong Toolbar：〈營造魔幻氣氛創開心新世界 Jer 柳應廷：兌現「唱山歌」承諾〉，YouTube，2023 年 3 月 17 日，https://www.youtube.com/watch?v=ZbK31lLLBs0。

忘記悲傷，後會有期，抑或一句 Ciao 之後的離不開？
—— 勾尋跨世紀廣東歌的移民心事

陳嘉銘

「曾以為有家就是安穩／當天氣改變世道人心／再溫馨都感覺似被幽禁／至發現城牆外面曠野那天空不算暗」。周國賢的《今生不回家》（黃偉文詞）在 2016 年推出，是一首關於移民的廣東歌，竟像預示了 2019 年後的移民潮時香港人的心緒，是對作為家的原居地失望，教人要在城外另覓風光。

移民，從來是人口流徙的現象；不能否認的是，香港從來扮演「移民城市」的角色，比如自四、五十年代，人口自中國流入，再在 1989 年後港人面對政治前景深感惶惑，再次流出至美加澳紐。但新一波的移民潮，自 2019 年至今仍未止息的人口流出，港人面對更加埋身的政治壓力。才三十年的時光，讓兩、三輩人再次感受移民的複雜情結，原來從未停止。

近年，香港樂壇湧現了不少以移民為主題的廣東歌，比如麥浚龍的《我在切爾諾貝爾　等你》（2020）、馮允謙的《地球來的人》（2020）、per se 的《不日之約》（2020）、KOLOR 的《可再遇見》（2020）、RubberBand 的《練習說再見》（2020）和《Ciao》（2021）、ToNick 的《離散序》（2021）、謝安琪的《離不開》（2021）、C AllStar 的《留下來的人》（2021）、柳應廷的《離別的規矩》（2022）和方皓玟的《HW1》（2022）等等。

值得追問的是，八、九十年代也有以移民為題的廣東歌，對照今昔，可見怎樣的分別？而移民心事來到今天，聽廣東歌又可否聽得釋懷？

■ 八、九十年代的兩段「移民三部曲」── 香港本位與末世情傷

其實，1972 年就出現許冠傑作曲，許冠文填詞的《鐵塔凌雲》，當中寫道：

鐵塔凌雲／望不見歡欣人面
富士聳峙／聽不見遊人歡笑
自由神像／在遠方迷霧
山長水遠未入其懷抱
檀島灘岸點點燐光
豈能及漁燈在彼邦？

説的是歌者走遍法國、日本、美國，發現「豈能及漁燈在彼邦」，而「彼邦」就是香港，也有歌頌香港比世界各地更好之意。當年移民潮是朝向香港，由四、五十年代開始在中國湧入，至七十年代流行文化建構本土意識，《鐵塔凌雲》配合許氏兄弟的電視電影作品，歡欣人面，當然就在香港了。

八十年代尾，離港移民潮出現，美加澳紐是想當然的目的地；而許冠傑在 1990 年的《同舟共濟》和《話知你 97》，可以連同《鐵塔凌雲》稱之為許氏的「移民三部曲」，因為當中唱的，仍是「香港是我家」的情緒。比如《同舟共濟》的兩段副歌，就唱到：

香港是我心／一顆不變心
實在極不願／移民外國做二等公民

必須抱着信心／把基礎打穩
盡力地做我本分／定能突破戰勝黑暗
香港是我家／怎捨得失去它
實在極不願／移民外國做遮菜斟茶
緊緊抱着結他／傾出這心裏話
但願藉着這番話／齊齊共你發洩一下
但願日後獅子山下／人人團結／永不分化

在許冠傑包辦曲詞的創作中，移民大多是以負面想像外國生活，並描寫成「移民外國做二等公民」或「做遮菜斟茶」，如同將慣以優越的香港人「降級」；而歌者的正面期盼，就唯有「但願日後獅子山下／人人團結／永不分化」。這種負面想像與正面期盼，承接着《鐵塔凌雲》而來，可以理解當中不無對香港的情意結，才會把一般移居海外的說法，甚至其時常說「香港乜嘢都有／點捨得走」想像呈現，難免把外地生活想作「他者」，只會「降級」港人。

來到《話知你 97》，許冠傑為電影《新半斤八両》（1990，陳欣健導演）包辦曲詞的一首歌，在開首更唱到：

未有耐到 97
拿起枝筆數下二千零廿八日（駛乜急）
已經預咗冇法走得甩（又冇 Short Cut）
移民外國亦係聽糟質

把移民直白為「聽糟質」，即如同「被虐待」的說法，是許冠傑對當年所謂面對「九七大限」的砌詞；然而，若果再細心一點去想，歌詞是非常被動的無可奈何，裏頭是說「預咗冇法走得甩」，才會有這句「移民外國亦係聽糟質」近乎無法離開，走不是而不走亦不是的空喊。更弔詭的，是歌者的應對，有副歌所唱的：

咪匿响屋企／速速 Call 機
Call 班知己／睇番齣無厘頭攬笑戲
卡拉 OK 隊樽拔蘭地 High High 吔
高聲亂唱再去旺角打機
買份八卦雜誌／睇下大姐媚
暇下邊個整容後揚威選美
明日懶鬼理／最緊要依家 Happy
話知佢死

面對無法離開而即便去到外國只是被虐，那留下來就唯靠「Call 知己」、無厘頭、卡啦 OK、隊（飲）白蘭地、打機、睇（讀）八卦雜誌等等，連同其時賣弄誇張身材的選美和「大姐媚」（葉子楣）也被搬弄作為「搞笑」詞作。不難想像，在搞笑的背後，其實更像是面對大限（也像大禍臨頭）而瘋狂的末世玩樂。當中描述的一切，沒錯是極有香港的本土娛樂特色，但難免更讓人在邊聽邊唱，也邊笑邊說「過癮」之後，感到非常蒼白而可怖的行為反差。

畢竟九十年代的移民潮，大多是港人對回歸有隱憂而選擇離港。港人其時怕的，不是香港，卻是九七之後的「無以名狀」，也就難怪歌神筆下的香港，仍是美好如斯，同時醜化外國生活，卻沒有對未來作出任何方式的「預言」。若果許冠傑的「移民三部曲」是以香港本位想像，卻流露末世惶惑的怪誕氛圍，那陳慧嫻的幾首涉及離開香港的歌曲——《忘記悲傷》（1986，潘源良詞）、《千千闋歌》（1989，林振強詞）和《夜機》（1989，陳少琪詞），也可以「移民三部曲」稱之，唱的是以情傷修飾的離愁。

情傷是因為失戀，比如《忘記悲傷》首段就唱到：

> 茫茫然到了機場／獨自踏進機艙上
> 再見了你的擁抱／過去了誰願再講

而《夜機》首段亦同樣唱到：

> 回頭再看／微微燈光／無止境／寂寥不安
> 藏身於無人機艙／心跟你道晚安

兩首歌無獨有偶都提及了機艙，如同歌者在離開過程的獨處空間，讓她回想與情人道別。《忘記悲傷》是潘源良在 1986 年的詞作，竟在 1989 年後的移民潮之前出現，更像是九十年代初陳慧嫻赴美升學的預示，是故由《夜機》承接了這份難捨的情意。這兩首歌更像失戀情歌，只想往外也往前奔出傷痛，如在《忘記悲傷》尾聲唱到的「忘記悲傷／求洗清心中苦惱往他鄉／如畫的風光我是一再看／但這一切沒有心怎欣賞」，《夜機》亦唱到「投奔於遙遙他方／願遺忘某寄望」，都強調了「洗清」和「遺忘」過去。記憶想當然是對情人的思念和難耐，但想到這份情也可以是對一個地方的感懷，也就可以聽出意在言外的離愁別緒。

及至當年陳慧嫻赴美升學之前，她的《千千闋歌》才是對歌迷表白移居的不捨，而抹走廣東歌必然與失戀掛鉤的情感；在林振強作詞的副歌，似為陳慧嫻的「移民三部曲」總結：

來日縱使千千闋歌／飄於遠方我路上
來日縱使千千晚星／亮過今晚月亮
都比不起這宵美麗／亦絕不可使我更欣賞
因你今晚共我唱

不再糾纏於昔日的回憶，而用心於當下的「這宵美麗」，欣賞與歌迷共唱的晚上。那或是釋懷的終章，讓陳慧嫻作為歌者可以重新上路。

不過，那只是一次歌者海外升學的美麗想像（甚或是「美麗誤會」）？畢竟陳慧嫻的「移民三部曲」比許冠傑的同類創作，更像是情傷的經歷與自省，而遠離了港人的流徙心緒；如果許冠傑的「移民三部曲」是香港本位卻又僅餘末世瘋狂，那兩人的六首作品，都可以說是沒有為移民作出深思。或者李克勤填詞的《後會有期》(1991)，才更能表達當年港人的矛盾心緒：

天空的飛鳥／飛到那一方
只想有一個／美夢寄他方
越過高山大海／又越過風與浪
還看遠岸／離別這海港

即使那天氣／會令你不安
即使會枯燥／也沒有相干

但那一切回憶／昨日裏千個夢
難以放下／仍沒法淡忘

誰願孤孤單單到遠地
為了呼吸新鮮的空氣
無奈這裏個個卻顧着自己

誰在這邊趕上機／誰在那邊講道理
害怕等最後限期像處死
或者相安無事／又或者朝三暮四
但這飛鳥已別離／後會有期

詞作中以「飛鳥」起承轉合，點出流徙如候鳥遷移的習性，也隱喻了港人的宿命，就更有深意地寫到，香港從來難是安身之所的無奈。至於外地生活的天氣與枯燥都被寫在歌中，卻無礙港人為了尋夢而移民的現實，就比許冠傑所寫的末日瘋狂，更有一種遠見與矛盾的情意。但歌最精彩的部分，是副歌説到港人對走與留的話語，比如裏頭寫的「趕上機」與「講道理」，在詞作中以對偶並置，而寫到人心的「相安無事」和「朝三暮四」，都逃不過「等最後限期像處死」的惶惑，皆是最精準的移民心緒，以三言兩語一覽無遺。

■ 新世紀二十年代的移民再現——言志與再見，救贖與和解

近年的離港移民潮，移居者明乎是對一個城市的惶惑與失望，相對上世紀八、九十年代，港人怕的是一個未及到來的政體，差天共地。所以，今天以移民為題的廣東歌，已不是許冠傑的香港本位而

同時醜化外地生活；更多詞作會是言志，並坦言渴望在新的家園尋得生機，如馮允謙的《地球來的人》，以離開地球描述出走到更理想的地方，隱喻移民，而在王樂儀的詞作裏，寫到副歌：

我們能出走／找新的嚮往
然後拋低過去／來默許所有記憶變薄
我們能升空／不管世界醜惡
城內祝福無多／坐上機艙去搜索

「機艙」如前述的《忘記悲傷》和《夜機》一樣，都是移居者前往目的地的載體，但《地球來的人》更直白「記憶變薄」、「世界醜惡」和「城市祝福無多」的心灰意冷，正正是前述所指移居者對城市惶惑與失望的緣由。

然而，一個城市若要改裝歷史説項，正是要昔日的「記憶變薄」，唯有人的感情不會異變。當下不少關於移民的歌曲，都以親人與友儕間的難捨再見，寫出心聲，比如 per se 的《不日之約》(Sandy Ip 詞)中寫到「想一起看海／櫻花之約猶在」的期盼。至於 KOLOR 的《可再遇見》(Mj Tam 詞)，更反覆唱到：

期望／可再遇見／你我那宏願
天空不測風雲／誰又可一一改變
城內軟禁笑臉／可關不到信念
何年何時／和你／張開一雙手／再遇見

詞中不畏言寫出一個城市已失去笑臉，但歌者面對離別，亦懷有與友人重遇的希望。這在 ToNick 的《離散序》（小龜、恆仔詞）副歌中得到和應：

風中飄過了灰煙
回想起低窪中並肩
緊握手裏的照片
深知花好但花缺難避免
來來去去／人總要經歷散聚
有一天／再相見

寫到「風中飄過了灰煙」，當然是見仁見智的城市或事件聯想，但也一定攸關對一個城市的感觸和失落，尾聲也是期望在來來去去之後的「再相見」。話已至此，就不難看出當下關於港人移民的詞作，不再像許冠傑般只提出「豈能及漁燈在彼邦」式的「歌頌香港」想像，卻是更坦誠地面對分開，以及承認我城總不一定美好的想法。就如《可再遇見》中亦寫到「看世界錯對一一顛倒／都不再意外／這都市哪日痊癒了？」指出一個城市在重病之後，人們的自我拯救與救贖，都是在他方重新上路。

移居者的救贖，當然是為了在他方得到意志的出口，也要面對走與不走——「棄城」與「留守」之類，如同兩方陣營的論述和對立關係，倒是在最後應有「和解」的時候，而不少詞作中就寫到「重聚」。哀愁一點的，是 C AllStar 的《留下來的人》（日云詞）內，多次唱到「餘生的浩劫」，卻在最後尋求「相擁」和「對話」：

祈求站在世界的終端相擁嗎
還能如常還能再對話
若到那天／地球還未塌下
尚能期待某種永遠嗎

説是留下來的人尚有期待，與已經離開的人，同樣盼望「最後仍可遇見」；但歌還是帶有哀愁而説到雙方的各有想法——「你繼續沿途歷險／我繼續尋求幸福了」，也讓歌迷感到那想像中的未來重聚，會是空中樓閣。

相對《留下來的人》，RubberBand 除了有《練習説再見》之外，成員與 Tim Lui 填詞的《Ciao》就是樂天的，為離開的人抱持着落戶外地的盼望，更承認即便各有想法，都是「活着去抵抗世界荒誕」，而唱到：

別要記掛家中丹桂
代你去澆水／再翻泥
任季節再更迭換替
迎着未來刷洗
尚未回家一天／不枯萎

再見偏説到紅眼
被時代拆散／才道別那樣難

這刻我們在一起／笑喊悲喜
巨浪翻起／亦是在一起

……
可過渡這別離
待那聚首終到期

詞中浪漫地以「家中丹桂」象徵原居地的物事，由留下來的人去承擔與照顧，讓離開的人大可以放心出行，更由歌者似道明離別不是任何一方的責任，只是「被時代拆散」；但同樣寄望着一同「過渡這別離」，而未來終可相聚。這是較《留下來的人》更呈現一種並肩前行的離別時光，而讓分開變得是共同宿命的過渡歷程。

除了救贖，不少歌手都在尋找面對離別的釋懷，比如 per se 的《不日之約》，副歌就唱到：

如果思念過於頻繁（快樂時／有限時／痛也遏止）
能否交換角色慨歎？（既定時／不得已）

是為離開與留下的人，想像交換角色，甚至在和唱部分想及「快樂有時」，而明白痛會遏止，是近乎放下執著的一種自圓其說。這種釋懷的觸感或思考，在謝安琪同樣以詩化書寫的《離不開》最後段落裏，就唱到：

從來沒有／身後人
無緣分都／不記恨
天陰缺月／有時
煙火散落／不止

從倒帶看的／春風得意
再聚何時
我所愛的／我不改
甜苦悲歡用我／承載

汗滴掛／春天的雲彩
落遍天／一方這星海
也裝滿似春風暖的愛
願花開／心無罣礙

整首歌本為「我的思緒離不開」的歌者感傷，但到最後就似對應《不日之約》的「快樂有時」而直白「天陰缺月有時」，更表現「我所愛的我不改／甜苦悲歡用我承載」的勇敢和承擔。那就不難理解為何歌以「願花開心無罣礙」作結，因為歌者似是消化了前文提及對一時一地的失落，而唯靠寄望在自身尋覓裏，想望春風和花開的一天。

如果《不日之約》和《離不開》因為詩化的曲詞而顯得釋懷，畢竟來得不易，那相對較有玩味性的，會是方皓玟在《HW1》以唱腔和詞作，表現面對有人離開，亦有人留下的無可無不可態度，更以一句「低調唱反調已經足夠」，暗示在一種體制的主旋律下，既然不能大聲說反對，卻又無力遠走，那又何妨低聲表達反對聲音？都是一種自處姿態——釋懷的出口，就在反斗。

■ 在切爾諾貝爾，不再離別？

雖說在《不日之約》、《離不開》和《HW1》中看到暗示釋懷的詞組，但面對一個地方的失落，又的而且確不能單靠簡單說法，而真箇完全把複雜的心緒放下；是故前述過去幾年來的大部分關於移民的歌曲，都僅僅只能以留下和離開的人，矛盾卻期望相聚的關係作為主線。

而說到不能完全釋懷的原因，更反映在一些意在言外的詞作中，而以愛情的糾結關係，連帶對一個地方的難捨情份。近年最有代表性，而又可堪對照的作品，分別是小克填詞，柳應廷主唱的《離別的規矩》，以及黃偉文填詞，麥浚龍主唱的《我在切爾諾貝爾 等你》。

兩首歌先讓人感到的，是空間 —— 柳應廷《離別的規矩》是以一個蝸居，透過室內景觀去書寫離別；相對麥浚龍的《我在切爾諾貝爾 等你》則較多以城市的景觀，作種種室外物事的描寫甚至聯想，讓人想到一個地方的風光不再，但歌者卻為了所愛的人而留下。或者可以先以《離別的規矩》去想像，開首的兩個部分，就分別唱到：

> 她推開／那一扇窗
> 想推翻／世間信仰
> 你盼望／曾經／深信的愛
> 可回復／正常
>
> ……

她關好／那一扇窗
雨落簷篷／緩和痛癢
傻臉掛在／玻璃窗
連夜雨／映襯間／原來是意象
最後／當雨聲／變祝福句

都是以室內的一扇窗引入，如電影蒙太奇般接到歌中（以「她」為名的）女主角關上窗的描寫，再寫到雨落、信仰，以至接到副歌的：

離開這／玲瓏蝸居
行多遠／仍然心碎
攀過遠山／臉龐是水
風裏飄過／遺憾眼淚

可以想像是歌者的離開，而窗邊留下來的人或被雨水沾濕臉龐，又或者雨水和淚水已交融，只餘下歌中有寫到的心碎剪影。

《離別的規矩》要寫的所謂「規矩」，就是因離別而必然教留下的或離開的人，都要面對傷心的歷程，致使歌中會把留下來的女主角，隨身影、眼淚、亂髮等等，都在一室蝸居中，只可決意放手，而看着窗外山水依舊，慢慢療傷。可以說，這個被視為蝸居的家，女主角只能在被動搖了的「愛的信仰」裏，活着。

相對來說，《我在切爾諾貝爾 等你》裏的主角倒沒有離開，更沒有家的聯想或束縛，卻在末世景觀裏活着，甚或為所愛的人留下、等待，如歌中唱到：

等你
在這崩潰的課室
沙礫裏／埋住了未染污之靈

等你
在這傾側的教堂
這命危巨塔／乃最初跟最後那約定

何解心暗喜
在這焦黑的戲院
堅貞到／陪着偉大建築殉情

如必需炸毀
留在世上那點幅射
都將會／叫世間／想起我的璀璨

這是歌的首節，以切爾諾貝爾作為空間，隨時讓人想到過百年的烏克蘭與蘇俄之間的主權爭戰，更有自 1986 年以來核電廠爆炸造成的輻射意外——似乎這個城市的動盪，就是它的歷史宿命。黃偉文以此填詞，就更引人多想，可見裏頭盡是「崩潰的課室」、「傾側的教堂」、「焦黑的戲院」，以至下一節還寫到「長草的議會」，彷彿分別代表了教育、信仰（與《離別的規矩》內「信仰」所指的信念或相信的東西，互有指涉）、文化與法治都盡皆崩壞，可見都是外在世界的異變，卻滿有隱喻地指向不同領域的瓦解。

但這些異變，並沒有改變人心，是故即使盡是「沙礫」、「毒氣」，以至第二節寫到的「白灰」和「放射塵」等等，讓人想到好些社會事件的同時，仍聽到歌中頌讚的「苦戀者信仰」；這又教人明白，為何歌者一再唱到「等你」，會「留在這地」和「殉情」，而最後更直白：

如若有天／這城又見／白灰飛／鋪千里
旁人在四竄／亦都不走等你
存亡若有命／洪爐熔掉／不必刻意避
情願抱着你／完成這壓軸戲
同遺落／放射塵／滿地

面對末日般的世界，歌者只有抱着愛人的意志，更坦言這種惡劣世態，「才能教會世人／學識不捨不棄」。相對《離別的規矩》說到一方出走而另一方留下，《我在切爾諾貝爾 等你》則是歌者在面對困境中堅守，甚或身處苦難中，才會生出信仰，與所愛相擁，而相信「也許守出個生機」。

■ 小結：釋懷有時？

究竟聽歌細味歌詞，可否為移民心事釋懷？如果《我在切爾諾貝爾 等你》的堅守信仰而可以「守出生機」，都算是一種意志的出口，那這種意志相信正是導向釋懷——至少那是無悔的堅毅精神，讓歌者懷有信念而留到最後。這必然跟《離別的規矩》所寫到的分開，更與前述《不日之約》、《離不開》和《HW1》說過渡與經歷，慢慢朝向釋懷之路不同；因為《我在切爾諾貝爾 等你》沒有如幾首作品一樣，說到心情變化，卻只像初衷不變的能量，抵抗着外頭世界不停流變的、消失的美好時光。

無可否認的是，以上幾首作品，再包括本文討論千禧後二十年代涉及移民、移居或離開為主題的廣東歌，都是以沉重詞作甚至唱腔，去表現離愁和糾結心事。這對於八、九十年代，如篇首討論的許冠傑「香港本位」作品，以及陳慧嫻的情傷作品而言，可以説當年廣東歌不太能夠展現移民心事的複雜情意結。畢竟今日的移民潮，盡皆攸關人們對一個地方的誠惶誠恐，而逼迫移居者彷如在切爾諾貝爾的想像裏，離開而存活。

然而，才幾年的廣東歌創作，要談幾十萬人離別的移民潮，能否釋懷，或者言之尚早，因為社會狀況未容大家解開心結，歌詞自然難寫「一切都沒有事」；更何況前述的歌曲大都有不少沉重的離別心緒，很難把它簡化為「沒有事」的理所當然，猶幸當下不少作品，都比八、九十年代的更有豐富情味。但如此「沒有事」，在八十年代的廣東歌曾經出現，是由潘源良填詞，1988 年達明一派的《今天應該很高興》，唱到「偉業獨自在美洲……瑪莉現活在澳洲」，是不同人身處異地，但理所當然而「快樂並肩」，都是日常，也是離散作為現實的平常心情。

若有一日歌曲把離散、移民視為日常，大家仍然互相觀望、並肩，如前述歌詞有云，港人是「被時代拆散」，當大家都能夠洗練出平常心，以處之泰然，就是真正釋懷之始了。

創造歷史的歧義，開發另一種可能
——香港流行曲中關於「九十年代」的幾種觀點

吳子瑜

1997 年 7 月 1 日，香港回歸，正式標誌這個城市另一段新的開始。

這個轉變牽涉政經生活各個層面，因此早在 1984 年簽訂《中英聯合聲明》，落實香港將在 1997 年回歸以後，社會已經有着不同討論。而香港的創作者則透過不同作品回應——有人熱烈歡迎，期望九七之後的香港，獲得更多的機遇，發展欣欣向榮；有人對未知的來臨抱有悲觀心態，認為香港大限已到；有人則無視變化將至，只管專注眼前的生活。九七在香港人之間，有着各式各樣的立場和演繹，所有立場同時存在，也互為影響，讓這些關於香港九七的不同歷史論述，一直「重複」。

關於歷史的「重複」，羅貴祥曾以德勒茲（Gilles Deleuze）對歷史的見解，認為歷史在勝利者的描述下，會淹沒了過去的其他可能性，歷史「重複」並非純粹毫無意義的懷舊或老調重彈，而是從中創造差異，拯救那些已被覆蓋的可能性和遭受隱藏的空白，重新思考原有的秩序。[1] 本文將會藉香港流行曲對「九十年代」的再三重複，發現關於香港「九十年代」的立場一直在衍生更多的差異，甚至在近年的創作人眼中，香港的「九十年代」已轉變為一個擁有美好回憶的年代，以抗拒今天過於消極的態度。

其中一説來自比較文學學者阿巴斯（Ackbar Abbas）。他認為各種媒介都抒發香港社會及文化空間正在消失的擔憂。他以香港電影為例，認為 1997 年 7 月不只是一個時代的終結，也是一種永遠存在的刺激，挑釁和促進變革的催化劑。八十至九十年代初，香港電影開始以不同形式，如《浮世戀曲》（1992，陳耀成導演）討論香港處理越南難民的問題；《妖獸都市》（1992，徐克導演）在限期之時有機會被妖獸入侵；或《英雄本色》（1986，吳宇森導演）演繹香港 1997 年的寓言，回應香港 1997 年主體消失的問題。[2] 香港電影對於九七的想像，不止於「前九七」時期對未來景況有所臆測，在踏入「後九七」時期，也多次表現對新時期、新身分的迷惘。

這個新的開始，不只像阿巴斯所言，刺激了香港電影創作，也影響了香港流行曲的演變。朱耀偉曾就八十至二千年代的流行曲，歸納出當中的「九七想像」及「後九七想像」，如八十年代開始，有部分歌曲將香港描述為末世，但當九七將至，便有歌曲暗喻當時港人沉醉在美好的生活之中。[3]「九七」就像夢魘一樣，重複成為歌詞創作的影子，永遠提醒香港正在一直失去自身的社會特色及文化空間。

以上兩種同屬於「九十年代」的不同歷史觀點，前者是九七之前香港人對未來的臆測和恐懼，後者則是臨近九七限期，部分港人選擇漠視重要的政治問題，專心過好眼前個人生活的態度。後來，隨着香港的時局變化，尤是近年面對社會問題和疫情夾擊之下，流行曲又掀起了一陣懷舊風潮，將曾經迷惘的「九十年代」，看成是一段逝去的美好時光。所以，流行曲不斷重複「香港的九十年代」，既可以是承認失去自我的一種方式，也可以是打破既定歷史的創造過程。

一個屬於香港的重要年代，它的意義在不斷重複述說下，既代表着「失去」，又代表了「重生」，甚至代表了「昔日的美好」。雖然年代的意義變得複雜、矛盾且多元，但歷史的差異可見香港流行曲，嘗試拯救過去被覆蓋的可能性，以主導的位置重寫香港某個年代的歷史意義。

■ 第一種「正在失去」的九十年代——恐怕這個璀璨都市光輝到此

如上所說，香港因為九七回歸，衍生了所謂「前後九七」時期。此時期粗略地形容了香港社會八十年代到 2000 年初的身分意識，而香港社會和文化醞釀「正在失去」的論述，便是由此時期開始一直綿延至今，成為了香港流行曲中一個敍述歷史的主要角度。

自 1984 年《中英聯合聲明》決定了香港的未來後，不少流行曲反映香港人對於 1997 年的疑惑和擔憂，如達明一派的《今夜星光燦爛》(1987) 描述了繁華都市的光輝不再、羅大佑和蔣志光的《皇后大道東》(1991) 預言香港將會進入一段截然不同的新時代、陳奕迅的《時代曲》(1996) 則描述香港在時代更迭之下，生活在其中的人紛紛道別而人去樓空的唏噓，均把「九十年代」的香港描述成末世、寂寥、高壓的城市。[4]

當然，疑惑和擔憂絕不會因為九七過去而結束，隨着接踵而來的社會事件，往後的流行曲依然延續着同一種歷史觀點，將香港視為一直失去自身色彩的城市，如楊千嬅的《集體回憶》(2007) 借清拆皇后碼頭，形容香港失去根源和憑據；Supper Moment 的《機械人》(2014) 將城市形容為僵化、麻木之地，剝奪了人的活力和情感；謝安琪的《雞蛋與羔羊》(2014) 提到城市的美好已經不再，要在不同的路段做好選擇；林二汶的《最後的信仰》(2019) 更提示別人要守好自己的心靈，不要給城市的外力磨滅；Dear Jane 的《銀河修理員》（2020）則將城市視為有待修補的空間。以上歌曲不約而同地視香港為正在消失的城市，處處在歌詞上表現出對香港的婉惜、不憤、無奈的情感。

這種香港正在「失去」的論述，由八十年代開始一直存在於流行曲中，也是香港人面對身分疑惑時的一種回應。不過，若然只從這種角度觀看「九十年代」，只會停留在被大論述壓迫的單一層次，欠缺了更多讓自己主導和創造的可能性。故此，如果香港的歷史在重大事件之外，仍然可以尋找到個人生活的空間，也是另一種屬於「九十年代」的歷史意義。

■ 第二種「生活」的九十年代——離時代遠遠沒人間煙火

八、九十年代，香港出現移民潮。雖然有不少香港人選擇離開，但是大部分人仍留在香港。鄧小平在討論香港未來去向時，曾以「馬照跑，舞照跳」及「五十年不變」承諾在一國兩制之下，香港人能維持本來的生活。流行曲在此新時代交接之間，在記錄時代的集體恐懼情緒以外，也盡力記錄大眾的日常生活。

自八十年代，商業電台先後推出保護本土流行音樂的政策，如 1988 年的「中文歌運動」，以及 1995、1996 年的「原創歌運動」，意圖讓流行曲擺脱早期改編歌的文化，但仍然避免不了因盜版、創作人質素參差、華語歌市場興起，導致廣東歌市場日益萎縮。[5]

隨着廣東歌市場開始式微，唱片公司將目標放在消費力較高的青少年身上，流行音樂因而有成人童稚化（kidult）的現象，致使歌曲選材更接近年輕人的生活。當時的歌手唱着童年單純的美好和成人世界的虛偽，同時把生活的點滴寫進歌詞。[6] 就如華星唱片為歌手塑造貼近生活的形象和歌曲風格，像楊千嬅早期的專輯，就滿是歌者對生活的所思所想，[7] 陳奕迅也以《我的快樂時代》（1998）、《新生活》（1998）等生活化的題材作為專輯主題。這些種種，加強了流行曲與生活的關係。

這些零碎的生活紀錄，雖然與如臨大限的九七情緒，有着差天共地的距離，但不能被忽略的，這是其中一種「香港九十年代」的歷史面向，不理會國家大事，專注於個人生活。例如楊千嬅的《再見二丁目》（1997）專注某些生活段落，勾起自己對生命的感觸；陳奕迅的《我的快樂時代》（1998）遠離現實的繁囂，追尋自己的夢想；梁詠琪的《新居》（1997）談到擁有自己的小天地，因而感到喜悅；謝霆鋒的《活着 VIVA》（2000）歌頌青春的脆弱敏感，每次的激動、陶醉，都是活着像蝴蝶起舞的證明；Twins 的《我們的紀念冊》（2002）懷念中學的歡樂時光。這些關於旅行、成長、校園點滴的故事，無不是微小且充滿生活的觸覺，還有點規避現實社會的意味。此處可能某程度呼應了黃霑所言，來自香港人長久而來的政治冷感，欲求生活的去政治化。[8]

至於近年，當社會發生太多事情，香港人開始從日常生活尋找香港的文化和歷史，流行曲也為此留下時代的足印，叫人在無力撼動的命運下，找到自己的每道微小。過去的政治事件雖然讓人無力，但現在的生活總可以讓人灌注熱情，不再規避現實，而是學習好好生活。謝安琪的《十二月二十二》(2011)將末日視作重生，拋棄了當中的恐懼和現實的庸俗，抓緊簡單的快樂，重建與人的情感；方皓玟的《你是你本身的傳奇》(2015)提及了生命即或不完美，但每人努力生活就足夠成為傳奇；許廷鏗的《停半分鐘聽一闋歌》(2018)放大半分鐘與一首歌的重量，尋回在城市中錯過的感覺；林家謙的《記得》(2023)記錄了城市內的種種瑣碎，如晚風、黃葉、螢鳥，保存自己有過的感動。

如果單從八十年代的角度觀看香港的未來，只會不斷衍生關於末日的預言，尤是從九十年代至今，恐懼的情緒已佔據了城市的一部分，而安逸、感動、積極彷彿不曾出現。然而，歷史從來都不應只有一種解讀，香港流行曲的創作人在恐懼以外，也有尋找日常生活的渴望，重新定義「九十年代」，記錄生活中的微小事情。

■ 第三種「美好」的九十年代
——玩弄時代新的痛楚，逐句宿命改寫得更多……

香港的「九十年代」是一種夢魘，又是一種尋找生活的新觸覺，但經過近年的風風雨雨，讓人不得不尋回昔日的美好時光。縱然香港流行曲中的「九十年代」確實出現不同歧義，但自更緊迫的情況出現在眼前，近年的懷舊風氣截取了「九十年代」美好的一面加以發揮，讓香港八、九十年代的繁華興盛，抗拒着某種今天過於消極的態度。

八、九十年代的香港電影曾興起過一段懷舊風潮，旨在新時代來臨前，重溫舊有的記憶，如《胭脂扣》（1987，關錦鵬導演）、《新難兄難弟》（1993，陳可辛、李志毅導演）、《92 黑玫瑰對黑玫瑰》（1992，劉鎮偉導演）等，都在尋找舊年代的影子。羅崗曾借用詹明信（Fredric Jameson）提出的「懷舊電影」（Nostalgic film）分析《胭脂扣》，認為「懷舊」只是「我們失去歷史性時，積極營造出來的一個徵狀」，也就是我們失去了香港，希望在電影中尋找香港的影子。[9] 時至今日，香港流行曲彷彿經歷了一個新時代，卻又踏上了懷舊的步伐，在流行曲尋找香港的過去。

近年，不同歌手都借用九十年代的元素，在新時代提倡過去的美好。麥浚龍的《The Album》系列，講述董折及浦銘心二人在 1986 年切爾諾貝爾核事故發生時相戀，但九十年代分開的故事——在這個企劃中，「九十年代」是主角曾經相愛的證明，有着甜蜜的時刻，也引申至香港變化前的美好回憶。麥浚龍的《情感的廢墟》（2019，黃偉文詞）和《忘記和記》（2019）的編曲均用上了九十年代廣東歌特色的電子樂器，[10] 訴說對浦銘心的深刻感情，同時藉歌曲勾起歌迷的集體回憶，如《情感的廢墟》的一句「誰沿途還在播深愛着誰」，指涉陳百強的《深愛着你》；《忘記和記》則指涉了盛極一時的電訊公司——和記電訊，甚至找來了當時和記電訊的廣告男主角黎明合唱。歌者一邊哀悼已然逝去的感情，一邊追悼過去動人的時刻。或者，就是一些不可抗力的因素與時代的更迭，使人忘記了我們在城市中，曾經有過如此美好的風光。

九十年代的美好，不只是一些浪漫的故事，還有入夜後，那些讓人可以在不夜城盡情狂歡的氣氛。Serrini 的《網絡安全隱患》（2021）和《越活越惹禍》（2021）用上香港八、九十年代風盛一時的 Disco

文化及曲風，在壓抑的年代以狂歡的態度懷緬昔日繁華。在七十年代，Disco 是美國人迴避現實的政治問題、經濟壓力時的娛樂文化，讓人藉隨意的舞蹈，享受避世的快樂。[11] 後來，Disco 文化在香港也有過一段光輝歲月。除了曲風以外，《網絡安全隱患》利用「我就會令你令你令你令你感覺很安全」，誇張地強調自己注重「安全」，以呼應近年愈來愈講求「安全」的社會氣氛，而《越活越惹禍》則延續了「安全隱患」的母題，卻寫道「愈夜愈燦爛」，讓每一個「安全隱患」像是閃耀的光般，挑戰着講求「安全」的社會。歌詞一邊指出「危機四伏」，音樂卻一邊指涉過去的繁華，反諷慶祝城市風光不再，同時利用 Disco 曲風的意涵，訴說現實雖然困難，但仍然可以忘我的快樂。

九十年代的城市，到處都是風光明媚，讓人目不暇給，只要在城中走上一趟，準能感受到欣欣向榮的景象。同理，AGA 及力臻均以 City Pop 風格，在城市毫無生氣的日子，推出《CityPop》（2021，林若寧詞）及《霓虹叢林》（2021，容兆霆 Feat. Kongcept852 詞），強調城市本來應有的活力。City Pop 出現在七十年代的日本，當時日本生產了汽車收音機和隨身聽，衍生出一種新類型的音樂，讓人在霓虹燈的城市下，休閒地步行和駕駛。[12] 所以，City Pop 本來就表現城市活力，而近年 City Pop 的曲風重新興起，雖然香港不再是昔日的霓虹都市，但曲風仍然在今天帶着懷舊的氣息再次流行。[13] 除了曲風，《CityPop》的「我有我的感覺鬧市裏四處穿梭／喧嘩的聲音似 CityPop」及《霓虹叢林》的「螢光裏滋養着浮華盛世萬眾」，都談到城市的充滿活力、繁華熱鬧的一面。

自社會運動開始，緊接疫症橫行，使本來五光十色的城市活動，一一赫然停止。當全城被迫拋棄多姿多彩的生活時，流行曲反而把代表城市光輝的一面，再次呈現給香港的樂迷，讓我們在困難之時，仍能在流行曲中得到安慰，相信城市他日必會再度光芒萬丈。

近年，香港流行曲藉着音樂風格，懷緬八、九十年代，彷似又重複了之前八十年代的步伐——面對着眼前未知的恐懼時，不斷重溫昔日的美好和曾經的擁有。不過，這種流行曲的懷舊已不是八十年代對於未來的臆測，而是將九十年代曾經發生過的美好，回應今天的不如意。創作人在香港滿城風雨時，藉懷舊叫人拾回九十年代的生活觸覺，一方面拒絕將香港的未來視作恐懼，另一方面將香港重新演繹，開創屬於自己的前路。

■ 小結：重複的絕望，差異的可能

自回歸之後，香港每次發生社會大事，社會總會不停重複着「香港已死」的論述，由此衍生相對於「失去」的概念，或是「守住」，或是「保護」一些歷史文化或傳統手藝，別讓它們付諸流水，將已有的看成擁有，卻很少談及再創造香港的未來。

當然，歷史的重複與創造並非要盲目相信生命必然有光明的未來，而是過去的某些觀點其實有更多的可能性。大眾之間可以有幾種不同的觀點正同時發生，而只要讓某些觀點有流動的可能，才有機會解開一些受局限的糾結，無論是人的思維，抑或是地方的未來。

香港流行曲中的「九十年代」，曾出現在八十年代對未來的臆測、九十年代時的記錄生活，以至近年的懷舊，都因應時代的累積締造出關於「九十年代」的差異和歧義。如果初初因着恐懼而將「九十年代」看成是末日，那麼「九十年代」只可被視作為香港的完結；可幸的是仍然有創作人繼續創作，甚至有新人加入，讓香港的歷史在新一代樂迷眼中，仍然有更多的可能性，在看似絕望的年代，找到新的出口，這才是香港流行曲最珍貴之處。

1 羅貴祥：〈第五章 歷史的重複與差異〉，載《德勒茲》（台灣：弘雅三民圖書股份有限公司，2021），https://www-airitibooks-com.ezproxy.lib.hkmu.edu.hk/detail.aspx?PublicationID=P20210922206。

2 Ackbar Abbas, *Hong Kong: Culture and the Politics of Disappearance*（Minneapolis: University of Minnesota Press,1997）, 16 - 47.

3 朱耀偉:《詞中物:香港流行歌詞探賞》(香港:三聯書店(香港)有限公司,2007),197 - 208。

4 同上註。

5 「原創歌運動」在 1999 年 1 月 1 日無聲無息結束。朱耀偉:《音樂敢言:香港「中文歌運動」研究》(香港:匯智出版有限公司,2001),285。

6 朱耀偉:《歲月如歌:詞話香港粵語流行曲》(香港:三聯書店(香港)有限公司,2009),205 - 206。

7 陳大文@ 3c Music:〈于逸堯〉,載《香港好聲音》,于逸堯著(香港:三聯書店(香港)有限公司,2013),228。

8 黃霑:《粵語流行曲的發展與興衰:香港流行音樂研究(1949-1997)》(香港,香港大學學術庫,2003),160 - 162。

9 羅崗:〈想像香港的一種方式〉,《二十一世紀》第 65 期(2001 年 6 月),64 - 73。

10 黃浩晉:〈【麥浚龍謝安琪】《情感的廢墟》對《偷情的禮儀》 示範致敬真義〉,《香港 01》,2019 年 8 月 2 日,https://www.hk01.com/article/353036?utm_source=01articlecopy&utm_medium=referral;THE OFFICIAL JUNO MAK 麥浚龍:〈忘記和記。煉〉,YouTube,2019 年 11 月 7 日,https://www.youtube.com/watch?v=kYI7_-USZvg&t=856s。

11 約翰-曼紐爾・安德里奧特(John-Manuel Andriote):《勁歌:迪斯科簡史》(*Hot Stuff: A Brief History of Disco*),郭向明譯(北京:三聯書店,2006),4 - 5、38 - 39。

12 Siavash Raissi, "Weekender: The Revival of City Pop: The Soundtrack of 80s Japan," *The Tufts Daily*, Nov 04, 2021, https://www.tuftsdaily.com/article/2021/11/weekender-the-revival-of-city-pop-the-soundtrack-of-80s-japan.

13 Can Can:〈CITY POP 歷久彌新!一首〈PLASTIC LOVE〉過了近 40 年掀翻唱熱潮〉,《SOUND OF LIFE》,2021 年 11 月 29 日,https://zh.soundoflife.com/blogs/experiences/city-pop-from-japan-hongkong-to-taiwan。

台港樂壇互動——以幾首八、九十年代經典為記

陳嘉銘

台灣與香港，有說關係唇亡齒寒，通常是為社會政治話語，但若說幾曾互動的兩地樂壇，又何嘗不是相輔相成？七十年代是香港收聽台灣流行音樂之始，及至八十年代廣東歌在盛世裏改編日韓作品之後，也慢慢步入改編台灣流行作品的九十年代。而改編合作與歌手互動，亦讓兩地樂壇相得益彰。

七十年代的香港，常有說作為廣東歌的起步點，電子媒介推波助瀾，如本地電視劇集的主題曲，以及許冠傑的粵語創作，都啟導香港身分意識。而在七十年代的台灣，也有語言上的更替，從四十至六十年代，以台語、閩南語為首的流行歌歲月，步入七十年代後由國語歌取代，當中有傳播政策使然，讓「非國語」歌曲式微。[1] 至於受眾聽歌，除卻購買唱片，當然也透過電台收聽，更有從 1962 年播放到 1977 年的綜藝音樂節目《羣星會》，讓資深與新晉歌手在電視媒體接觸觀眾，直接將台灣流行音樂醞釀成「入屋」的普及娛樂。[2]

除卻流行音樂工業之外，台灣新生代年輕人對社會運動與改變等觸覺，也隨着民歌與校園的互動，為國語流行曲打開了新氣象。畢竟當年隨西方樂隊與搖滾成長的台灣青年，對自由理想與個人價值的追求，都像其時香港的新生代一樣，希望在自身文化上得以體認。台灣獨有的民歌語境，涉及鄉土、世代、自覺，都由一連串的民歌運動建立相關的思想基礎；最為人樂道的其中一個「壯舉」，是民歌歌手楊弦，為詩人余光中的詞作，譜上曲調作為民歌，於 1975 年在中山堂舉行音樂會演唱，再推出唱片成了台灣流行音樂歷史的重要

一節。[3] 還未計不少民歌運動中，如同跨界（Crossover）的創作，讓文學、音樂與電影互動而製造了台灣文青的想像。

香港的流行樂壇並不像台灣一樣有這種「文青」語境，卻並非是城市話語所云「文化沙漠」能夠以偏概全。香港詞人改編日韓台流行作品，在其時雖有被指「情歌氾濫」，但廣東話語境的挪用與接收，亦值得在本文以幾首歌言説八、九十年代環環緊扣的台港流行樂壇發展。

不要問我從哪裏來／我的故鄉在遠方
為什麼流浪／流浪遠方／流浪
為了天空飛翔的小鳥／為了山間輕流的小溪
為了寬闊的草原／流浪遠方／流浪

這是 1979 年由李泰祥作曲，三毛填詞，齊豫主唱《橄欖樹》的開首。《橄欖樹》在同年的《第二屆十大中文金曲》中，以唯一一首國語歌，與許冠傑的《加價熱潮》、關正傑的《天蠶變》、羅文的《好歌獻給你》、陳百強的《眼淚為你流》及區瑞強的《陌上歸人》等等並列獲獎。《橄欖樹》的民謠曲風，竟然在香港醞釀本土意識的七十年代，深得本地民心，相信歌迷也是為着歌中所唱的「從哪裏來」和「流浪」，扣連到香港身分與流徙歷史，感到共鳴。《橄欖樹》在 1980 年被鄭國江譜上廣東歌詞成了《幸福途》，由徐小鳳主唱，開首幾句「身邊或許有茫茫白霧／清風或許會輕吹過／不怕經歷重重患難／只想趕上／幸福途」，是對當年越南船民越洋尋家的描寫。[4]

詰問身分與流徙心跡，今日說來不無喻意，是台港共有的文化歷程，也豐富了八、九十年代的台港樂壇，而改編的視點與觸覺，原來亦有滋養彼此的思緒。由此思路延伸，以下幾首歌的簡論與聯想，正是兩地樂壇互動，起承轉合的另類眾聲。

■《童年》—— 也是台港樂壇的成長

1981 年張艾嘉的國語歌《童年》，由羅大佑包辦曲詞，翌年來到香港就由黃霑以同名改編，成了蔡國權的主打歌。

羅大佑的國語版本，是由歌者隨歌詞喚起童年回憶，甫開始就唱：

> 池塘邊的榕樹上／知了在聲聲叫着夏天
> 操場邊的鞦遷上／只有蝴蝶停在上面
> 黑板上老師的粉筆／還在拚命嘰嘰喳喳寫個不停
> 等待着下課／等待着放學／等待遊戲的童年

如電影蒙太奇效果，自遠景由池塘、操場，再進入課室，看到黑板。這是關於成長的民謠，羅大佑其時才進入台灣樂壇五年，為電影與劇作編曲後，為張艾嘉製作同名專輯，在戒嚴時期的台灣寫出單純的青春歲月。

香港當年並無台灣的政治語境，但這首歌內容單純，讓黃霑的改編以粵語重現原曲視角的想像，事半功倍。比如開首就是：

蝶翩翩／伴空鞦韆／夏日炎午裏有蜜蜂飛過
沒有我／在歡聲高歌／運動場上課鐵閘下了鎖
真可惜／先生不會懶惰／放學有數不清的幾套功課
千斤的書包／載滿了書籍／童年時就如此經過

這是把國語版本提及的景觀，以蝶、鞦韆、夏日、運動場作粵語重現，也有努力教學的老師，以及期待下課的學生。學生在校時等待下課的心神，到成長後對母校的想念，在台港兩個版本裏都得到展示，同樣緬懷昔日。

於詞組裏再現景觀，在兩首《童年》的餘下篇幅也有延展，比如黃霑寫到學校的合作社、功課和考試，至尾聲長大後的回望，都是乘着原作同類的景物與事物，歌者如同「平行視點」的回憶經歷成長。這種把原曲意境，以改編的語言重現，其實並不容易，黃霑竟然能把粵語，甚至港式口語，自然地套入其中。雖説歌詞中用了「做錯咗」、「話咁快」等等，夾雜在好些文雅白話句子裏，卻沒有招來批評，可見歌迷未必對改編的要求很高，也見香港其時對詞作接受的寬度較廣，讓大家在八十年代，彷彿經歷着童年的廣東歌，一步步成長，與台灣樂壇磨合。

這一段台港樂壇的交流「成長史」，並不見得大鳴大放，畢竟八十年代的台灣正值從戒嚴而步往解嚴的轉折期，由《橄欖樹》到《童年》所象徵的是台灣音樂人對前路的摸索，尤其在 1987 年解嚴之後，流行音樂更追求對自由創作的確認。羅大佑分別在 1982 年至 1984 年推出專輯《之乎者也》、《未來的主人翁》和《家》，卻受到指控説是「引起社會反動思潮」，而選擇在 1985 年赴美，只為重新習醫，亦可洗脱被視作叛逆的政治圖騰。[5] 他的發展是八十年代這個轉折時間的例證，創作者因為突破和前衛的曲詞，或要承受的社會壓力，其實不足為外人道。他在 1987 年移居香港，再次投身音樂發展，在香港「非政治化」（Apolitical）語境，從地理與文化上近距離的位置，再思流行音樂與社會關係，並在其時香港的自由氛圍下創作，建立了更多的合作交流。

然而，他在 1985 年為非洲饑荒所創作的公益歌《明天會更好》，已由中港台歌手唱遍各地。雖然這首歌有被指是作為黨國宣傳，以致被修改詞作才可曝光；至於林振強改編的廣東話版本，因着歌曲在各地熱播，讓羅大佑在台港樂壇更享盛名。他在 1986 年為香港寫的《東方之珠》，由鄭國江填詞，更確定了他與香港樂壇的密切關係。

羅大佑來港後，開始從事香港電影配樂與歌曲創作。單以電影主題曲來説，他先後十一次獲得香港電影金像獎最佳電影歌曲（現最佳原創電影歌曲）提名，包括 1986 年為《海上花》（楊凡導演）創作曲詞的同名主題曲（甄妮主唱）；1989 年分別為《八両金》（張婉婷導演）、《我在黑社會的日子》（黃泰來導演）和《阿郎的故事》（杜琪峯導演）創作了《船歌》（羅大佑填詞，齊豫主唱）、《飛沙風中轉》（林振強填詞，周潤發主唱）和《阿郎戀曲》（許冠傑填詞及主唱）；1990 年創作了《滾滾紅塵》（嚴浩導演）同名主題曲（羅大佑填詞，陳淑樺主唱）；1991 年分別為《天若有情》（陳木勝導演）創作了同名主題曲（李健達填詞，袁鳳瑛主唱），1992 年為《夢醒時分》（張艾嘉導演）創作了《如今才是唯一》（林夕填詞，羅大佑和娃娃主唱），及至 1993 年為《東方三俠》（杜琪峯導演）創作了《女人心》（林夕填詞，梅艷芳主唱），並取得當屆的「香港電影金像獎最佳歌曲獎」。

九十年代，羅大佑在香港成立「音樂工廠」，更多為兩地音樂人牽線合作。他在 1991 年所創作的《皇后大道東》，廣東話版本由林夕填詞，由他與蔣志光合唱，以幽默手法説到香港的政權移交，在當年無論從曲風到內容都是破格作品，卻在「非政治化」的香港囊括三大排行榜冠軍，並在《1991 年度十大勁歌金曲頒獎典禮》取得「最佳作曲獎」和「最佳填詞獎」。這段從八十年代步入九十年代，以羅大佑為象徵的台港流行音樂交流，意義就在社會語境的轉換裏，看到一段香港包容創作的歷史片段，亦是其時香港樂壇多元化的印記之一。

■《夢醒時分》—— 醒覺改編與合作的可能

如果説羅大佑與香港樂壇的成長，像是一道向外尋找創作可能的道路，那由李宗盛包辦曲詞創作，陳淑樺主唱的《夢醒時分》(1989)，就是台灣女性往內心探問情感、自省錯愛的軌跡。[6] 不過，這卻並非是單純的失戀情歌，卻是涉及視點想像，如同歌者向歌迷作為朋友的「開解之詞」:

你説你愛了不該愛的人／你的心中滿是傷痕
你説你犯了不該犯的錯／心中滿是悔恨
你説你嚐盡了生活的苦／找不到可以相信的人
你説你感到萬分沮喪／甚至開始懷疑人生

早知道傷心總是難免的／你又何苦一往情深
因為愛情總是難捨難分／何必在意那一點點溫存

這首歌在台灣瞬間爆紅。曾慧佳分析箇中原因，是因為歌詞觸碰到女性心事，也涉及第三者的想像，但陳淑樺以歌者亦如朋友的角色娓娓道來，讓歌迷聽來窩心，是因為那種感同身受的情誼。那種如摯友開解的感覺，也如同王菲的《人間》(1997)，改編自中島美雪的曲，由林夕填詞，也有開解友人的說法——歌者是一個較有深思的角色，如同《夢醒時分》中台灣所想像的新時代女性，更有面對愛情而獨立不屈的姿態。

《夢醒時分》後來被改編成廣東歌，由潘源良填詞、鄭秀文主唱的《思念》(1990)，作為她踏入樂壇的首作。開首就唱到：

這宵又獨坐在螢幕對面／靜看當天這些片段
追憶你與我笑着錄映時／應該親愛多點
這些舊面貌舊時舊片段／伴我千千天竟不厭倦
能常重現你聲音笑容／為何沒法再造昨天

茫茫然孤孤單單的身邊／再沒有你那臂彎共暖
模糊淚眼看過去映像裏／卻有溫馨的深切的癡纏

可見香港版本的改編，視點不再是《夢醒時分》的歌者以友人角色向歌迷勸說，卻是歌者因着失戀，深宵獨對舊片段的哀愁。這與李宗盛寫的《夢醒時分》不同，李宗盛是不停以「你說……」作為每段開首，如同對着友人說話；而潘源良就以香港比較流行的失戀情歌，寫進旋律裏，讓歌中的「你」成了歌者的深愛對象，卻因分開而有思念的呢喃。

1989 年是一個特別的年份，是台灣解嚴後進入第二年，而台港樂壇更見頻繁的往來與交流。《夢醒時分》進入香港時已受本地樂迷所愛，而齊秦包辦唱作的《大約在冬季》在早兩年更是席捲本地樂壇的清流，獲得「第十一屆十大中文金曲獎」，甚至出現了兩首廣東歌改編，包括是潘偉源填詞、關正傑主唱的《大約別離時》，以及是鄭國江填詞、張國榮主唱的《別話》。

這個關鍵年份所出現的改編也漸多，比如童安格包辦曲詞主唱的《耶利亞女郎》（1989），在其後一年由潘偉源填詞讓梅艷芳唱成《耶利亞》。寶麗金唱片為譚詠麟、張學友、李克勤及黎明等等自八十年代初改編日韓流行曲雖多，但在八十年代末也承接了新一波的台灣樂壇作品。比如由庾澄慶作曲與主唱的《讓我一次愛個夠》（1989），同年由因葵改寫了陳家麗所填的國語歌詞，成了張學友的《祇願一生愛一人》，而在同一張專輯內，更有童安格作曲、梁美薇作詞的《夕陽醉了》。伍思凱作曲主唱、陳家麗填詞的《特別的愛給特別的你》（1990），翌年就由潘源良改成廣東話版本、黎明主唱的《特別的歌給特別的你》；李克勤由寶麗金時期亦曾改編過優客李林的《認錯》（1991）而成了由小美填詞的《只想您會意》（1992），之後過檔星光唱片，也把陳昇包辦曲詞和主唱的《把悲傷留給自己》（1991），改編成由向雪懷填詞的《愛你不需要理由》（1994）。華納唱片公司的劉錫明，也曾有兩首主打歌改編自國語歌，分別是由黃品源包辦曲詞和主唱的《你怎麼捨得我難過》（1990），以及張洪量包辦曲詞、郭富城主唱的《難道你現在還不知道》（1990）（也有一年後紅孩子主唱的版本），由林振強和潘偉源寫成了廣東話版本，前者同名為《你怎麼捨得我難過》（1990），後者是《是緣是債是場夢》（1991），當年也曾在港熱播。

可以說因為改編，台灣樂壇的作品，很多時有兩個版本在香港出現，一個是台灣的國語原版，另一個是香港的粵語改編。跟八十年代初的日韓改編不同，廣東歌改編日韓作品，或有幾年的時間差距——原曲早於改編幾年前出現，但香港改編台灣作品，時間差距很多時少於一年，甚至接近「共時」（Synchronized）地推出，讓本地樂迷如同即時能夠聆聽兩曲，彷似共時交流。當然改編是其中一種合作的可能，但交流又豈止於此？前述童安格為張學友作曲的模式也相繼出現，比如譚詠麟的《一生中最愛》（1991），是由伍思凱作曲，向雪懷填詞，就是一首跨越樂壇與電影（陳可辛導演的《雙城故事》〔1991〕主題曲）的經典。

■《吻別》——與改編說再見

既已說到台灣音樂人為香港歌手作曲，九十年代本地唱片公司已為歌手打開台灣市場準備就緒，想法正是由歌手同時主唱歌曲的廣東話與國語版本。寶麗金的張學友和黎明，很多時的主打歌，同時另有國語版本，並以國語專輯推到台灣，如張學友早於 1986 年推出首張國語專輯《情無四歸》，後來又繼續推出《在我心深處》（1987）及《意亂情迷》（1988）等等；黎明亦曾推出不少國語專輯，如《今夜你會不會來》（1991）、《堆積情感》（1992）、《深秋的黎明》（1993）、《為我停留》（1994）和《我的真心獻給你》（1994）等等。至於華納唱片的林子祥在 1991 年推出了首張國語專輯《這次你是真的傷了我的心》，而粵語大碟《祈望》（1992）收錄了台灣音樂人陳大力作曲填詞，林子祥與葉蒨文主唱的國語歌《選擇》，也是主打經典。

這一波的台港流行音樂交流與合作，超越了純粹改編的層次，更見音樂人的互動，也有更多的台灣詞人和製作者參與。至於香港歌手出國語大碟，儼然是在台港同步發展，也不再罕見，比如九十年代寶麗金的草蜢，甚至是 Beyond 在新藝寶唱片的四子時期，至九十年代尾的三子時期在滾石唱片推出國語專輯，都是例子。女歌手如林憶蓮自 1990 年，已直接到台灣發展，相繼由當地的飛碟唱片、滾石唱片和魔岩唱片等等幾間公司合作推出專輯；其時華納唱片公司的鄭秀文，也推出了幾張國語大碟，是為打開台灣市場的實踐。

不過最為「官方」紀錄在案的，是張學友的《吻別》，由殷文琦作曲、何啟弘填詞，收於 1993 年的同名專輯中。專輯與不少台灣音樂人和詞人合作，比如姚若龍和劉虞瑞等等，改編了張學友一些粵語經典，如《每天愛你多一些》、《分手總要在雨天》和《還是覺得你最好》── 巧妙之處，這三首歌都是從日文歌改編成為廣東話版本，再改編為國語版本，就像是把歌多次挪移，甚至因為有台港兩個版本，讓人隨時有錯覺把改編對等成張學友是原唱的想像。説《吻別》是「官方」紀錄，因為台北流行音樂中心近年的「唱我們的歌 ── 流行音樂故事展」，其中一節説到台灣流行音樂的發展，整段關於台灣音樂人的內容，就在九十年代出現一個香港歌手的小節，正是張學友的《吻別》。

這首歌和專輯打入台灣市場，勢如破竹地成了熱播作品，在台銷量為一百三十六萬張，銷量在九十年代僅次於第一位張惠妹的大碟《Bad Boy》（1997），是歷年台灣銷售量最多的男歌手專輯。當然，2000 年後音樂傳播形式漸多，網上串流音樂的生態也改變了樂迷的消費習慣。最後，一百三十多萬張的銷量，就是張學友作為香港歌手在台灣的官方紀錄，而《吻別》更取得《第五屆金曲獎》的「最佳年度歌曲」。還未計中國與東南亞各地市場累近四百萬的銷量，更有歐美世界的接收，比如在 2004 年丹麥樂隊 Michael Learns to Rock 把《吻別》改編成 “Take Me to Your Heart”，把原版的中國傳統曲風，改成 Band Sound，亦是後話。《吻別》因此成了紀錄，也是台港音樂人合作最成功例子之一。

在九十年代，相信兩地音樂人都知道，改編歌不是兩地流行樂壇唯一的發展，而應有更多互動與磨合之處。《吻別》是一支強心針，讓人放下改編的迷思——即國語、粵語甚至其他語言的原版歌在大熱之後，再作改編的所謂「信心保證」。相反，原創的國語版本，在台在港以至在其他華語地區都能熱賣，至於歐美非華語世界的接收，相信是其時始料未及的結果。作為學術分析，尚待開發的，正是這種跨越語系文化的流行音樂往來，所謂何事；今日南韓流行音樂的全球流行，當然有説是舞蹈與 MV 的「非語言性藝術」(Non-linguistic Art)，更有南韓電視劇與電影的推波助瀾，但九十年代的張學友或相關的跨國接收，更引證到音樂之為音樂，本來不應受限於語言，也不用添加影像去鼓舞人心，已經足夠打動樂迷，這就是當年台港樂壇合作下的一個歷史亮點。

■ 小結：《約定》的預示

九十年代以《吻別》作為歷史亮點，讓台港樂壇的合作更加理所當然，以至九十年代中出道的歌手，很大程度都直接被想成面向廣東歌與國語歌的兩地市場。就以當時華星的陳奕迅，以及英皇（前身為飛圖）的謝霆鋒為例，二人都在 1996 年出道，前者即推出廣東專輯《陳奕迅》（1996）和立得唱片的國語專輯《一滴眼淚》（1997），後者推出廣東歌大碟《My Attitude》（1997）、《Horizons》（1998）外，其後也推出國語大碟《謝謝你的愛 1999》（1999）。可見九十年代前後，粵國雙語互為改編的做法淡出，換來就是新一波的雙語為本，各有創作。

就此以 1997 年王菲的《約定》作結。這首粵語歌由陳小霞作曲，林夕填詞，一開首就唱出回憶：

> 還記得當天旅館的門牌／還留住笑着離開的神態
> 當天整個城市／那樣輕快／沿路一起走半哩長街

也是電影感的景致，都是對歡樂的回望，教聽者想像到戀人的街中絮語。後續的詞，仍是有「還記得……」，副歌更唱到「忘掉天地……仍未忘相約看漫天黃葉遠飛」，要歌迷為記憶糾纏，尤其窩心。

如果說王菲的《約定》是視點往回望的故事，那台灣歌手周蕙主唱的國語改編版本，由姚若龍填詞的《約定》，就是向前看而憧憬未來的甜美想像，歌首就唱到：

> 遠處的鐘聲迴盪在雨裏／我們在屋簷底下牽手聽
> 幻想教堂裏頭那場婚禮／是為祝福我倆而舉行

同樣是電影感的書寫，但就始自幻想的婚禮，隨鐘聲祝福兩人步入佳景。有此解讀，是歌詞接續會唱到，兩人「從泥濘走到了美景」，更承諾深愛對方亦保護自己，儼然是長相廝守的誓言。

林夕的《約定》，是回憶的哀愁；而姚若龍的《約定》，是盼望的愉悅。視點作為空間景觀的想像，雖說沒有很大分別，兩者都涉及街道、蹤跡，也有人的身影；但如果作為時間座標細味，粵語版本的往回望，相對國語版本的向前看，就大異其趣。「往回望」與「向前看」，竟然滿有象徵地在 1997 年《約定》出現之後，成了觀望兩地樂壇的預示——那是只有回望而緬懷，才能尋根？抑或必需前行而順勢，才有作為？無論如何，台港樂壇的八、九十年代互動、成長與轉變，足見今日常有的綜藝、真人 Show 等等歌手獻唱節目，其實不是樂壇唯一的交流場域；而音樂作為音樂，足見亮點，又本可無界，但想到「從哪裏來」而甚至「往哪裏去」的浮沉，唯盼那不是黃霑筆下《童年》內一句「就是如此經過」的唏噓。

1 曾慧佳：《從流行歌曲看台灣社會》（台北：桂冠圖書股份有限公司，1998），129 - 136。

2 同上，105 - 108。

3 馬世芳：《地下鄉愁藍調》（十周年增訂新版）（台北：新經典文化，2016），127 - 138。

4 鄭國江：《詞話人生》（香港：三聯書店（香港）有限公司，2013），41 - 42。

5 廖明潔：〈羅大佑專題 4 - 2：出走香港時期，《愛人同志》和《皇后大道東》成為時代的聲音〉，《放言》，2020 年 9 月 15 日，https://www.fountmedia.io/article/75050。

6 曾慧佳：《從流行歌曲看台灣社會》，1 - 3、222 - 227。

當姜濤說「亞洲第一」，我們可以討論什麼？
——香港樂壇的「再」與「不再」

陳嘉銘

「我們這班後生仔，或者我們香港歌手，相信一定可以再次變成亞洲第一。」這是姜濤在《Chill Club 推介榜年度推介 20/21》獲得「年度男歌手銀獎」時候發表的獲獎感言。[1]

其後一年，姜濤在《2021 年度叱咤樂壇流行榜頒獎典禮》獲得「我最喜愛的男歌手大獎」後，再次提到關於「亞洲第一」的理想：「在這個地方，我可以很有信心地講，我們一定會是亞洲第一。」[2]

姜濤兩次在樂壇頒獎禮說到「亞洲第一」，讓現場觀眾熱血沸騰。他從第一次說「再次變成亞洲第一」，到第二次說成「一定會是亞洲第一」，無疑讓人聽見由「再次變成」至「一定會是」時所展現的無比信心。畢竟，姜濤以史上最年輕之齡兩奪「叱咤樂壇我最喜愛的男歌手獎」，2021 年被雜誌 *Variety* 選為「International Breakout Stars」，2022 年又獲 *Tatler* 選為三百位「亞洲最具影響力人物」之一，信心大增都是必然。

MIRROR 其他成員的成就亦不遑多讓，比如盧瀚霆（Anson Lo）在 2021 年於韓國舉行的《Mnet 亞洲音樂大獎（MAMA）》中獲得「最佳亞洲新晉藝人（大中華區）」；2021 年 9 月，日本 NHK 電視台在國際報導中更稱 MIRROR 為香港「空前的本地偶像」。2024 年 4 月，MIRROR 在美國舉行演唱會期間，有成員觀賞球賽而被 NBA 官方 Instagram 上載照片，他們更被 FOX5 的節目 *Good Day New York* 邀請訪問，是首次有華人藝人受訪。如果要說 MIRROR 及其成員在亞洲已得到認受性，是絕對肯定的。

值得思考的是，究竟姜濤所言的「亞洲第一」，其實是在說什麼？那是純粹年少輕狂的得獎感言，抑或更是有前因後果的香港樂壇境遇？當中所言的「亞洲」，以香港樂壇的「經歷」來說，又有怎樣的再與不再？說到底，「亞洲第一」之說，都是時移勢易的論述，香港樂壇才是此中主角。

■ 從「亞洲作為方法」到「香港作為方法」

姜濤不是文化研究者，我們當然不會要求他澄清什麼是「亞洲第一」，但他既會提出「亞洲」，想當然在心底會有「亞洲」為何物的念頭。這必然惹人聯想到，韓國的偶像組合防彈少年團（BTS）、BLACKPINK 等等，如何風靡全球，在各地巡迴演唱，被大眾所認識；而 K-pop 近二十年來在世界搶盡風頭，香港樂壇與廣東歌相對來說在同期又真的望塵莫及。如果姜濤對此是有感而發，都是可以理解的一種香港心聲，希望叱吒一時的廣東歌，能與前述的 K-pop 和 J-pop 爭一席位。

若果這個「亞洲」之說與「第一」想像由此而生，那它僅是香港樂迷或歌手眼前的一道狹門。因為「亞洲」之說，在文化研究的經年討論裏，「第一」或「唯一」的想像都不是眾所樂見的圖像；學術研究比較看重的，反而是文化的多樣性，比如論述「亞洲」而頗受學界公認的經典，會是台灣交通大學社會與文化研究所前所長陳光興教授的《去帝國：亞洲作為方法》，裏頭以「方法」論說亞洲，是有意突破西方對所謂「東方」的單一研究角度，強調無論是台灣、日本甚或韓國以至東南亞，都能夠互為參照與建立網絡，重新認知「亞洲」作為有機複合物的視角。[3] 西方在理解及分析亞洲各地時，隨時僅以單一認知凝視甚至本質化亞洲的人與事；為了「去帝國化」或「去殖民化」並重現亞洲的可能性，尋找多樣化的連結會是一個出口。

這個方向的討論是非常深遠的課題，但由「亞洲作為方法」起始，有論者開啟了「香港作為方法」的大門，比如作家陳冠中就有題為〈香港作為方法——都市神韻〉的文章，強調香港雖曾被指「文化沙漠」或「不中不西」，彷彿沒有自身東西，只是「借來的時間／地方」，卻正正是那種混雜性，以及似乎沒有「原味」的一個地方，才是「港味」所在。[4] 這種說法很有振奮（香港）人心的色彩，既肯定了香港文化，也隨時可以為其他人所高舉的「本土」之說得到支持，以見香港重要的自身文化面貌。

不過，「香港作為方法」是要在世界各地都朝向全球化發展與論述下，突顯香港混雜性的多元面向。香港與陳光興的「亞洲作為方法」裏所言台灣的殖民性有所不同，是台灣接上亞洲各地的關聯，作為抗衡西方視角的出口；但香港比較曖昧的，是英殖時期已過，要面對的是以資本主義發展，同時以共產主義運作的中國政府，那種（再）被管治甚至被邊緣化的狹縫關係。是故由此要作為「（香港的）方法」說好自身，作家也斯與社會學學者呂大樂教授都說過「香港故事不易講」；陳冠中在此肯定香港的文化面貌，似是提出了正面意義。香港大學香港研究課程的朱耀偉教授則強調傳承的重要，尤其是年輕研究者，也是有文化自覺的香港人。[5]

無論是「亞洲作為方法」抑或是「香港作為方法」，共通之處就是點出，一個地方的延伸與發展，遑論是用作研究與否，都不能獨善其身；以此回到姜濤的「亞洲第一」之說，就可以想像，那是香港歌手在樂壇頒獎禮語境下，所提出近乎「亞洲宣言」的指涉。換句話說，是把香港扣連亞洲，也是以香港（樂壇）作為方法，進入亞洲脈絡的言說。香港與亞洲想當然互有參照，而對流行音樂來說，也是網絡的建立，正中前述陳光興討論關於連結的一個點子。不過，姜濤說的「第一」，是成於獲獎，也可能受限於獲獎的想像——不錯，他和盧瀚霆，以及 MIRROR 已得到其他國家的獎項與媒體肯定，但這個獲獎想像，未有考慮到的，或正是香港樂壇在亞洲語境而言，會是何物。

■ 從地理盲點想像在「西亞」稱冠

言說「亞洲」，首要是一個地理想像，但這個常常被香港人提出來的「亞洲」，其實只有東亞（比如日本和韓國）或東南亞（比如新加坡、菲律賓、泰國和馬來西亞等），也當然會有佔了極大面積的中國，卻比較少有人想到，亞洲也有西面——「西亞」會否讓人想到哈薩克、烏茲別克、阿富汗、巴基斯坦、印度、尼泊爾、不丹、伊朗，甚至土耳其等等？至於橫跨歐亞大陸的俄羅斯，就更不必然被人想到原來也在亞洲裏頭。

以地理考慮切入討論，可見不少人所言的「亞洲」都有盲點；若要香港歌手想到這些「盲點」言說「亞洲」——比如姜濤說「亞洲第一」時，是否想到在阿富汗或巴基斯坦都可以讓他稱冠？這個提問或者是雞蛋裏挑骨頭，畢竟遠至西亞國度的語言體系，與東亞地區的語系差之千里，就難以說透過廣東歌，打入西亞市場甚至取得「第一」。話雖如此，近年對於南韓流行文化的研究，的確已涉及西亞國家的接收，以見即便語言體系不同，南韓歌手與影星，也一樣因為音樂與影視得到西亞人民厚愛。[6]

■ 從時間維度去聽廣東歌的亞洲連結

那如果把「亞洲第一」的想像放回東亞或東南亞，那又會是什麼？那當然是姜濤，以及 MIRROR 現已取得的一些殊榮。除卻地理面向的一些獎項想像之外，打開時間的維度，亦可以看到，五、六十年代邵氏電影的跨界東亞或東南亞關聯，其中一個連結就是與日本與韓國導演合作，同時把國語電影歌曲傳開；更有七、八十年代無綫電視劇集，連同開始流行的粵語主題曲散落華語世界。及至八、九十年代香港歌手與日韓歌手的交流，其時流行的廣東歌改編日韓流行曲，更是一種跨地域文化交流的象徵。

簡單一說，邵氏電影與無綫電視的「亞洲」，前者曾與日韓導演合作，後者有粵語劇集主題曲的影響。邵氏電影的日本關聯，最為人津津樂道的一定是日本導演井上梅次，自 1966 年所拍《香江花月夜》，一直到 1971 年《我愛金龜婿》的十多部偶爾帶有歌舞的電影。至於與韓國合作的首部邵氏電影，是 1957 年由日本導演若杉光夫、中國導演屠光啟和韓國導演全昌根合導的《異國情鴛》。若以港日合作為例，井上梅次導演的多部作品，比如《香江花月夜》的電影音樂，連帶服部良一創作的原聲歌曲在東亞與東南亞市場受到歡迎。[7] 那是五、六十年代的「亞洲」，在音樂上的國與國之間的互動，正與電影的製作相輔相乘。[8] 而香港電影的亞洲連結，就是在如此混雜性的合作當中，滋養出豐富的娛樂藝術。

不過正式的廣東歌熱潮，還是由無綫電視劇集帶動，已是不少論者如數家珍的集體回憶。[9] 廣東歌作為電視劇集主題曲，也建構起香港的身分想像與本土意識；[10] 我在《給下一輪廣東歌盛世備忘錄 —— 香港樂壇變奏》也曾羅列一些經典作品，比如仙杜拉的《啼笑姻緣》（1974）、關菊英的《狂潮》（1976）、鄭少秋的《書劍恩仇錄》（1976）、羅文的《家變》（1977）、甄妮的《奮鬥》（1978）及汪明荃的《京華春夢》（1980）等等。[11] 除卻許冠傑自七十年代中開創廣東歌的創作潮流之外，上述的粵語電視劇主題曲，更連接世界各地華語族羣的觀眾，讓他們看劇集之外，聽到不少由顧嘉煇作曲、黃霑填詞的主題曲，甚至好些華語族羣，即使不會説粵語，卻因為聽慣了主題曲，而能夠以廣東話把歌曲唱得朗朗上口。

若説邵氏電影與無綫劇集是以歌曲散落東亞與東南亞，更遍及世界的華語族羣，那麼返回香港的本地音樂交流，尤其在八、九十年代香港樂壇吸收日韓音樂作為改編歌，則是另一面向的亞洲互動關係。我們熟知的譚詠麟、張國榮、張學友、黎明和李克勤等等，都有大量的改編曲，比如特別多聽的日本改編，是玉置浩二的原曲，改成了譚詠麟的《酒紅色的心》（1984）、陳慧嫻的《痴情意外》（1986）和《冰點》（1989）、張學友的《月半彎》（1986）、《沉默的眼睛》（1987）、《花花公子》（1989）和《李香蘭》（1990）、黎明的《如果這是情》（1991）、《一夜傾情》（1993）和《告訴我你會在夢境等我》（1995），以及李克勤的《夏日之神話》（1988）、《藍月亮》（1989）、《一千零一夜》（1990）和《懷念她》（1990）等等。至於與韓國歌手合作及改編，趙容弼是另一個響亮的名字，譚詠麟 1985 年的《火美人》、《編織》及《冬之寒號》等等的原曲都是出自他的手筆。

至於張國榮的日本改編曲，更散落於不同專輯而來自不同作曲人，比如《H2O》(1984) 的加瀨邦彥、《不羈的風》(1985) 的大澤譽志幸、《第一次》(1985) 的細野晴臣、《少女心事》(1985) 的小坂明子、《有誰共鳴》(1986) 與《共同渡過》(1987) 的谷村新司等等。谷村新司與譚詠麟的合作亦多，雖說譚與張兩人在當年是歌迷心目中的競爭對手，但二人都參與了不少日本的流行音樂交流演出，比如 NHK 電視與電台頻道的《紅白音樂大賽》，都是香港與東亞流行音樂的互動盛事。

對於這種港日甚至港韓音樂交流，日籍文化研究學者岩渕功一 (Koichi Iwabuchi) 在他的專書 *Recentering Globalization: Popular Culture and Japanese Transnationalism* 已有分析，比如張國榮改編日本歌曲，再參與日本的電視節目演出，讓日本歌迷和觀眾從一個香港歌手身上，重拾即便已改編成廣東話的日本流行音樂經典，[12] 不單讓當地的日本人，更有散落海外的日本人，同樣被帶動起懷舊情緒。[13] 舉例說，在 1989 年的東京音樂節，張國榮與眾日本歌手演唱《花》，即張國榮的《共同渡過》的原曲，前者關於友誼、愛情與離別，後者描寫張的演藝人生，但都因為共同的旋律，讓香港與日本歌迷即時觀看而牽動集體心緒。不能低估的，就是這種亞洲關聯，並非是競賽式的互爭長短，而是純粹作為音樂交流的共生關係。

當下新生代香港歌手與樂壇，或都會有緊跟日韓的互動交流，但相對八、九十年代尤其以寶麗金唱片公司示範上述所言的重點改編歌曲，已是不可同日而語；至於 1995 年由商台發起的香港樂壇「原創歌運動」與思潮，涉及日韓的改編歌互動關係，就不再是香港與東亞或東南亞樂壇聯繫的唯一出口。而跨越國界的樂壇交流，如何由香港成就「亞洲第一」，就需要另闢蹊徑而路漫漫了。

■ 小結：如果亞洲是指融和而非競爭？

這些改編音樂的跨國互動，或者已然不再，但它們為流行文化留下的印記，必然會以某種形式再現而引起共鳴，比如南韓電影《逆權司機》(2017，張薰導演）甫開場，主角宋康昊飾演的計程車司機一邊駕車，一邊聽着和大聲高歌的，正是趙容弼後來被改編成譚詠麟《火美人》的原曲，讓觀眾聽到的已是昔日的，恍如並不同步的樂章，卻可以因為電影的再創作，這首老歌就突然成了跨年代的共時歌曲。

姜濤不是學者，當然沒有必要闡述「亞洲第一」為何，但觀乎他在兩次獲獎感言的説法，更有「第一」之説而難掩鬥心和競爭，就可見他講的「亞洲」，是一個較勁為上的論述；而這也可以理解，是同年代有比如 BTS 和 BLACKPINK 等等 K-pop 的全球成功，不得不讓曾經風光的廣東歌，在昔日稱冠亞洲的想像裏，有望再在外地獲得殊榮。

但「亞洲」想像對昔日的香港樂壇而言，並不以競爭居先，卻更像前述因為電影與電視，亦有改編曲與跨國演唱的交流，而更見互動性。至於陳光興所論「亞洲作為方法」裏強調的連結，以及陳冠中所論「香港作為方法」裏探討的混雜性，尤其在八、九十年代的廣東歌參與亞洲交流而有跡可尋。雖説那其實僅為東亞即日韓合作，但都有亞洲連結而對應歐美流行音樂，重建亞洲的音樂文化主體，同時又不失港式流行音樂的混雜性——不中不西，又可以與日韓互動。廣東歌的多元性，就在這種亞洲脈絡裏生色。

因此，如果姜濤指的「亞洲第一」，不是歸於香港歌手或廣東歌，而是指向亞洲流行音樂同時邁步，如同昔日因為連結而共享榮光，那才見香港樂壇更高的視野，是為融和。

1 《Chill Club 推介榜年度推介 20/21》在 2021 年 4 月 18 日舉行，是 ViuTV 首次主辦的流行樂壇頒獎典禮。

2 《2021 年度叱咤樂壇流行榜頒獎典禮》在 2022 年 1 月 1 日舉行，姜濤連續兩年獲得「我最喜愛的男歌手大獎」，以及「我最喜愛的歌曲大獎」。

3 陳光興：《去帝國：亞洲作為方法》（台北：行人出版社，2006）。但陳光興教授的討論其實始自更早時間，也於 2003 年開始有英語論文為此書寫。

4 陳冠中：《我這一代香港人》（香港：牛津大學出版社，2005）。

5 朱耀偉：〈香港作為（研究）方法——關於「香港論述」的可能〉，《二十一世紀》第 147 期（2015 年 2 月）。

6 Valentina Marinescu ed., *The Global Impact of South Korean Popular Culture: Hallyu Unbound*（Lanham: Lexington Books, 2014）. 另一篇可參考的文章，更討論到韓流如何滲入阿拉伯國家，見於 Eunbyul Lee, "When Korean Wave Flows into the Islamic World: A Study of Hallyu in Tunisia," in *The Korean Wave: Evolution, Fandom, and Transnationality*, eds. Tae-Jin Yoon & Dal Yong Jin（London: Lexington Books, 2017）, 163 - 81.

7 1961 年陶秦為邵氏導演的作品《不了情》，已把同名主題曲傳播到海外，其他作品在此從略；至於李翰祥以黃梅調去拍攝古裝片，經典作品如 1959 年的《江山美人》，也把黃梅調以電影傳播開來。

8 可參考傅葆石及劉輝合編：《香港的「中國」：邵氏電影》（香港：牛津大學出版社，2011），以及黃愛玲編：《邵氏電影初探》（香港：香港電影資料館，2003）。

9 比如可見黃國恩：《電視汁撈飯：跳進劇集歌大時代》（香港：非凡出版，2018），以及黃夏柏：《漫遊八十年代：聽廣東歌的好日子》（香港：非凡出版，2020），25 - 31。

10 朱耀偉：《歲月如歌：詞話香港粵語流行文化（增訂版）》（香港：三聯書店（香港）有限公司，2019），33 - 60，以及朱耀偉：《香港流行文化的（後）青春歲月》（香港：中華書局，2019），24 - 47。

11 陳嘉銘：〈寶記華納飛圖，英皇金牌星夢——香港樂壇工業的版圖與範式轉移〉，載《給下一輪廣東歌盛世備忘錄——香港樂壇變奏》（香港：突破出版社，2022），57 - 66。

12 Koichi Iwabuchi, *Recentering Globalization: Popular Culture and Japanese Transnationalism* (Durham: Duke University Press, 2002), 158 - 197.

13 相近的日韓流行文化討論，也有說近年日本女性在看到韓劇之後，會為劇中故事和人物動容，更因為韓劇男主角常被描繪成「暖男」的想像，教日本女性真的以韓國男性作為戀愛和結婚對象。可參考 Atsushi Takeda,"Japanese-Korean International Marriages through the Korean Wave in Japan,"in The Global Impact of South Korean Popular Culture: Hallyu Unbound, ed. Valentina Marinescu (Lanham: Lexington Books, 2014), 35 - 46. 另外，亦有討論延伸到過去韓國的殖民歷史，本為韓籍而移居日本，甚或在日本結婚生子的女性，在接觸到韓劇與南韓流行音樂之後，被喚起懷舊情緒。這些現象都是攸關流行文化與日韓交流的分析。

第二章

撿拾遺忘

「若付在舊日子不再可貴／我說我這次／要痛快有我的依歸」，來自王菲的《執迷不悔》廣東話版本（1993）副歌前的一節，同樣由陳少琪填詞，說到歌者面對舊日的情感，或被指不再可貴，但相信人的心緒與感念，都有依歸。

「依歸」是心有所依，卻未能否認過去，因為昔日的一切，如同從行車倒後鏡所見的景觀，都在為人引路。香港樂壇今天的路徑，亦是由過去走來，當中有被視為經典的故人與舊事，也有更多被遺忘的創作與心跡。第二章我們將會為此一一撿拾，再現幾曾讓香港樂壇痛快而可貴的依歸。

還原曖昧之必要——重新思考香港社會對梅艷芳的論述

海邊欄

千禧年後，重新思考及發掘七、八十年代明星的歷史意義，成為了香港社會的集體現象。討論或定位過去叱吒風雲的明星，除了是記念偶像、安撫人心，為民眾製造生活典範外，更重要的是一些具代表性的明星，承載着一個地方的歷史文化，以至於一個社羣的特質。詮釋他們的生命，有助再現地方的歷史及建構一個社羣的身分。

然而，這些有關明星的歷史記載是真實且客觀嗎？顯然不完全是。明星歷史的再現，很大程度上受制於集體的主觀願望及意圖、社會主導的意識形態、既定的敍述結構等等。[1] 這些因素，都會使明星的論述跟本來的面貌出現偏差，有時太美好，有時過於簡化。

梅艷芳是千禧年之後經常被討論的巨星之一。從香港文化博物館舉辦以梅艷芳為主題的展覽，至有電影拍攝這位一代歌后的傳奇等，都在反映論述梅艷芳的現象仍未見任何衰落之勢。誠如我提到，明星論述扣連的是一個羣體的身分建構，以及地方歷史的再現。由她逝世至今，關於梅艷芳的論述呈現了怎樣的身分想像？其所代表的香港身分隨時代推進出現了什麼變化？

另一方面，也如上文提及，明星論述受各種因素影響，未能完全反映他／她本來的樣態。在論述梅艷芳的個案裏，大眾傳媒或不同的持份者選擇了以什麼內容再現這位一代歌后，當中又隱去了什麼？又，哪些因素促使他們作出這種選材的抉擇？

■ 2003 年之後——三個不變的主要形象

梅艷芳逝世之後，有三個形象是歷久不衰的，在主流媒體的世界被反覆再現。

成功的表演者

梅艷芳逝世之後，不論是電子傳媒、網絡傳媒、受訪藝人等等，一致高度肯定梅艷芳的事業成就。通過肯定她千變萬化的形象、運用適當的情感演繹不同類型的歌曲、以獨特的台風駕馭舞台等，説明她是「獨一無二」及「難以代替」的成功人士。[2]

主流媒體都樂於把梅艷芳的成就，定性為個人的天賦（天生屬於舞台）、勤奮（努力做好每次演出），以及堅毅（病重也堅持演出）帶來的收穫，跟社會因素沒有太大的關連。這套所謂成功的表演者論述，顯然只是一個舊調重彈，舊酒新瓶的勵志故事，為什麼多年來主流媒體會樂意複製，反覆追述這位一代天后的成功故事？

梅艷芳的故事包涵「憑個人實力就能成功」的神話色彩，體現資本主義的意識形態。梅艷芳出身於基層，四歲時就在荔園賣唱，生活貧困艱苦。1982 年，《第一屆新秀歌唱大賽》於利舞台舉行。梅艷芳奪得冠軍後，簽約華星唱片公司發展歌唱事業。之後，她憑天時地利人和的因素，成為了八十年代的巨星，其聲、色、藝俱全的特質多年來廣受大中華地區的肯定。八十年代中後期，部分傳媒把梅艷芳生命的各種巧合收編，簡化成「香港機會處處，人只要努力就可成功」的例子，用以鞏固既定體制。[3] 據饒欣凌及梁偉怡的研究，九七前後香港政府急於建構一種能代表港人身分的「香港精神」，梅艷芳成功的例子，正契合了他們的需要。[4] 到了千禧中後期，社會矛盾加劇，在風急浪高之下本港吹起一股懷舊風：通過懷戀巨星美好的故事，處理主體當下的不安及恐懼。梅艷芳憑驚人的意志力衝破重重困阻的經歷，為處於大時代中，面對各種逆境的港人提供了一線希望的曙光，以及一帖療癒的藥方。由於成功表演者的論述既契合主導的意識形態，也滿足了羣體的心理需要，因此直到今日，它仍然是一條穩定、沒有巨大變化的論述主線。

等愛的女人

梅艷芳的表演多變且多元，其歌舞表演及唱片形象往往挑戰社會各種主流的意識形態，例如《壞女孩》唱片封套中的假小子形象，挑戰社會對女性特質的預設；在《百變梅艷芳告別舞台演唱會》(1991-1992)，梅艷芳戴上黃色假髮，穿上性感舞衣，跟男舞蹈員一邊作出各種意態撩人的動作，一邊高唱《妖女》(1986) 及《Touch》(1992) 的表演，正挑戰社會對性愛的保守態度。2002 年，梅艷芳在《極夢幻演唱會》上演一幕女女親熱的表演，突破了當時不能言說的禁忌。對於這些表演，媒體喜以「專業」的歌者／藝人來形容之。「專業」一詞，除了是對梅艷芳作出充分的讚美之外，更是把她的「工作」及「真實生活」區隔開來的修辭。

2003 年之後，被再現的真實梅艷芳似乎沾不上任何異質性，媒體對現實生活中的，也就是表演以外梅艷芳的再現傾向單一：主要以「愛」涵蓋她的內心世界。梅艷芳「愛」的形象分成二種：第一種是渴望愛情的女性。[5] 報章雜誌總是提及她「表面很時尚，但實際是一個傳統小女人，渴望美滿的婚姻」。在訪問梅艷芳友人的報導中，他們會以見證者的身分，指出梅艷芳渴望成為賢妻良母，並為她最終未能達成心願而感到遺憾。電視節目又以其經典歌曲《女人花》（1997）、《情歸何處》（1994）等，論證她渴望甜蜜愛情及美滿歸宿的觀點。以上可見，媒體把梅艷芳定位為一個渴望愛、為愛受傷、柔弱的典型女性，跟她在表演裏強悍且充滿流動性的特質迥然不同。

無私的施予者

第二種跟「愛」有關的形象是無私付出的施予者。早在八十年代中後期，主流媒體已開始記述梅艷芳無私幫助別人的一面。直至她去世之後，其樂於奉獻的精神更被大眾傳媒不斷報導及表揚。媒體、歌迷、梅艷芳的朋友或後輩，主要從以下幾方面反覆説明梅艷芳作為施予者的具體表現：第一，她沒有私心地提携後輩。例如，在 2007 年，香港電台節目《不死傳奇・香港的女兒：梅艷芳》訪問梅艷芳的徒弟許志安，透過他道出梅艷芳對後輩的關懷。2008 年，TVB 製作節目《我們的梅艷芳》，梅艷芳的徒弟們，以及同屬華星唱片公司的一眾後輩，在節目中分享梅艷芳在他們仍是新人的時候對他們的提携及付出，反映她內心摯誠的愛。

第二，梅艷芳逝世後，報章雜誌紛紛肯定其善行。[6] 例如，她參與各個慈善演出、擔任慈善大使及成立基金會，意圖運用個人的影響力，關懷及協助不同地方的弱勢社羣。例如九十年代，她多次回到中國大陸，參與賑災籌款的演出；成立「四海一心慈善基金會」，利用其知名度籌集善款，並運用這些善款，於世界不同地方推廣教育、增設醫療設施、興辦老人院等等。以上種種都是一種跨國族、跨階層及跨地域的奉獻，背後承載的是沒有分別心的愛及慈悲。它跟香港社會多年來一直標榜的兩種價值——基督宗教的博愛，以中國傳統文化裏行俠仗義的精神相當吻合，且不具任何威脅性，因而受到社會的推崇。加上其真誠且無條件的愛，有助撫慰人心，直至今天，這論述仍為人津津樂道。

無論「等愛的女人」，還是「無私的施予者」，她們都是「付出」多於「接收」，多「愛」而少「慾」。作為一個女性，她的身體慾望及遇到的挑戰並沒有受到大眾傳媒的關注；作為一個有血有肉的人，她立體的一面未有受各界的注意；作為一個曾極具爭議性的娛樂明星，她身上黏附的異質，都因為她已被推上神壇的位置，而沒有被廣泛討論。[7] 媒體有時甚至刻意將表演中的梅艷芳及真實的梅艷芳分開，避免那些表演中的異質性影響她純淨的形象。梅艷芳的形象，趨近完美，然而這種「完美」卻令這個明星文本失卻多樣性，我們亦較難從一個多樣的明星文本中了解一個地方複雜的歷史及社會狀況。

■ 千禧中期之後——從「一變多」到「矛盾對立」的香港身分

梅艷芳逝世二十多年，在這二十多年間，香港社會出現了翻天覆地的轉變。因着時代的興替，梅艷芳的論述也悄悄地起了變化，其中一個極具爭議性的是其所代表的香港身分。

香港身分的多義性

梅艷芳去世不久，不論是大眾傳媒、當時演藝界的代表人物，抑或是政府官員，都不約而同認為梅艷芳的生命歷程深具「香港精神」。[8] 據李展鵬所述，藝人葉蒨文在一次採訪中就以「香港的女兒」形容梅艷芳。[9] 甚至，梅艷芳喪禮的訃聞，也是以「別矣，香港的女兒」為標題，把她跟香港人的生活，以至香港的歷史連在一起。這時期，梅艷芳所代表的是一個「在體制裏努力，最後達致成功」的香港價值。

這當然是昔日香港的寫照。然而，香港價值並不是只有這一面。梅艷芳毫無疑問是一個極豐富的明星文本，其承載的香港面貌絕對是多義的。若細察她的形象，梅艷芳可以代表一個混雜的香港。若結合她八十年代豐富感情生活報導，以及表演裏的前衛意識，梅艷芳反映的是一個破格及站在時代尖端的香港；若我們的視點放在梅艷芳對社會事件的參與，她象徵的是一個具批判性的香港。梅艷芳離世不久，她的多義性未受到格外的關注，亦未有廣泛的討論。[10] 然而，到了千禧中後期開始，學術界進一步關注香港流行明星的價值，欲透過流行明星的研究來梳理香港身分。研究者透過深入研究梅艷芳於音樂表演及電影表演的形象，來說明她在身分上的曖昧性，以及其跟香港的扣連。[11] 這些學術研究令梅艷芳代表的香港特色顯得複雜，卻豐富了內涵，且充滿開放性。

另一方面，隨着時代的發展，社會大眾對爭取公義的梅艷芳生起了重塑的欲望，其不平則鳴的形象在千禧年中後期得到發展的機會。當社會仍在反覆述說人們在體制內努力，就能收獲豐碩成果的香港故事時，部分香港人已親身體驗拚搏向上，已不能協助他們應付制度不公帶來的生存問題。基於此，對社會既定秩序及生活方式保持懷疑，變成了他們認同的生活態度。另外，七十後、八十後生活於一個物質較充裕的社會，不愁衣食的優良條件令一些人傾向以實現自我或追求崇高信念作為人生目標。一波又一波的社會運動，更為他們撒下啟蒙的種子，對於一些人，特別是七十後、八十後等年輕一輩來説，堅持發聲、透過行動改變社會問題，成為了他們追求的價值觀。

同一時間，影片分享網站、社交平台、網上論壇相繼於香港盛行，它們傳播速度極快、覆蓋面甚廣，不同年代的人（即使是年輕的一代）都能從這些網絡資源認識梅艷芳的不同面貌，看見她的表演、或聽到她對社會問題的取態。除此之外，他們亦可透過參與討論或上載片段，重新形塑一個跟主流媒體迥異的梅艷芳形象。[12] 上述提到的社會情境都為梅艷芳的「香港」形象帶來了新的意義。除了承載香港的成功故事外，梅艷芳被重新賦予更多「爭取民主」、「爭取公義」等價值元素。梅艷芳使部分年輕一代留下深刻印象的原因，可能並非往昔的「香港精神」，而是那些「為公義發聲」、「在大是大非面前」，「不退縮」、「不逃避」的特質。[13]

涇渭分明的香港面貌

2014 年，雨傘運動爆發，社會分裂成兩大陣營，一為追求穩定，一為渴望改變。兩大陣營都透過想像及詮釋明星的言行，以證明明星的立場跟自己支持的一樣。即或梅艷芳早就離世，但因着她的形象具備豐富的社會內涵，亦成為被論述的對象。

隨着社會的分化，梅艷芳也分裂成兩個面貌。第一，是具民族主義色彩的梅艷芳。文字報導、社交平台的文章、部分專頁主要借用梅艷芳在鄭裕玲的節目《鄭裕玲星夜傾情》（1992）表示自己「想中國好」、「應在後面支持中國」的説話，以及她曾在公眾面前撕掉自己的外國護照等行為，論證並再現她這一面。第二，是追求民主自由的梅艷芳。這一方的論述主要以梅艷芳積極參與《民主歌聲獻中華》，以及拒絕回國拍攝電影《阮玲玉》（1991，關錦鵬導演）的態度及行為，再現她勇敢及堅持信念的形象。以往，代表一個城市興衰的梅艷芳承載各種不同的思想價值，彼此亦可互相連結及滲透，但時移世易，以上提到的兩個面貌顯然不能並存。李立峯認為，集體記憶是因應當下的社會需要而被建構和生產的。他的觀點準確説明我們對歷史人物的記憶，以及因此而生起的想像，在很大程度上是時代的產物。[14] 梅艷芳兩個香港的面貌，正正折射一個社會難以處理的矛盾。

■ 2019 年之後：消失的曖昧——以電影《梅艷芳》的再現為例

近年，香港社會出現巨大的轉變。然而，記念及書寫梅艷芳的行動依舊，形式亦愈來愈多樣化。這些現象，都反映各界對梅艷芳這個甚具社會意義的明星文本抱有熱情，致愈來愈多人參與梅艷芳的討論。

記念梅艷芳的活動及討論的內容雖多，然而仍有一些問題值得我們深思。例如學術界早已對梅艷芳具複雜多樣的特質作出了深入的探討，然而大眾傳媒較少以它們的研究成果作參考素材，報導或製作節目時依舊將梅艷芳本質化，以簡化的形象將她定位，而未有着力呈現其曖昧性。上文提到 2014 年後兩個跟香港社會息息相關的梅艷芳形象依舊界限分明，部分人士仍舊以能鞏固自己立場的梅艷芳素材，論證其所具備的特質，使梅艷芳這個明星文本失去其爭議性。

其中一個能反映梅艷芳的異質正在消失的例子，是梁樂民導演的人物傳記電影《梅艷芳》。

逐漸消失的形象

2021 年 11 月，《梅艷芳》於香港上映，不僅票房大收，而且引來市民對片中梅艷芳形象的討論。[15] 最受爭議的莫過於電影沒有呈現梅艷芳於 1989 年的一舉一動，以及其所代表的具批判意識的形象。[16] 電影沒有再現梅艷芳於特定社會事件上的角色，同樣沒有強調她那份濃厚的民族主義情懷。究竟電影着力呈現了梅艷芳哪些特質？

電影主要從個人形象及香港形象記載梅艷芳。在戲內，她的個人形象可分為三部分：第一，表演中的專業及堅毅；第二，情感世界的純淨真摯；第三，培育新一代、幫助弱勢社羣，甚至對待一首「對自己有恩」的歌曲《壞女孩》(1985)，展現「重情重義」的特質。電影顯然複製了多年來公共論述對梅艷芳的想像，與上文提及的自 2003 年後，被持續再現的「專業表演者」、「等愛的女性」以及「無私的施予者」三個形象遙相呼應。在香港形象方面，如前文所述，電影規避了香港對梅艷芳面貌的兩極討論。即使模擬鄭裕玲訪問梅艷芳的片段，也刪去了她對國家發展的想法，只着力呈現她心繫香港的一面。

被神聖化的梅艷芳

除此之外，電影有意將梅艷芳幫助別人的「小」事，跟香港社會於九十年代發生的種種「大」事並置在一起，突顯娛樂名人所作的「小」事，在今天看來其實舉足輕重，甚至比那些「正史」更靠近香港民眾。梅艷芳在電影裏代表的，是一個「陰柔」的、「庶民」的、「大愛無疆」的香港。

或者，電影要呈現梅艷芳值得敬重的一面，要緊扣「柔性」的香港，建構一個香港人典範，梅艷芳這個角色因而出現神聖化的傾向。片中着力呈現梅艷芳對家人朋友有義、對男朋友有愛、對香港有情，以及她如何以一個真摯無瑕的心，跟個體及羣體相處。至於梅艷芳複雜的情感經驗、在人際關係上跟他人的矛盾、處理中港問題時表現的曖昧性，都沒有被仔細呈現。誠如台灣評論人翁煌德所云：角色沒有人性的顯著缺點。梅艷芳在片中就如一尊雕塑，而不是一個有血有肉的人。[17]

這種呈現人物的策略，對今日的香港而言，絕對有其時代意義。2021 年，香港經歷了社會事件及新冠疫情的洗禮，民眾早已身心俱疲。一個貼近主流論述的梅艷芳，予人熟悉的感覺。因為熟悉、不陌生，而感到舒適愜意，同時再次召喚一種共同感，予人支持的力量。可見，它為香港民眾提供一個休養生息的空間。另外，當主體的身分或自我在社會的特定情境下受到嚴重威脅，需要「愛」作為支撐下去的力量時，她無條件、絕對真誠的付出，滿足了香港大眾對愛的需求。她超越常人的堅持，確認了港人繼續走下去的合理性，並賦予港人信心及勇氣。

然而，事物有其價值，亦同樣有其局限。作為一個圖標，梅艷芳對於流行文化歷史或香港社會有兩個重要意義：第一，她的生命歷程折射出一個社會的問題，例如她的感情發展在某程度上跟性別不平等的問題息息相關；第二，承載一個地方及一個時代的不同面貌，如性別模稜、社羣身分矛盾、新舊並包等迴異於主流論述的邊緣性。當我們解讀它，就有機會看清楚歷史複雜的輪廓，但如配合主流論述，把梅艷芳的形象定位，甚至為其戴上一個神祇面具，而不討論其爭議，那梅艷芳這個圖標將會失去了本來的動力，容易被主流文化挪用。受眾也無法從其中看見那個充滿不同樣態、有血有肉的城市歷史。

■ 小結：還原曖昧之必要

作為一個多年來被香港民眾投射情感的流行圖標，梅艷芳猶如一枚硬幣，一面是符合體制的，如堅毅、重情義的屬性，讓人們建構被認可的身分；另一面是不被全盤認可的特質，供人們表達、釋放那些難以言説的秘密及慾望。

梅艷芳這個明星文本本來就如一個符合標準的容器，放着不合標準的事物。這些事物充滿曖昧——一種不黑不白、不男不女、不新不舊、不左不右，模糊流動的狀態。這些狀態雖可能令人不安，人們卻能從當中聽到一個時代裏多元的聲音。梅艷芳這個連繫着城市變遷的巨星，仍有很多灰色或模稜兩可的地方，有待我們仔細去發現，然後重新思考這些複製事物出現的原因。如多元是香港社會追求的一種文化樣態，那還原梅艷芳的曖昧，從中傾聽一個時代的雜聲，難道不是必要的舉措？

1 有的論述為了契合社羣的主觀願望，遂依循舊有的記事邏輯，建構明星可接受及被認可的一面；有的論述為了安撫民眾的心靈，聚焦於再現有助穩定身分的素材，而去掉他們身上曾經承載的缺憾。有些論述為了符合主流意識形態的要求，在有意或無意間改變明星的形象。可見，論述總是無可避免地跟事實有差異。

2 梅艷芳被視為全能的藝人或巨星。媒體一般從表演特質及認受性肯定其超然的地位及卓越的成就。從表演特質方面，多變及流動是梅艷芳最特別之處。音樂上，梅艷芳除歌藝精湛外，最令人眼前一亮的地方，是她各種破格形象：壞女孩、妖女、淑女、豹妹、生果女郎等等不僅深入民心，而且為香港音樂表演注入更多視覺元素，對之後香港樂壇的表演方式帶來深遠的影響。電影方面，早有論者指出，梅艷芳不像部分女演員在表演時注重形象或漂亮的外表，樣子不屬美人胚子的她反而能毫無顧忌地扮演各種角色，使自己的演出更具可塑性。不論是三十年代的名妓、上海歌女、詼諧女子、小説人物、古代帝王等等，都受到廣泛的注意，被視為八十年代至千禧初期香港電影界其中一個具代表性的演員。認受性方面，梅艷芳除在香港得到多個音樂及電影獎項外，在中國內地、台灣及東南亞地區都有極高知名度，不僅獲得業界的肯定，更多次在香港以外的地方舉辦多場演唱會，足見其受歡迎程度。我認為，她是繼鄧麗君之後，其中一個能凝聚大中華地區的華語女歌手。

3 八十年代，不同類型的傳媒，如娛樂雜誌《明報周刊》、《銀色世界》；音樂雜誌《好時代》、《新時代》等等，都不約而同地生產這個「借助機會及個人努力通往成功之路」的故事。

4 饒欣凌、梁偉怡：〈「百變」「妖女」的表演政治：梅艷芳的明星文本分析〉，載《性政治》（香港：天地圖書，2006），139 - 159。

5 關於梅艷芳期盼愛情的報導不勝枚舉。例如梅艷芳逝世不久，有報導指她十分寂寞，因為她「內心深處」有一小塊「渴望愛情」的空缺。參〈四十花凋零〉，《東方日報》，2004 年 1 月 3 日。十年之後，仍有報紙指出她想找一個「真心愛她的男人」，為他「生兒育女」，可見「等愛的女人」形象深入民心。〈職場慧眼：港女之極梅艷芳〉，《蘋果日報》，2014 年 1 月 14 日。

6 《東方日報》就曾以〈阿梅備受尊崇港藝能界第一人〉為題，肯定她在華東水災中參與賑災，以及在香港演藝界反暴力運動中站在抗議最前線的舉措。參〈阿梅備受尊崇港藝能界第一人〉，《東方日報》，2004 年 1 月 1 日。《大公報》指梅艷芳俠骨仁心、無私助人的品格值得人們永遠懷念。參〈俠骨柔心熱愛生命　無私助人　逾百演藝界好友明送別阿梅〉，《大公報》，2004 年 1 月 10 日。《明報》以〈92 年秘密捐 100 萬　東華追頒感謝狀　梅艷芳善心留世〉讚揚梅艷芳做善事不求回報的善舉。參〈92 年秘密捐 100 萬　東華追頒感謝狀　梅艷芳善心留世〉，《明報》，2004 年 1 月 18 日。

7 八十至九十年代，梅艷芳是一個具異質性的女星。例如，有報導曾指出她的感情生活多姿多采，擁有多個男朋友，或跟不同男性發展不同類型的關係。參 1985〈梅艷芳收入跳升十倍　獨行獨斷　喜歡主動揀男人〉，《明報周刊》總 824 期（1985 年 8 月）。有報導暗示她視愛情如遊戲。參〈來得快去得快　又添新頁　梅艷芳與小男友果然拜拜〉，《銀色世界》總 260 期（1991 年 9 月）。甚至傳她有私生子。參〈慈善機構高級核數師爆陰毒　梅艷芳慘遭私生子困擾〉，《城市周刊》總 353 期（1990 年 7 月）。又有媒體懷疑她曾為情自殺。參〈事前七小時向本刊索照作車頭相　梅艷芳胃內洗出三種藥物和烈酒〉，《明報周刊》總 968 期（1987 年 5 月）。九十年代末，梅艷芳的形象變得愈來愈好，很少人再提及那些具爭議性的事情。

8 梅艷芳逝世後，《文匯報》、《明報》就曾以「香港的女兒」形容梅艷芳。在 2004 年 1 月，時任行政長官董建華曾讚揚梅艷芳是香港成功的典範。

9 李展鵬:《夢伴此城:梅艷芳與香港流行文化》(香港:三聯書店（香港）有限公司，2019)，216。

10 例如，在追求公義價值的形象方面，只有部分傳媒在記念八九民運的日子，才會報導梅艷芳在其中扮演的角色。

11 例如，李展鵬指出梅艷芳在唱片形象具備本土及混雜的一面，其部分電影的形象如《何日君再來》(1991，區丁平導演)、《川島芳子》(1990，方令正導演) 都展現香港作為邊陲的一種力量。參李展鵬：〈尋找女兒的香港 —— 梅艷芳所代表的港式文化〉，載《最後的蔓珠沙華：梅艷芳的演藝人生》，李展鵬、卓男主編（香港：三聯書店（香港）有限公司，2013），231 - 239。洛楓的〈女俠、軍裝與反串男人——論梅艷芳百變的身體與色相〉詳細分析梅艷芳「雌雄同體」的形象，間接道出梅艷芳代表的「陰性」及「酷異」的香港歷史。參洛楓：《游離色相：香港電影的女扮男裝》（香港：三聯書店（香港）有限公司，2016），210 - 249。

12 如有網民把梅艷芳在八九民運期間參與香港「民主歌聲獻中華」及 1990 年參與多倫多「民主歌聲獻中華」的片段上載至 YouTube，令更多人，包括當時仍未出生的年輕一代，目睹她作出的一舉一動，從而令他們對梅艷芳勇於追求公義的形象留下深刻的印象。

13《眾新聞》曾訪問一名九十後的梅艷芳 Fans。她指自己從梅艷芳的網站及網上片段中得悉梅艷芳對八九民運的取態，欣賞她為公義發聲的形象。《眾新聞》：〈梅艷芳逝世 15 年　留下不止思念 香港情懷未變〉，《Yahoo! 新聞》，2018 年 12 月 30 日，https://hk.news.yahoo.com/%E6%A2%85%E8%89%B7%E8%8A%B3%E9%80%9D%E4%B8%9615%E5%B9%B4-%E7%95%99%E4%B8%8B%E4%B8%8D%E6%AD%A2%E6%80%9D%E5%BF%B5-%E9%A6%99%E6%B8%AF%E6%83%85%E6%87%B7%E6%9C%AA%E8%AE%8A-164430347.html。

14 李立峯：〈梅艷芳：集體記憶和關於明星的政治想像〉，《明報》，2021 年 11 月 18 日，https://news.mingpao.com/ins/文摘/article/20211118/s00022/1637157779818/梅艷芳-集體記憶和關於明星的政治想像（文-李立峯）。

15 據香港票房有限公司的資料，《梅艷芳》是 2021 年最賣座的香港電影，截止 2021 年 12 月 31 日，票房收入超過六千一百萬元。〈2021 年香港電影市道整體情況〉，香港戲院商會，2024 年 5 月 17 日瀏覽，https://www.hktaorg.com/zh-hk/news/view/9。

16 此劇後來推出劇集版，在 2022 年 2 月於串流平台上架。劇集有提及梅艷芳當時沒有接拍《阮玲玉》。

17 翁煌德：〈《梅艷芳》：把一手好牌演到不忍卒睹〉，《上報》，2021 年 11 月 14 日，https://www.upmedia.mg/news_info.php?Type=196&SerialNo=129797。

由「都市女性」到「城市詩人」
——對讀林憶蓮、王菀之的城市愛情

陳嘉銘

「其實盼醉下去／醉下去／人生清醒眼淚令人倦令人累／但如若真的交出整個心／會否只換到唏噓。」這首由李宗盛作曲，林振強作詞，林憶蓮主唱的《假如讓你吻下去》(1993)，收於專輯《不如重新開始》(1993)。2021 年，王菀之翻唱這首歌，讓樂迷驚喜的是，林憶蓮和王菀之分別在八十年代與千禧之後出道，風格明顯不同——林憶蓮因着下文所討論的「都市女性」獨立形象，唱這首歌時有輕鬆放下的感覺，王菀之卻以一種近乎呢喃的唱腔，茫然地為歌詞直白得彷彿失神，表現傷感。兩者各有唱法，其實攸關她倆的歌者形象，也涉及在都市裏對愛情的期望與失落。

阮世生導演的《神經俠侶》(2005)，片尾一段説到似患有精神病的吳鎮宇，在灣仔向着一輛駛往中國的旅遊巴士狂奔，希望追回車上的情人，正是配上《假如讓你吻下去》的副歌。電影談及灣仔，也説出了小城故事與尋常人物，讓觀眾看到軒尼詩道東西兩端的異同，更有莊士敦道的橫街窄巷風光——愛情故事的起承轉合，用上了林憶蓮的歌就似乎順理成章，她的歌曲自八十年代中，就打着「都市觸覺」的旗幟，而情之所至，都有現代女性心事。

那是當年未有前人經營的都市想像／形象，林憶蓮的三張大碟就把這個設計帶給樂迷，包括 1988 年的《都市觸覺 Part I City Rhythm》、1989 年的《都市觸覺 Part II 逃離鋼筋森林》，以及 1990 年的《都市觸覺 Part III Faces And Places》。如果都市因為資本主義與工作倫理，逼迫女性緊隨講求效率的價值觀前行，那林憶蓮的歌曲其時就以搖滾與爵士風格，豐富了都市想像，也言説到八十年代女性的愛情觀，如同在職場上要實事求是。

王菀之沒有以都市之名創作，但她輕巧的用聲風格，以及詞作中偶爾寫到城市景致與物事，賦予對愛情說法的象徵。那已不必然是林憶蓮為愛情的澎湃獨舞，卻是帶文學手法，讓人聽出詩意——她的歌卻並非像謝安琪的作品，在周博賢或黃偉文的詞中表現對城市的情懷；王菀之的書寫是以城市景觀作為比喻，也更見情愛的虛幻。

把林憶蓮與王菀之在本文並置，如果說林憶蓮代表了 City Pop——作品把都市想作「台板」，歌者在上面獨立起舞，展示「新時代女性」面對愛情的特立獨行；王菀之更像是為廣東歌醞釀出 City Poetry（詩化城市）——作品視城市物事佈滿「台階」，讓歌者如步下天梯，返回現實去正視愛情的患得患失，卻難免默然。兩人的名字，「蓮」是花種，而「菀」是盛草，姿態有別，也彷彿暗示了二人的歌雖然連繫愛情的根脈，卻在地上長出不同的外貌。

■ 都市與女性

City Pop 可以譯作「城市流行樂」——「樂」當然是指音樂，亦常被想作是日本自七十年代興起的音樂類型，有來自當年所謂「歐西流行曲」的都市風格，並着重以電子音樂，如電結他、電子琴等等創作樂章。City Pop 跟 Band Sound 的樂與怒不同，後者着意衝擊主流音樂的表現方式，甚至批判資本主義，而前者就意在表現資本主義的急速生活質感。在網上查閱 City Pop 討論，Jazz、Funk、House、Disco 等等音樂類型之說不一而足，卻都透過音樂的動感節奏，讓人感受活力。

林憶蓮三張以「都市觸覺」為名的專輯，是轉投華納唱片公司後，由倫永亮、許願及她合作監製，有意自之前的大碟《放縱》(1986)、《憶蓮》(1987) 和《灰色》(1987) 等等轉型，一方面是擺脱前作的少女形象，另一方面是為香港樂壇，設計一個能夠滿足「都市女性」想像的歌曲市場。「都市女性」之説並無清晰定義，但可以肯定的是，自八十年代開始，更多女性進入職場而「經濟獨立」，亦被想作生活與感情同樣自主；流行音樂為此拿捏創作，以緊湊節拍與樂章表達乾脆的情感價值，為本來慣聽的「失戀情歌」，突破拖泥帶水的牽絆。

三張專輯封面，都可以見到林憶蓮仰頭而稍稍側身，站於城市場景拍照。首張《都市觸覺 Part I City Rhythm》更明顯看到背景為紐約曼克頓區，以營造大都會的氣氛。林憶蓮在幾張唱片內的仰頭側身姿勢，或會讓人想到麥當娜 (Madonna) 1986 年的專輯 *True Blue*，盡顯歌者的女性自信——麥當娜在八十年代初的 "Material Girl" (1984) 與 "Like A Virgin" (1984) 等等作品早已是女性追求情愛的「自主宣言」，而她的跳唱姿態更是 City Pop 的經典。若説其時林憶蓮或有參照麥當娜的形象去創作都市想像，實不為過。

這些「類同」的説法不足為奇，因為借鏡參考甚至製造互涉文本，都是文化創作的司空見慣。林憶蓮的三張專輯，雖説是 City Pop 的音樂風格，但更重要的反而是詞作如何緊扣這個主題，比如值得追問的，是這三張專輯的歌詞如何展示都市？都市又怎樣配合了情歌或女性書寫？

■ 寫意與逃離

細聽林憶蓮這三張專輯，會發現直接描寫都市的歌不算多。都市在林憶蓮的歌中，像是用以襯托一種氛圍，或是一道風景，正如前述是有如「台板」，道出都市女性的愛情價值，也為愛而起舞，因此這個所謂「都市」的想像是流動的、不定的，偶爾可以是讓人輕鬆寫意的地方，亦可以是教人只想逃離的場合。舞曲作為類型與風格正在於此，象徵獨立而躍動，同時會讓人聯想急速節奏，也是情愛離合的來去匆匆。

比如在《都市觸覺 Part I City Rhythm》內，由周禮茂填詞的《偷閒》(1988)，就有如歌名所言的偷閒描寫：

> 偷閒／自覺輕鬆／即使身在鬧市中
> 偷閒／暫借清風／為我吹開鬧市繁重
> 漫步在街中／擠迫不透風／也沒有激動
> 暫借白雲／將風送

歌者在鬧市漫步感到輕鬆，就算「擠迫不透風」，也沒有因而「激動」，甚至在副歌唱到「重拾閒情逸致」。這種落差，在於本來繁忙的都市空間，在這不是壓迫的場景，而是讓歌者甚至樂迷感到不一樣的閒逸氛圍。

不過，這份寫意感覺也未必是「從一而終」，就如前所説，歌者也有希望逃離都市的時候，比如在《都市觸覺 Part II 逃離鋼筋森林》

內，由林振強作詞的《逃離鋼筋森林》(1989)，完全呈現與《偷閒》相反的心情，甚至表達對都市的不滿，可見歌曲開首：

像套合約合同／鬧市令身心都重
內有備註萬重／但缺乏一些感性衝動
人亡命去競爭／如全為了競爭而生
贏輸都失去靈魂

「合約合同」與「備註萬重」都教人想起資本主義社會中的教條式生活與工作，這或正是歌者感到煩厭的起始點，被逼迫去競爭與生存，失去感性與靈魂。這是跟前作《偷閒》差天共地的說法。《偷閒》裏歌者仍有感受閒情的空間，並以柔和旋律帶動感覺；反之來到《逃離鋼筋森林》，就以電子音樂與強勁節奏，製造一種壓迫感，讓聽者想像都市生活的桎梏。

不過，《逃離鋼筋森林》最重要的部分，不是呈現都市生活的困難，而是來自副歌對情愛描寫的暗示：

用你熱熾面容／令我做癡癡觀眾
別再互送合同／讓這夜只跟心意翻動
從麻木裏再生／重流露赤裸真情感
重溫所失去平衡

可見挽救都市失落心靈的，說是逃離都市，也更有「心意」與「情感」，而「夜」與「赤裸」的聯想，是在日間工作過後，讓人放下資本主義的理性，明乎就是説到與人動情的感性出口；因此，副歌不斷唱的「逃離鋼筋森林」，而唱到後來，説到底是要為愛情尋找歌中有説的「鬧市裂縫」，而「奔向內心的天虹」。

■ 面譜與幻想

如此「寫意」與「逃離」，説穿了是一種二元對立的想像，更是一種對都市「面譜化」的描寫。但是，在八、九十年代，以面譜化描寫城市，已經足夠讓樂迷對城市與愛情的扣連，作出浪漫化的幻想，尤其當中涉及歐洲的都市景致。在林憶蓮的三張《都市觸覺》專輯內，巴黎常是製造浪漫化想像的場景，比如可見《都市觸覺 Part III Faces And Places》裏，同樣由林振強作詞的《傾斜》（1990），就直接寫出了城市地點：

風／它跟我奔向每一方
像決心穿梭所有都市
風／它跟我飲遍天邊美酒
共高歌一次一次
巴黎令我多麼入神
香檳彷彿四邊激射
東西柏林是那麼的動人
為何仍然在想共你當天某夜

歌詞中連繫到法國（巴黎）與德國（東西柏林），也如其後有一句「街頭萬個歐洲路人／傾傾講講似不知夜」，似有意把歐洲城市想作熱鬧之地，是故美酒與俊男，都是讓歌者着迷而「傾斜」的亮點。

同一張碟內，由周禮茂作詞的《微雨撲巴黎》(1990)，再次提到了巴黎，也同樣浪漫化城市想像，比如以微雨的街道、懶洋洋的咖啡廳為場景，由林憶蓮以輕柔聲線演繹，而與《傾斜》的表達與風格大相逕庭。不過，與《傾斜》同樣的，是即便《微雨撲巴黎》的歌名與歌詞同樣提及「巴黎」，所說的只是一種綺麗的戀愛幻想，同為面譜化的城市景致。就正如副歌也有直白：

心裏一切放低
不再有牽繫
這個錯覺携着是我遠飛巴黎
心裏一切放低
心裏一切也綺麗
人墮進這巴黎感覺

或正好道來「巴黎」只是感覺，而感覺是來自心裏把一切放低，並僅視之為綺麗的想像；這種如同「反高潮」的處理，讓樂迷都被詞人與歌者幽了一默，形同把建構起來的「都市觸覺」，承認僅為觸覺，必然只作浪漫情愛的「台板」，純作歌者的獨舞與幻想。

■ 歸宿與家

由此去看，林憶蓮歌中所唱的都市，當然有《一分鐘都市・一分鐘戀愛》(1989)或《都市心》(1990)的談情說愛，也開宗明義說愛情如都市節奏的急速往來。浪漫與速度，就是歌中指涉城市的必然元素，因此林憶蓮的歌，其實沒有正寫城市，只是借城市作為背景，讓愛情發生，或發酵成一種讓女性可以稍稍得到安慰的情感。

這份情感只是弔詭的表達，裏頭並無所謂「愛的歸宿」──這或是滿足了「都市觸覺」所言的急速愛情，當中的愛情關係，只是稍縱即逝的片刻浪漫，如《都市觸覺 Part I City Rhythm》內由周禮茂作詞的《講多錯多》(1988) 就有以下一段：

> 你待我不算差／開車接送
> 天天給我送花／有樣卻不怎到家
> 香檳喝醉你便會亂講話

以至在《都市觸覺 Part III Faces And Places》內由林振強作詞的《夜生活》，也有如下一段：

> 世界外面／人未去睡
> 玩到深宵都不想抹汗回家去
> 各找浪漫／或找節目
> 盡以繽紛深宵洗擦繁忙身軀

兩曲都是爵士樂式舞曲，同樣寫到「家」，前者説到對象來到「家」的時候，總因酒醉或胡言亂語，最後以「講多錯多」收場；後者是歌者説到身邊不少人都在外頭流離尋愛，自己卻偏好在家中，等愛來到，卻也只為求如副歌所寫的「Night Life」，暗示着短暫的浪漫激情。

以「家」為喻的都市怨曲，似乎都和應了林憶蓮 1990 年的國語作品《愛上一個不回家的人》，如歌名所言就是愛上了不回家的人；都市女性與家的糾結關係正在於此，但矛盾地在浪漫想像之後，原來沒有象徵「歸宿」的終局，當中有《講多錯多》或《夜都市》的激情，也有《愛上一個不回家的人》的美麗與哀愁。至此可見，林憶蓮的「都市女性」雖説是為當年職場女性，增加了獨立的、普遍的想像與認同感，但對於工作之説只是點到即止；至於歌詞縱有大幅為情愛譜寫自主、獨立，卻偶然又因為「家」的未盡圓滿而若有所失。以女歌者身分表達未盡圓滿的感情，也可見她期待「家」能夠作為愛的歸宿，為情愛畫上句號；當年的流行文化書寫，無論電影與詞作，很多時都會把女性的職場發展與家庭角色對立，非此即彼而難於兩者兼得——説穿了只是性別定型，假設女性本應在家相夫教子，是故走入職場就與之抵觸了。

如此寫「家」，亦是對照王菀之作品的切入點，但就越過了林憶蓮的職場與獨立女性關聯，而以「家」作為愛的載體，深化描寫，比如 2006 年由她作曲填詞的《想愛不相愛》，在副歌就有一段：

> 無用慨歎／心痛只需要歸家
> 分開了／眼淚你有嗎
> 從前入黑開燈都不夠膽／也已成習慣

如歌名所言，是關於主角不能相愛的距離與矛盾，家是緩和情緒的「歸宿」，甚至是歌者敢於摸黑開燈，暗示習慣獨立的一個場景。這個場景是歌者面對情愛的棲身之所，並非林憶蓮前作中總愛以家作為浪漫激情的，卻往往是失之交臂的配角。

王菀之或更有意以家為「重」，所以家更像是心的載體，而不是客體；如此想像更可見於 2013 年收於迷你專輯《Atmosphere：霧》內，由方大同作曲，黃偉文填詞的《皇后餐廳》，以餐廳小店作為城中一角，門外門內的象徵，寫到家人與感情關係，想必是情人或夫妻，在走入家中後的冷淡，如歌中唱到：

門外宇宙太虛幻
誰為你／做過晚餐／和早飯
厮守太簡單／可惜你歸家／步伐仍蹣跚
猶疑／讓軟心／都變硬
一起不是菜單／濃和淡隨便揀
這餐桌／快要為誰／冰冷

問世上有沒有／一種愛
隨便進來／你亦會讓我／坐慣坐的那枱
在各種摩登關係裏
或者我舊／只想把你留下來

這是巧妙地以城中食店的想像，寫成家的門外與門內兩個景觀，再寫到人「歸家步伐仍蹣跚」，即如當愛變成習慣，家中相見卻如同「坐慣坐的那枱」的淒清與蒼白。這是把「家」置於重要的象徵裏，同時扣連城市景致，以描繪愛之為愛，以及家作為愛的重鎮，原來有不少難耐。前述林憶蓮的作品把「家」簡化為愛的「歸宿」，相對來說王菀之的作品以家為「喻」，喻得更加錯綜複雜，因為即便有「家」也不必然對等美滿幸福，卻像極是人來人往的「餐廳」，家人純粹因習慣而同枱，尾聲更在歌詞問「你今晚怕對着誰不慣」，而只像陌生過客。

■ 巴黎與愛

如此說法並非指出王菀之的作品更有深度，而是可以想像，「都市女性」作為詞作與論述，或僅通行於八、九十年代，這或是當年愈來愈多女性進入職場所衍生的想像；而千禧以後的作品，歌迷或更有詞作上的要求，不純粹以「都市」之說僅僅繫於職場女性，因此會以流行文化，尋找當中的更可玩味的象徵意義。

比如再進一步對照，可以說王菀之的歌，也跟林憶蓮不少作品一樣提到巴黎，就在 2006 年專輯《詩情・畫意》內，由她作曲、林夕填詞的《(巴黎沒有）摩天輪》，是直接以巴黎作為場景，卻以「沒有摩天輪」而幻想摩天輪的存在，側寫出愛情的憧憬：

大家闔起雙眼／幻想在凱旋門吃早餐
也許雪花四綻／然後你驚／鐵塔很冷
聽講花都是情人必經之地
真跡的畢加索看到我想飛
參觀畫展後二人相擁滋味
羅浮宮都不可以比

然後登上摩天輪／迎着細雪轉動／我笑你超重
凝望北歐的晚空／美得我怕轉面你會失蹤

為何竟有摩天輪／全為要我感動／何必不去相信
一直聽你亂說／逼真到／連頭髮亦冰凍

可見甫開首，歌詞以直白「闔起雙眼／幻想在凱旋門……」，以至歌中場景逐一閃現鐵塔、羅浮宮、北歐晚空，甚至更提到畢加索和畫展等惹人想像的文藝世界。但更重要的是，歌者即便由最初談情一直唱到下半段的談婚論嫁，尾聲卻說穿了是「從沒有這好運」，也只怪「虛構的旅行太真」。這個同樣是「反高潮」的處理，與前述林憶蓮《微雨撲巴黎》的「反高潮」相比，林夕的詞作藉着巴黎獨有的建築或文化質感，去寫愛情的浪漫聯想。相對來說，《(巴黎沒有)摩天輪》更能夠將都市景觀與情愛幻想作有機磨合，都市就並非只作舞台或背景，而是充滿着讓人從幻想中步下「台階」的物事，面對現實的不美滿。

■ 生死與鐘

這正是以 City Poetry（詩化城市）去言說王菀之作品的原因，當中並非要做嚴謹的詩學分析，卻可見流行歌的詞作，為城市賦上詩意，並書寫情愛關係的委婉曲折。王菀之的歌曲不少由她作曲填詞，就如「城市詩人」，為城市空間譜寫出虛幻的景致，增加了文學意象，同時也配合描寫情愛的不實在感覺；是故聽王菀之的歌，都有一種詩化的抒情感。

正因為城市在王菀之的詞作中彷彿經過文學手法處理，地點之說已不如林憶蓮的歌般重要，反而城市的物事，才是值得加以書寫甚至賦予象徵與生命。舉例說，2008 年的專輯《Infinity Journey》內由王菀之作曲，林夕作詞的《永遠幾遠》，就有以下一段：

失戀了亦有最奢侈的快感
遙望着那所謂緣分
最暗處的街燈
仍遠遠照見我半生

在 2009 年專輯《On Wings Of Time》內由王菀之作曲填詞，並與常石磊合唱的《記住記住》，就有以下一段：

擠逼車廂中／不必分四季／浪漫放映中
天天都相擁／分分鐘會痛／沒後退的鐘
一起靠着餘生不要跌倒
於相對限期倒數
……
黑色的玻璃／裝一口歎氣／說那個先死
一天到墓地／拋得開世界／你我再一起

如果說《永遠幾遠》是有關失戀心情，那麼《記住記住》說的就是戀人有相愛而終老的福氣，卻又突然想到死亡的恐懼。巧合地，前者在開首提及的「半生」，後者的副歌就有「餘生」，都是相映成趣；不過更特別的是，前者的半生由街燈所照見，而後者的餘生，就是在歌首所言在車廂中，以至歌曲最後由「黑色的玻璃」所觀照。詩意的感覺，並非來自特定的地點，而是街燈與玻璃如有生命般看着離合與廝守。相對前面提及的林憶蓮作品，較少以「半生」或「餘生」的說法去打亂歌者想作的浪漫，王菀之這裏的巴黎等歐洲異國，更非林憶蓮歌中唱到「微雨」或「酒精」的氛圍，而是再一次返回現實的「台階」，意識到愛戀有時，生命有時。

更有甚者是，時間在王菀之的詞中，雖未至於以命題展現，卻可見詞作對時光流逝的感觸；比如《記住記住》都反覆唱到「分分鐘會痛／沒後退的鐘」，在《記住記住》同張專輯就有由她作曲，林夕作詞的《大笨鐘》，甫開首就有這一段：

神情動作手勢語調微蕩了猛風
才令細沙輕得太沉重
甜言蜜語親吻笑臉全捏到手中
才令我的天衣有裂縫
難道大腦精確敏鋭無誤似個鐘
才令美好光陰會停頓
難道熱吻低了攝氏何度也會懂
才令我要清醒去做夢

旋律是模擬鐘的秒針拍和，和唱愛情與時間的糾纏關係，教人（的大腦）如同鐘一樣花上光陰，卻可能只是「人在夢裏」，而消磨到「未覺光陰有裂縫」── 王菀之為光陰想到「裂縫」，與前述林憶蓮的《逃離鋼筋森林》所唱的「鬧市裂縫」，雖説「異曲同功」而攸關愛情，但林憶蓮指情愛是為資本社會的出口，王菀之卻道來愛的瑕疵與糾纏。把歌改名《大笨鐘》，當然惹人聯想英國的 Big Ben ── 即倫敦西敏寺鐘樓，但歌曲意指的是，歌者面對愛，寧願自己只像「晝夜循環」的鐘，讓都市的景致，轉換成詩化般的情愛心緒。

王菀之更把《大笨鐘》另寫成英文版 “Mary Had A Little Clock”，以如詩的抒情，殘酷地寫到另一故事，主角 Mary 本為 Johnny 的深愛對象，卻因她早已訂婚，教他傷心而站於高廈之上，並繼而躍下。時鐘的意象，在這裏就是 Mary 未能挽回的時間，讓中文版《大笨鐘》與英文版“Mary Had A Little Clock”重疊，是那彷如錯置的時間，讓人面對愛情而失落，卻同樣失落於生死有時。生生死死，是王菀之在《記住記住》闡述的感觸；難得她以流行歌直視時間與生死，愛情與都市種種難分難解，都是詩意所在，也是走下愛情憧憬的「台階」。

■ 小結：情之所至，吻下去的唏噓

早於 2006 年《詩情・畫意》專輯內，已有王菀之作曲，林夕作詞的《融了鐘的時間》，明顯以西班牙畫家薩爾瓦多・達利（Salvador Dalí）1931 年的著名超現實主義畫作 *The Persistence of Memory* 玩味歌詞，而畫中就有所謂「Melting Clock」，中譯就是「融了時間的鐘」。王菀之的挪用，是一首輕快的情歌，唱出沉浸在愛情時光中的幸福感。

或者愛情總能透過意象、象徵而曲線再現，以至文字的書寫，更可以如超現實主義的幻景重重，城市景觀由此被扣連起來，也就更順理成章，讓樂迷聽到為愛的前塵與守望，原來在香港樂壇的不同年代，都市況味可以如此融化在詞組裏。然而將林憶蓮和王菀之並列，並非要指不同年代的女性愛情觀有異——畢竟前者為「都市女性」所包裝的自主、獨立，都不是八十年代女性獨有，而後者以「城市詩人」書寫對愛情的幻得幻失，更非千禧後女性所專有的情愛心事，兩者的對照，是因為形象、風格以至創作上用到城市扣連愛情。千禧後唱作人與詞人更以文字豐富意象，可見樂迷的品味有變，同時也更能證明，即便同為情歌類型，也可生出不同層次的感性。這也反證八、九十年代「情歌氾濫」之說，只是批評者未有細心想過，情歌的層次其實豐富，又豈止「氾濫」一語能夠簡化它隨年月衍生出來的多元性。

當然，上世紀末的二十年裏，林憶蓮作品的創作或更繫於都市面譜與女性獨立姿勢；而來到千禧年後的王菀之，詩化的表達又把都市與情愛帶到另一個層次，甚至「遠」至外太空而遇上月球（如《玻璃色》、《月亮說》、《我們他們》和《小俠》）、火星（《來自火星》），甚至天使（《我不打算流眼淚》和《迷失的天使》）……說到底，是情之所至的想像，豈止城市，而何其宏大，才可以教人有醉下去，吻下去的唏噓；蓮與菀的繁盛，都是愛的觀照。

在那個影帝影后都「仰望」男女歌手的年代
——周潤發、吳君如、黃秋生與袁詠儀的樂壇掠影

陳嘉銘

相信今日沒有多少人會記得，香港的影帝影后級「巨星」，曾經是本地樂壇「寵兒」——吳君如曾經在《1993年度叱咤樂壇流行榜頒獎禮》上獲得「叱咤樂壇生力軍女歌手銀獎」；黃秋生則在1995年獲得「叱咤樂壇生力軍男歌手金獎」。相對來説，周潤發比較特別，他在1988年為楚原導演的《大丈夫日記》，與兩位女主角葉蒨文和王祖賢合唱同名主題曲，當中反覆唱到一句「Oh very nice」，同年獲商台設立並頒贈「叱咤樂壇Very Nice大獎」。

周潤發、黃秋生和吳君如都曾在香港推出唱片，與香港樂壇頒獎禮碰上；反而憑《新不了情》（1994，爾冬陞導演）及《金枝玉葉》（1995，陳可辛導演）獲得「香港電影金像獎最佳女主角」的袁詠儀雖曾推出一張大碟，但因在台灣出道，而與香港樂壇獎項無緣。

今日回看上世紀九十年代的香港影壇，能夠容讓影帝影后投身音樂事業，即所謂「做歌手」，甚至在樂壇盛事上本作頒獎嘉賓，卻搖身成為與台下歌手較勁而期待獲獎的一員——這段流行文化時光，值得記錄、討論，因為對照今日，可以折射出奇妙的樂壇掠影，同時也見昔日影帝影后，比如在周潤發、吳君如、黃秋生和袁詠儀身上，看到作為歌手的光譜，有着多元活力。

■ 巨星分一杯羹？

要做到「演而優則唱」，是極不容易的，但演員從香港影壇投身樂壇，也不是新鮮事。八、九十年代的劉德華和梁朝偉，雖說不是人人都認同他們的演唱功架，但都不能否認兩人的成功發展，比如前者二十年來在本地音樂頒獎禮上的確獲獎無數，而後者尤其在九十年代的專輯《一天一點愛戀》（1993）及《一生一心》（1994）的浪子形象，都是香港樂壇的集體回憶，及至今日新人輩出，演戲而同步演唱的大有人在，比如顏卓靈、蘇麗珊、顧定軒和余香凝等等。不過今昔對照，是二、三十年前投身樂壇的藝人，大多已是其時的「巨星」，反而今日由銀幕到舞台演唱的，大多仍是出道幾年的新人。

昔日的「巨星」投身樂壇，作為現象聯想，是香港獨有的流行文化。一說這是「巨星」有意在樂壇「分一杯羹」而滿有「撈過界」的評價；亦可以正面觀之，是香港流行文化影響力之大，「當紅」藝人有意推進事業，僅在八、九十年代才足見這種發展空間。事實上，反過來看，歌手進入影壇從來非新鮮事，比如梅艷芳、張國榮，及至後來的張學友、鄭秀文都在兩個領域成就經典；香港的八、九十年代流行文化畢竟就似「鼓勵」藝人「歌、影、視三棲」，說得如同理所當然，把藝人視作「多線發展」的專業，卻又難免要他們為了娛樂大眾而疲於奔命。這種發展有部分可以上推至六、七十年代港式娛樂出現的電視媒體，早有建構一種「歡樂今宵」式的演藝雜燴，讓藝人在當年有說是如同「少林木人巷」的電視台打出名堂，就是要訓練出「周身刀」的演藝才能，演戲、唱歌、走埠樣樣皆可。在香港當藝人被想作「多線發展」，說是獨有的本土娛樂特色，相信正正因為離不開那種「雜燴」奇藝。

影星的既有形象，往往轉化為「做歌手」的相關設計，把影星的面貌，帶到歌曲創作上，比如葉玉卿在九十年代初因為幾部三級電影而爆紅，在 1992 年加盟飛圖唱片即推出專輯《擋不住的風情》，收錄了惹人聯想的同名歌曲，以及《卿卿我我》和《魔鬼的誘惑》，紅極一時。她先以性感想像打開戲路與歌路，其後在不同類型的作品中展示唱功，以及在影壇繼續邁進，如在 1994 年演出關錦鵬導演的《紅玫瑰白玫瑰》，開拓演藝生涯的多面性。

或者有說香港流行文化的不善之處，正是先以一種定型想像加諸藝人，再要他們另行展示實力；但換個角度去想，這是一種最容易讓人接受的想像，以先在影壇中得到肯定的外觀、面貌、姿態、形象，再轉化成樂壇的創作，及至為人接受，再推進和突破藝人的多面性。此說可見之前所謂「不善之處」，其實尚有可取的地方。

周潤發的玩味

周潤發想必是這個跨界發展的特別例子。他貴為影壇巨星，嘗試轉化演藝發展，在 1988 年由華納推出 EP《十二分十分吋》後，接續由新藝寶推出電影《我在黑社會的日子》（1989，黃泰來導演）主題曲 EP《飛砂風中轉》（1989），後在 1990 年由華納製作整張大碟《舊情人》，可算「正式」成為歌手。周潤發在 1986 年主演吳宇森導演的《英雄本色》後，洗脱「票房毒藥」説法，以至推出唱片的幾年，就拍了《英雄本色 3 夕陽之歌》（1989，徐克導演）、《賭神》（1989，王晶導演）、《喋血雙雄》（1989，吳宇森導演）、《伴我闖天涯》（1989，林嶺東導演）及《阿郎的故事》（1989，杜琪峯導演）等等，可説是歌影雙棲而同時極之多產的階段。

周潤發比較特別的是，即便他在那幾年以黑幫、殺手、落難英雄等等電影形象深入民心，他的歌唱事業並非把銀幕形象直接挪移，而是在他的多元化演藝才華上作進一步擴展，比如前述的《大丈夫日記》，為要與同名喜劇掛鉤，他以搞笑唱腔演繹，更在 MV 內，扮演不同平民的形象，如辦公室人員或大排檔伙頭，充滿「玩味」，把他搞笑的一面融入唱腔裏，更表現不同人物的口音特色，也是自然好看。

因為這個多元化面貌，周潤發首張 EP 的同名作品《十二分十分吋》作為「串燒歌」，再以鬼馬姿態唱出十多首經典，如《無心睡眠》(1987，原唱張國榮)、《最緊要好玩》(1988，原唱許冠傑)、《變變變》(1987，原唱陳慧嫻)、《天籟》(1983，原唱關正傑)、《戀愛交叉》(1983，原唱張國榮)、《賭仔自嘆》(1965，原唱馬仔)、《史泰龍 Lambo》(1986，原唱林子祥)、《將冰山劈開》(1986，原唱梅艷芳)及《叉燒包》(1973，原唱徐小鳳)等等，更改節奏或歌詞，再加猜枚詞組，另行創作而成——這也必然取自林子祥《十分十二吋》(1985)的靈感再創作，不過周潤發的玩味性更甚。

及後因着電影《我在黑社會的日子》，由羅大佑作曲，林振強填詞的《飛砂風中轉》以 EP 形式推出，周潤發仍是以《十二分十分吋》的腔調高唱這曲——相信當中也有羅大佑示範唱法的影響，而教周潤發用上呼腔的聲線質感。但是，緊接而來的《舊情人》大碟，周潤發完全改變了演唱方式，以柔軟腔調演唱同名的主打情歌。這個從搞笑高歌，到溫柔演繹的轉變，除卻《舊情人》的情歌題材之外，相信是其時樂壇對情歌與俊男歌手的偏好，把周潤發的英俊形象直接轉移在唱片上——這從唱片的封面設計可見一斑，周潤發身穿白袖衫並梳好一頭貼服黑髮，依在老式開蓬車的門後，低頭若有所思，直教影迷想到他在《傾城之戀》（1984，許鞍華導演）飾演的范柳原。

可想而知，影壇巨星參與樂壇創作，或挪用電影形象或想像，必然有互為參照的作用。《舊情人》收錄了十首歌，其中兩首是伴唱版的音樂，亦有原作、改編及翻唱別人的曲目。雖説周潤發唱功未必受到所有人認同，卻可見華納唱片有意推出一張被視為樂壇作品的大碟。之後周潤發未有新的歌曲，似乎已然「淡出」。由此去想，他的「做歌手」工程對市場來説，僅是測試水溫，或説是玩票性質，仍以影壇作為主要工作；卻反映其時香港娛樂工業的可能性，留有空間讓即便唱功尚待進步的巨星，直接進入樂壇。

吳君如的剖白

如果説周潤發「做歌手」是玩票性質，那吳君如和黃秋生在九十年代歌唱事業的發展，則在玩票以外，更為香港樂壇拉闊光譜，增加了更多意義與實驗性。

本文所討論的四位歌手中，吳君如是推出最多唱片的一位，分別是1992年的EP《Sandra》以及同年大碟《裝傻》、1993年則有大碟《我有我的溫柔》，收錄前作一些歌曲，以及另有單曲《廢話》，全部皆為BMG製作——是與鄭伊健和張智霖同屬一間公司；1995年寶麗金就為她製作了大碟《君如處處吻》，算是她「淡出」樂壇前的一張唱片。

吳君如出道以來都有被想作「大笑姑婆」，又或多在電影內飾演「丑角」，但在九十年代中着力轉型，如在唱片宣傳期間，與甘國亮、葛民輝和林海峰導演合作，一人分飾五角演出電影《四面夏娃》（1996），及至憑《古惑仔情義篇之洪興十三妹》（1998，葉偉民導演）獲得「香港電影金像獎最佳女主角」，並在 2003 年開始拍《金雞》系列，都是她成功轉型的後續。

然而，吳君如的歌手生涯，或是她的轉型啟始，也看出她着力為不同歌種唱出感情。舉例可説，《廢話》和《她怎麼了》（1993）就有她一向給人印象中的鬼馬和潑辣，唱出與前度的另一半較勁，也有女性為愛而改變自己的幽默。吳君如的反斗相信也貫徹她一向的電影形象，是故直到她與黃偉文合唱《初一十五》（1995），都對這種演唱方式駕輕就熟。

不過，更能顯出吳君如的不同，是演繹失戀情歌，比如《求可再度跟你一起》（1993）的低落，又有説到看透戀愛的《多得你放棄》（1993）裏用上輕快跳脱的唱腔。至於更多談到因為熱戀中的甜蜜，會有《Happy Birthday 送我給你》（1995）、《情人處處吻》（1995），以及與鄭伊健合唱的《只因你心醉》（1993），都是吳君如少有讓人看到那種沐浴愛河的溫柔。

更值得一提的，是收錄於首張 EP 的《誰會一生愛護任性的我》（1992），由陳光榮作曲，韋嘉華填詞，由吳君如作為藝人，只讓觀眾看到時常大笑的背後，現實人生的心聲。歌中有唱到：

年月在戲中戲飾演某個／誰才是那真我這般傻麼
一切是否也轉播／看不出戲內哪一個像我
旁人沒法清楚這一個我／疲倦在我心裏怎可能多
起跌像一切經過／誰在我身邊真正關心我

直如夫子自道，演藝形象只有單向的想像，唯獨自己知道那是戲內設計，卻未必有人為自己多想或表達關心。一直去到歌末，吳君如才唱到，唯有父母是最真切愛護自己的人，而教人動容。由此可見，吳君如的多面，也在其演唱事業上，更有憑歌寄意的人生自述；難得吳君如嘗試以另一種姿態，作出動人剖白，就在她的樂壇作品呈現。

黃秋生的另類

吳君如的樂壇發展是拉闊了影迷對她的認知可能性，而她的唱片比她拍攝獲獎電影之前，更早試煉出自己的樂壇之路、歌種與演繹方式。相對來說，黃秋生為樂壇拉闊的，不單在自身的演藝才華，更是為其時被指「情歌氾濫」的九十年代樂壇，注入了不一樣的氣息。

黃秋生的唱片，包括 1995 年以「獨立時代」為製作單位推出的《支離疏》，主要演唱由自己創作而極有民歌和搖滾風格的樂曲；1996 年，更名正言順以《地踎搖滾》作為大碟之名，對社會現象疾呼，並由獨立時代與滾石唱片合製。到了 2002 年，滾石唱片再為黃秋生推出大碟《Bad Taste... But I Smell Good》，多是翻唱別人的作品。

在踏上這段音樂路之前，黃秋生早已奠定了他的影壇地位，比如憑《八仙飯店之人肉叉燒包》（1993，邱禮濤導演）取得「香港電影金像獎最佳男主角」殊榮；在演出之外，更嘗試自編自導自演《新房客》（1995）。同期最深入民心的角色，一定是《古惑仔 2 之猛龍過江》（1996，劉偉強導演）內，首度出場的角色「大飛」，性格義理分明，卻又多口串嘴，造就不少觀眾以此對他想作真人。畢竟黃秋生的敢言已是他的簽名式樣，他所創作的歌曲，敢言姿態就更明顯。

從華星唱片製作 MV 可見，配合黃秋生的離經叛道形象，比如僅是民歌小品式的《冥想》（1995，黃秋生詞），就見他即便手握結他輕彈淺唱，都會唱到「看看身邊講錢的你／我最感心痛」及「教個仔女搵錢／可以犧牲色相」，猶如直罵資本主義。至於與首張大碟的同名歌曲《支離疏》（1995）唱到主角不跟規矩的人生，是對主流價值觀的反諷；而《吓》（1995，黃秋生詞）更可以說是同一張大碟內極盡搖滾風格之作，唱到「咪再要我似你／乜都不敢開口／無曬勇氣我受夠」，更直罵「個個變到無曬知識似野獸」，所以在歌的開首他已直白：

> 細個先生叫我罰企我話吓／上課先生有嘢問我我話吓
> 有次班長叫我跂嘢我話吓／佢兜巴星我問我講乜 X 呀
> 吓……吓……吓……吓……吓……
> 次次哥哥有錯賴我我話吓／每次媽媽叫我學嘢我話吓
> 有次爸爸叫我道歉我話吓／佢兜巴星我問我講乜 X 呀 [1]

歌中連串的「吓」似是面對不甘順應生活或生存標準的呼號，這必然是黃秋生作為真實人物、演員，甚至是電影形象，所展示的性情，透過歌曲呈現自己。

由此，不能不提到次張大碟的同名歌曲《地踎搖滾》(1996，黃秋生詞)，比首張唱片更直接觸及香港社會與政治的作品，包含中港關係的指涉，在當年以詞作表達出來，比如：

香港地／你哋要乖乖地
個個 High High 地／由頭 X 噏到尾
喺香港地對話要等風起
喺香港地遊行北京插你[2]

歌中唱到「香港地……乖乖地」，其實是非常隱晦的說法，也讓人想到那只不過是黃秋生式的幽默而含糊其詞，卻又似有所指。但此說或已是港人心照不宣的話語。如同劉以達作曲，黃偉文填詞的《阿門》(1996)，都是唱到九七政權轉移，比如歌中有唱到「篩走西方老友／以後會有乜東東」是幽默與冷嘲，卻是不用明言而意在言外，就是黃秋生拉闊港樂詞組與內容所在。

重溫當年黃秋生的大碟，或讓人聽到廣東話式的粗口爛舌，但他的詞作如老實人觀照世情，的確不能僅以衛道之士的口吻批判曲詞。而當年樂壇少見的民歌與搖滾，以至面對主流樂壇詞作都對時局避之則吉，黃秋生交出了不一樣的音樂作品，是其時香港創作自由的可貴，也難得黃秋生把戲內戲外的敢言姿態，寫成了廣東歌，並以個人風格演唱，為自己與香港試煉出一道今非昔比的光芒。

袁詠儀的情話

周潤發、吳君如和黃秋生在樂壇的參與，似乎愈說下去，看出愈強的試驗性，卻又畢竟是一次又一次的玩票性質，比如周潤發的玩味、吳君如的剖白與黃秋生的另類，都似乎是預示了不必然為主流市場全盤接受的作品。反而來到袁詠儀的唯一專輯《沒什麼》，在1998年由科藝年代推出的國語大碟，不着眼於香港市場，卻更有意塑造她作為歌手的定位，相對之前三位巨星來說，袁詠儀的唱片就更讓人覺得是為主流音樂製作。

如前所述，袁詠儀推出唱片之前，已經兩奪「香港電影金像獎最佳女主角」；投身樂壇，或正是九十年代尾承接那一波對歌手作為俊男美女的熱潮而來——她在1990年贏得香港小姐競選的冠軍，更獲得「最上鏡小姐」之名，所言美女藝人「做歌手」，就更理所當然。

是故重溫袁詠儀的《沒什麼》專輯，可以想像，是與同年台灣樂壇以「少女標本」組合幾位女歌手——李心潔、徐懷鈺、吳佩慈和陳綺貞的相近設計，雖說四人的氣質與歌路都有差異，卻被視為甜美與可愛形象，配合情歌的包裝。袁詠儀與前述四位女歌手都有相近的形象包裝，唱片在台灣也被想作事半功倍。

《沒什麼》全碟都是情歌，讓人聽出袁詠儀有意以多種方式演繹不同的愛情主題。若順着專輯的歌曲次序，首兩作《沒什麼》及《要哭我就等到下雨天》都是輕快舞曲，談到歌者對愛情看得心淡，更說在愛中要有演技，才能愛下去；因為是輕快旋律，難以否定的是，教人聽到袁詠儀的聲音，聯想她在不少電影扮演可愛女生的姿態。

其後的《我比男人瀟灑》是比較滄桑的情歌，説到歌者對愛情看化的心情；接續的三首歌，包括《On My Way》、《有你才特別》和《不要告訴別人我愛你》，都是跳脱輕鬆的旋律與節奏——《On My Way》説到一個人無愛情也可以快樂，後兩者反而是遇上所愛而表現興奮的感覺。隨後的《分擔》是安慰朋友失戀的主題，緊接的《小鳥依人》亦是對朋友面對感情失意，如有打氣作用，唱到好好照顧自己的同時，也如歌者一樣承認自己有軟弱的時候。來到結尾的《大聲唱歌》，是歌者表達勇敢去愛的情話。

愛情主題在專輯中似有起承轉合，而不少輕快作品，正好解釋了袁詠儀會有「少女標本」的影子。不過，在其中的一些歌裏，比如《要哭我就等到下雨天》，袁詠儀用廣東話如呢喃般唸出讀白，甚至在《分擔》裏如與友人的對話，是以廣東話説出來；可以想到，袁詠儀的香港藝人身分是鮮明的，也着意在國語歌及台灣市場裏表現這個身分。雖説九十年代不少香港歌手都在台灣發展，但以粵語讀白放於歌中還是比較罕見，似乎是唱片公司為袁詠儀特別設計的表現手法。

■ 小結：巨星仰望自己，也仰望九十年代樂壇

香港樂壇與歌手都是特別的羣體，因為當中的影響力，尤其以廣東歌創作，早在七、八十年代已滲透外地。袁詠儀投身國語樂壇，卻仍以廣東話把自己的「來源」身分呈現，是讓樂迷想及香港。但想及香港的，又豈止如此？更有她的影后身分，同時也引人回想黃秋生、吳君如與周潤發，作為影壇巨星而在九十年代「做歌手」，所謂

「分一杯羹」，是反映其時流行樂壇的富足空間，更有創作自由，讓他們擴展了樂壇的版圖。

本文題為〈在那個影帝影后都「仰望」男女歌手的年代〉，當然是語帶雙關，一方面是幾位巨星都曾經在樂壇頒獎禮擔任嘉賓，自然坐在台下仰望台上歌手；他們投身樂壇，如同「仰望」作為歌手的自己，如何廣開自身的演藝可能性，在九十年代不知不覺間，展示了其時娛樂工業的魄力與光譜。當然，無論是為玩票抑或試驗，即便他們沒有在樂壇持久發展，足證那似曾相識的九十年代，有這樣的一種延展性。

今日未必再有影壇巨星直接進入樂壇的境遇，而影壇新人嘗試演唱或推出唱片，都不必然是昔日俊男美女加情歌的公式。時代有變，流行文化言說不同時空的多元面貌已然不同；九十年代的印記，也不是純為流行娛樂，卻是香港自由氣息的寫照，當中可以有黃秋生的另類憤世，也有袁詠儀的台港情話。

1 詞中的「X」是粗口用語，在華星唱片製作的 MV 裏，「X」字被消音。

2 詞中的「X」是一個粗言用語。

由「北上」到「留港」──四大天王的身分認同光譜

陳嘉銘

2022 年，張學友為香港回歸二十五周年拍片祝賀，因沒有提到「祖國」二字，只說到香港經歷「高高低低起起跌跌」，被批評表現不愛國；尾聲一句「香港加油」，更被指惹人聯想與 2019 年反修例運動相關的口號，都是他始料未及。[1]

2020 年 4 月 19 日，張學友參與由世界衛生組織、Global Citizen 和 Lady Gaga 合辦的八小時網上演唱會“One World：Together At Home”時，因與陳奕迅被標註為「中國歌手」，引起中港歌迷罵戰[2]──有些本地歌迷說他們是「香港歌手」，中國歌迷為此說不。

張學友在前宗事件被批為「不夠中國／祖國」，在後則事件又被指「不夠香港」，可是究竟怎樣才算「足夠中國」或「足夠香港」呢？無人知道答案。更值得關注的是，張學友本來並非會為政治表態的藝人，卻為何總被這種身分政治找上門，也招來批評的說法？

答案是「四大天王」──雖然其他歌手偶然會因為類近事故而被招致評說，但「四大天王」的對照性，可以看到當年被樂壇推到「高位」的四人，在此刻也並非處於政治真空的泡沫。「四大天王」是從上世紀九十年代初，對張學友、劉德華、黎明和郭富城的美譽。其時香港樂壇在譚詠麟與張國榮所謂「對壘」的論述中，已漸無新意，香港電台在多次官方活動裏，比如 1992 年的「太陽計劃」及《十大中文金曲》都見四位歌手如同並列的聲勢，於是「四大天王」的稱謂由電子與印刷媒體推波助瀾，讓樂壇更新氣象，也讓樂迷期待各有風格的四人，如同秉承廣東歌的重任，推動發展。

但是，這不是指劉德華、黎明和郭富城，應該連同張學友都總有被「清算」的責任，而是指出這四個九十年代冒出的香港流行音樂 Icon，來到今日一方面未見光環褪色，更巧妙地把事業的重心放在不同地方，引起各人進佔了如同光譜的身分認同想像。如果說劉德華的演藝事業選擇「北上」如同認祖歸宗，那出生於北京的黎明卻主力留在香港發展音樂事業，雙雙就位處了光譜的兩端。至於張學友和郭富城，在近年沒有鮮明的地域發展取態，反而位處光譜之間。

本文是為拋磚引玉，嘗試從四大天王的事業扣連國族身分之說，描繪出一道光譜，同時可見香港歌手常被拉入身分政治事件，或都可在裏頭找到身影觀照，明白所謂何事。

■ 愛不完的中國人 —— 劉德華

劉德華自 1985 年發行首張音樂專輯《只知道此刻愛你》成為歌手，至今出過粵語和國語大碟分別各三十多張，至於首張國語大碟《回到你身邊＋法內情》在 1989 年推出，是《回到你身邊》的國語版本。

不過，所謂國語大碟不必然面向中國市場，劉德華早期的國語專輯主要由台灣唱片公司製作，比如上述一張是由連帶中港台三地的百代唱片製作，其後的《愛的連線》（1989）、《如果妳是我的傳說》（1990）、《我和我追逐的夢》（1991）和《來生緣》（1991），除《愛的連線》為直屬台灣的可登唱片公司製作之外，其他皆為直屬於寶麗金的寶藝星唱片公司製作；而《謝謝你的愛》（1992）、《真情難收》（1993）

和《一生一次》(1993)、《忘情水》(1994)和《天意》(1994)等等，皆為台灣的飛碟唱片製作，同為有意打開台灣市場。

及至 1997 年，劉德華推出專輯《愛如此神奇》並收錄《中國人》一歌，就以中國市場走向立下了註腳。《中國人》由陳耀川作曲，李安修填詞，為香港回歸所作，及至 2009 年中國國家宣傳部把歌收編為「一百首愛國歌曲」，而更見歌曲的「分量」，同時也讓人理解劉德華的內地演出，比如國慶或《中央廣播電視總台春節聯歡晚會》，很多時會選唱這首歌的原委。

《中國人》想當然以中樂風格編曲，會讓人聯想到古曲《將軍令》或香港流行音樂所挪用而成林子祥的《男兒當自強》(1991)或《長路漫漫伴你闖》(1992)。[3] 當年歌曲的電視 MV 中，接近半百演員在山上擊大鼓、搖紅旗，並由劉德華穿着一身白色長衫漫步其中，是以男性化的英氣對等國族想像；而劉德華一向略帶京戲式的腔調也非常配合《中國人》，為歌聲強化了中國傳統曲風想像。

雖然以上說法或有本質化「中國想像」之嫌，不過歌詞的描述，比如甫開始的幾句「五千年的風和雨啊／藏了多少夢／黃色的臉／黑色的眼／不變是笑容／八千里山川河嶽像是一首歌」，其實對何謂「中國」的說法不多，僅以人種膚色或地理說法承托。至於其後副歌的「一樣的淚／一樣的痛／曾經的苦難／我們留在心中／一樣的血／一樣的種／未來還有夢／我們一起開拓」，就是慣以民族主義的苦難說法，製造國族認同。

《中國人》不算是劉德華歌壇事業的轉捩點，卻更像為他的演藝人生作出鮮明定調，是他八、九十年代的電視劇和電影，早已深入中國觀眾的民心，以致他早已推出不少國語專輯；雖說本為台灣市場製作，卻也流通於兩岸三地 —— 這種流行文化的跨界互通與接收，本就為歌手奠基華語市場的名氣與認知。劉德華的事業與形象本來就沒有排他性，讓他自然融入各個華語地域。

是故劉德華的「北上」，是多面向的，由電視、電影，一直到流行音樂，並在《中國人》展示昭然若揭的中國想像，為中國大陸或離散海外的華人，提供了一種由港式藝人包裝的國族認同感。這種「北上」的姿態，讓劉德華站於一個安全位置，對歌迷而言，這早已是坦白不過的形象與定位；而對一般接收者來說，劉德華的國族認同亦無懸念，是他對國家彷彿就有「愛不完」的指涉，而不會把要求張學友是「香港歌手」的說法，加諸在他身上。

■ 我來自北京，I Love You OK —— 黎明

黎明是四大天王中唯一於中國內地出生，更如他的名曲《我來自北京》（1992）所指他生於北京，四歲才來到香港定居，中學階段則留學英國，成長經歷的「混雜性」（Hybridity）亦更見鮮明。

然而，這個「混雜性」的說法對黎明來說不止於成長，更在他的演藝事業之初提供了「異質化」想像與設計。他生於北京，說得一口流利普通話，事業始於 1986 年的《新秀歌唱大賽》，並參與無綫的電視劇集演出，及後載浮載沉三數年才能走上一線，並以首張大碟

《Leon》(1990)爆紅;而首張國語碟《今夜妳會不會來》(1991)由寶麗金唱片公司製作,並以此打開台灣市場,同時收錄了他在 1989 年有份演出台灣電視劇《風雲時代》的插曲《風雲塵煙》。可以説,黎明能説流利普通話,最初在香港的演藝事業發展,並非要他「北上」,卻位處香港而打開台灣市場。

及至收錄於專輯《但願不只是朋友》(1992)的《我來自北京》(劉卓輝詞),黎明的出生背景才成為歌曲包裝,卻在歌詞裏表達與北京無關的成長迷惘,如甫開首的「為何又困惱像個風鈴/再次踏上街頭方向未明/為何像世界雨灑不停/堆積滿山心頭總有事情」,以及首次在副歌之後表達對愛情的難以觸摸,如「為何像愛意沒有收成/似有沒有依然不覺共鳴」。

最與北京攸關的是,黎明以英語唱出「I I I was born in Beijing」。當年廣東歌在副歌填上國語或英語歌詞都是常事,不過以黎明親身演繹「身世」之作,卻近乎與北京無關,更以英語(而不是普通話)去唱「我生於北京」,就為「身世」之説添上了曖昧感,讓人感到是一種形式的表達,多於是心情書寫。

《我來自北京》的電視 MV 也只見黎明出海,以及與三個舞蹈員不停跳唱,不像前述劉德華的《中國人》般,刻意以中國風格的象徵扯上關係。由此可以想像,黎明雖出生於北京,但那種含混的身世,反而與「中國」關聯甚少。雖然黎明在專輯《北京站》(2000)的《全日愛》開首,加插了中國國歌的前奏,但都只是音樂旋律的趣味先行,遠高於要製造國族認同。

黎明這種超出國族的想像，對照劉德華「北上」而生出身分認同光譜的另一端，可被說成是「留港」。黎明在香港投資製作公司，比如在 2004 年與商人林建岳合夥成立東亞唱片（製作）（A Music），除卻參與個人的音樂創作外，亦曾捧出衛蘭、文詠珊、王灝兒（JW）等等歌手；2013 年，黎明成立製作公司 Player One，更着意製作本地演唱會。2016 年，黎明以第一個中環海濱演唱會《黎明 Leon 30th Anniversary Random Love Songs 4D in Live 2016》為這類戶外演出打響頭炮，更是一種與民眾拉近距離的示範。連同黎明在香港本土的投資，就讓他建立起「留港」的認同感覺。

黎明由 1993 年至 2005 年之間，與和記電訊合作，由最初的《夏日傾情》（1993）到最後的《長情》（2005），總共製作了十多首廣告歌，大多都成為香港流行文化及廣告熱話。2019 年，黎明與麥浚龍合唱的《忘記和記》，更有意為過去這一連串本土集體記憶，作文本互涉的再現，讓人聽歌而能在音樂風格及旋律上，回憶黎明這一系列的昔日作品。這一連串廣告創作都能引起本土性話語，鞏固了他的香港身分想像。

黎明還有其他的「留港」示範。比如黎明跟 100 毛在 2017 和 2018 年合作賣廣告，更把經典作品《情深說話未曾講》（1996）及《對不起，我愛你》（1991）改成搞笑歌詞。[4] 2022 年 3 月疫情期間，黎明將《眼睛想旅行》（1999）交由林日曦改詞，翻唱成《全身想旅行》，並拍成 MV，為其時因疫情留港的港人，幽默打氣。[5] 2023 年 11 月，黎明在香港舉行演唱會期間，被觀眾要求說普通話時，巧妙地回應相信大家都聽得明廣東話，而得到觀眾掌聲。[6] 這些例子可見，黎明讓人感到「位處香港」，如與港人同在，教本土歌迷為此感動。

以上可見，黎明近年的演藝發展，無疑是有更多香港的觸感。雖說他在九十年代中後期的電影，比如陳可辛導演的《甜蜜蜜》(1996) 及葉偉信導演的《大城小事》(2004) 等等，都能夠駕馭語言而飾演現代中國人的角色，卻不會教觀眾把他對等國族身分。[7] 因此可以說，黎明比劉德華的「北上」更像是位處光譜的另一端，名之「留港」實不為過，是他的發展、行動與想法更有一種香港況味。不過，他的位置與劉德華同樣「安全」，是他的個人背景，教人似乎對他的中國身分無庸置疑，亦不會在他的行為上硬套上「夠不夠中國」的罪名。就算他隨時真的會被問到是否愛國，或可以用英語拋出一句「I Love You OK」，如金句般回應得模棱兩可，卻無傷大雅。

■ 純真傳説 Vs 餓狼傳説——郭富城與張學友

跟黎明各有相似之處，郭富城近年拍了幾部中國電影，而張學友則是環球唱片的股東，也投資音樂製作公司 CreatorMark Limited I music，但除了在 2023 年開始舉行《張學友 60+ 巡迴演唱會》之外，近年就比較少有公開露面。郭與張二人分別被公認為「舞台王者」與「歌神」，都是香港獨一無二的樂壇 Icon。在本文討論中，被安放於前述劉德華和黎明的「北上」與「留港」光譜之間，正是因為兩人雖說有不少中國關聯，卻因為香港事業的況味，在此間游離。

郭富城在香港開始演藝事業，正式爆紅卻是 1990 年在台灣所拍的電單車廣告，讓他瞬間成了台港兩地的矚目新人，先後簽約台灣的飛碟唱片及香港的華星唱片。首張唱片是國語專輯《對你愛不完》(1990)，其後在 1993 年簽約華納，更聚焦於廣東歌專輯，比如《狂野之城》(1994)和《鐵幕誘惑》(1994),以及《純真傳説》(1995)等等,都以跳唱姿態,創作更多舞曲作品。

張學友是四大天王中,最早投身香港樂壇,為「第一屆全港十八區業餘歌唱大賽冠軍」,在 1984 年簽約寶麗金唱片公司,並隨後推出專輯《Smile》(1985)及《遙遠的她 AMOUR》(1986)等等,即時在香港竄紅。首張國語專輯《情無四歸》亦在 1986 年推出,不少是港版歌曲的國語改編,意在打開台灣市場。「四大天王」之説是在 1989 年的專輯《祇願一生愛一人》後才出現,時任商業電台董事兼總經理俞琤在《1992 年度十大勁歌金曲頒獎禮》中,頒獎給張學友時,指他是「新一代歌神」,就像為張學友的事業再推高峰。

無疑,張學友的歌唱事業除卻植根香港,更有國際足跡。比如他在 1994 年在英國《Billboard》獲得當年「銷量最高亞洲歌手大獎」;而他的全球唱片銷量,讓他被環球唱片美國總公司選出成為九十年代音樂名人之列,先後被 *TIME* 及 *Bloomberg Business Week* 兩本雜誌,指他是「亞洲最有影響力的五十位人物」及「成就僅次於 Michael Jackson」。[8]

郭富城雖然沒有張學友般享有國際盛名,但張學友專於歌,郭富城專於舞,正正是前述劉德華與黎明並無標榜的姿態,相對來説張與郭兩人就有更多被表述攸關於音樂表演的造詣。正因如此,劉與黎的發展就要靠更多論述補足,如上文提過的國族認同與成長背景,郭和張則較多會被講求他們的音樂演出。

舉例說，張學友在1997年擔任藝術總監並主演原創音樂劇《雪狼湖》，有意為流行音樂及演唱會創造新的可能性，把歌劇融入港式娛樂文化中，多年來受人傳頌。郭富城自2004年起以「舞」作為演唱會的類型系列，包括《舞台寶典》(2004-2007)，《舞林正傳》(2007-2011)，《舞臨盛宴》(2011-2015)，《舞林密碼》(2016-2020)，以及《舞林星傳》(2023-2024)都教人在觀舞的同時可以為舞台的立體多變性而目眩。

兩人似乎沒有被染指身分甚至國族認同的想像，讓他們被置於「北上－留港」光譜之間。至於兩人早年在台、港發展，沒有為他們留下任何「不被接納」的說法，雖說製作國語專輯打開台灣市場，但早被中國吸收其作品，中國歌迷聽得明白亦同時着迷。問題反而是，郭與張有沒有因為一些事件，讓人感到他們在光譜中較靠近哪一邊，而有被詮釋的可能。

比如說，近年郭富城最為人稱頌的，是在2020年5月9日於香港海運觀點舉行《郭富城鼓舞・動起來網上慈善演唱會》，為疫情而停工的舞者籌款；另外在2021年12月31日於香港中環海濱的倒數活動，把門票收益捐予「香港現場演出及制作行業協會」，幫助停工的業界。這都建立起郭富城「為香港人做事」的鮮明旗幟，間接淡出了國族身分之說。

相反，文首提及張學友為國慶而拍片，卻因為「不夠祖國／中國」而被批評，可見張學友的「無心之失」，是立足於香港的抒情直白；不過，他隨後回應說「在過去的幾年裏，香港經歷了黑暴，緊接着疫情，百業蕭條，人心惶惶，香港正是須要努力加油的時候……『香港加油』卻因為一些犯了錯誤的人用過……成為了『禁語』，我個人無法理解。」可見，他的言論畢竟是迎合官方之説，也就難怪有歌迷想到他是靠向國族身分。

如果郭富城為此可以對照張學友，就彷如是兩人名曲的象徵——前者的《純真傳説》(1995，小美詞）與後者的《餓狼傳説》(1994，潘偉源詞)。《純真傳説》是歌者對追尋愛情與約誓，卻發現「純真（的愛）早已枯萎」的哀號；至於《餓狼傳説》是歌者自比作狼，面對愛情時，是「君子在撲火／吹不走暖煙」，被刺激就如釋放餓狼，兇相呈現。

國族認同，以藝人身分説愛國與否，都已難成純真的情意表達，背後或會被想到是為了事業發展而投誠，亦為處於政治風眼的安身立命。至於偶爾因事件而被逼迫要表態聲明，如張學友的直白，也足證國族身分與情緒，只在被刺激到臨界點的時候，就會呈現真身，如餓狼面對愛的姿態。

■ 小結：光譜是論述，也是歌迷的抗衡

這個以「四大天王」建立的身分認同光譜，用意是拋磚引玉，也只是建立論述，去言説演藝人，尤其香港歌手，以音樂充當媒體，涉及語言及曲風等等演繹而必然帶有文化政治色彩，自然會在風眼中被觀望，是否在光譜中靠向任何一端，而成了話題。

是耶非耶，沒有絕對答案。但說到底，身分認同之說，始終是一種游離的、任意的論述。國族身分與香港身分，本來並不必然對立，卻反而更多是來自於受眾的立場，去為演藝人「分配角色」，可是作為藝人，或都只能被動地觀望與接受外界的說法。身分認同之說，在香港文化政治的語境裏，畢竟就像一場宿命，尤其要人歸邊甚至以此審視公眾人物；而因為身分認同獲得稱頌或批評，像張學友般被指「不夠中國」或「不夠香港」，都隨時可以成為眾矢之的，就難免教人想到香港歌手落得如此，只能怪這個大時代中，民眾的弱勢，唯靠回應藝人的表忠與否，曲線抗衡現實的無力。

1 〈無法理解「香港加油」成禁語　張學友強調愛國愛港　任大眾監督〉，《明報》，2022 年 7 月 4 日，C2 版。

2 〈抗疫籌款騷　張學友陳奕迅被標籤「中國歌手」 Lady Gaga 讚譚德塞：真正巨星〉，《明報》，2020 年 4 月 20 日，C1 版。

3 《男兒當自強》是電影《黃飛鴻》（1991，徐克導演）的主題曲，《長路漫漫伴你闖》則是電影《武狀元蘇乞兒》（1992，陳嘉上導演）的主題曲。

4 可見於 Amusic Official Channel：〈黎明 NESCAFÉ 極品白咖啡【情深咖啡未曾飲】廣告歌 Leon Lai NESCAFÉ MV〉，YouTube，2016 年 5 月 14 日，https://www.youtube.com/watch?v=W-md7DPTxUA；Amusic Official Channel：〈黎明 NESCAFÉ 正宗越南咖啡【對不起，我愛越南啡】廣告歌 Leon Lai NESCAFÉ MV〉，YouTube，2017 年 5 月 12 日，https://www.youtube.com/watch?v=KPLC0_qJXXA。

5 可見於 Amusic Official Channel：〈黎明 Leon Lai - 全身想旅行 Official MV〉，YouTube，2022 年 2 月 4 日，https://www.youtube.com/watch?v=oradrgloCvY。

6 鄧穎琪，〈黎明演唱會｜再被歌迷要求講國語　15 字回應贏盡掌聲難怪係金句王〉，《香港 01》，2023 年 11 月 21 日，https://www.hk01.com/article/963754?utm_source=01articlecopy&utm_medium=referral。

7 至於許鞍華導演的《半生緣》（1997）以及陳凱歌導演的《梅蘭芳》（2008），還有三數中港合拍古裝片，以及在 2015 至 2017 年之間所拍的幾部中國電影，則要另作別論。

8 Billboard Radio China, "C-Pop Legend Jacky Cheung Wraps Up 233-Date Tour in Hong Kong Hometown," Billboard, February 1 2019, https://www.billboard.com/articles/news/international/8496140/china-jacky-cheung-a-classic-tour-finale-hong-kong-review.

向世界說「不」——王菲的冷視角

海邊欄

九十年代初，社會表面繁榮安定，實際上民眾卻因八十年代末不穩定的政治狀況而心有餘悸，需要透過流行文化築起脫離現實的堡壘，處理不安的情感。另一方面，卡啦 OK 文化從日本襲來，很多唱片公司透過製作大量易入口、內容貼近大眾心理的歌曲，增加樂迷選唱的機會，並藉此提升其傳唱度。於是，香港流行音樂及明星工業逐漸褪去八十年代批判及叛逆的色彩，取而代之的是一些傾向保守、用來鞏固現存文化價值的浪漫情歌。

1992 年，剛從美國回來香港發展的王菲（當時叫王靖雯）剛好碰上這股保守風，推出《容易受傷的女人》（潘源良詞）。[1] 此曲在曲風上具備流行元素，歌詞淺白易懂，容易引起樂迷的共鳴。歌曲描述一個軟弱的女性等待男性的救贖，在在反映敍事人對男強女弱的戀愛模式的認同，這主題思想正好跟上述的時代風氣遙相呼應。基於這些時代因素，以及歌者駕馭歌曲的能力，歌曲最終能在四大天王主導的樂壇裏突圍而出，王菲亦憑此曲一夜走紅，成為一個集體投注的對象。

風頭一時無兩的王菲，不難想像只要選擇複製《容易受傷的女人》的成功模式，也就是以大眾化的女性形象，演繹港式的商業情歌，就能使其事業更上一層樓，但她拒絕了這樣的選擇。1993 年，王菲推出專輯《十萬個為什麼？》，唱片封套的一個大問號，包含王菲對現實中各種怪現狀的疑問；唱片主題反映王菲不是任憑現實擺佈的女性，而是一個會思考生活意義、富獨立主見的歌者。《冷戰》（1993）改編自 Tori Amos 的 “Silent All These Years”，絕非當時香港流行曲的曲式，然而王菲及其團隊卻敢於以此作為其中一首主打歌。王菲演繹此曲時，更放棄昔日深情的唱腔，改以冷峻的語氣，喃喃訴説一段停滯不前的情感關係，透視出她對戀愛神話的懷疑。

自此，王菲跟過去模糊的形象説再見，持續在主流音樂世界裏注入新的元素。當中最引人注目，且貫穿其音樂、表演以及鏡頭下言行舉止的是她的「冷視角」。所謂的「冷視角」，是指王菲對外間發生的種種事情，例如男歡女愛、社會的潛在秩序等等，抱持一種抽離的眼光，不熱情投入的態度。究竟這冷視角的具體內容是什麼？這種跟世界保持距離的眼光對其音樂及生活帶來了什麼不一樣的可能？又為樂迷的生活帶來了什麼新的想像？

■ 灰暗的現實觀

九十年代初，當人人認為現實能帶來幸福美滿的生活，甘願相信那層浮面的華麗能保持不變之時，王菲對現實卻有着不一樣的詮釋。在她的歌曲中，現實多半是醜陋及無常的，人無可避免跟它構成張力。

充滿閒言閒語的現實

1993 年，王菲推出親自填詞的《執迷不悔》（國語版），除反映其固執倔強的處世態度外，還流露她對現實的想像。歌詞中「你」及「你們」可指別人，同時亦指涉外部干預自我實現的力量。在「別説我應該放棄」、「你並不是我／又怎能了解」，意味「你」不能了解

「我」，故對「我」的勸喻，都成為阻礙「我」實現心中所想的絆腳石。如果說《執迷不悔》對外界的看法比較含糊，到了《流非飛》（1993，郭可盈、莫可欣詞），王菲對閒言閒語所持的立場更加直接，以調侃及開玩笑的方式，揭示流言是非滿天的現象，剝奪了「我」的自由。[2]「請你不要隨便胡亂評論我」、「請放過我吧」等語句也透視「我」對他人評價的不安及不滿。

無聊與荒謬的現實

在王菲大部分的歌曲裏，現實各種狀況對主角的心靈並不構成任何意義，人無可避免地感到空虛無聊。《一人分飾兩角》（1995，黃偉文詞）及《玩具》（1997，林夕詞）直接指出現實及世界「太悶」，人物只好去「夢境旅行」，沉醉於玩具的虛擬世界裏。《夢遊》（1994，林夕詞）認為現實「太多詛咒」，「喧嘩的笑話」讓人無法理解；「熱鬧」的環境令人「心未在焉」，難以投入其中。現實不僅無法帶來意義感，而且予人醜陋不堪的印象。《出路》（1995）由王菲親自填詞，裏面提到「政治充滿陰險」，社會也處於「淪陷」的狀態，令人不禁叩問：現實「到底有沒有出路」。《Do Do Da Da》（1993，周禮茂詞）中，主角對「野獸變高尚」、「晦暗變希望」、相愛變「勾當」的「四不像」世界產生疑問，而他人「Do Do Da Da」的回應則使現實顯得更荒謬，教人費解。

粉碎個人願望的現實

九十年代，王菲的大量作品都表達她對愛情的渴求，現實中的對象卻往往無法滿足她的期望，甚至破壞她苦心經營出來的愛情幻象。

她在《出路》曾指不願關心社會，並暗示以愛情及家庭幸福作為信仰，以尋獲理想的精神出路。然而，現實往往無法滿足人的主觀願望，即使王菲鋭意專注於愛情的探索，卻因為情感關係牽涉他者而為她帶來劇烈的心靈震盪。《掃興》（1996，黃偉文詞）的「我」一直苦心經營的「夢想世界」（美好的愛情關係），卻被現實中的「你」「不費吹灰」、「輕而易舉」破壞，把「我」從「雲端深處」掉下來。1999 年，王菲婚姻生活觸礁後推出作品《推翻》（Kwan 詞），歌詞裏「我」「以為」「坦誠」、「回憶」及「相信」能有效維繫一段情感關係，然而「你」一瞬間對事情的「推翻」，令所有想像頓成泡影。可見，現實始終未能滿足人的所有願望，甚至為人帶來如地獄一樣的精神困境。

末世與無常的現實

當一些流行歌手樂於以作品為樂迷帶來希望時，王菲的音樂卻反其道而行。她的歌曲銘刻一種灰濛濛的末世觀。所謂末世觀，是主體認為時間具強烈的破壞性，人活在現實終必被時間放逐的內在經驗。顯然，王菲的歌曲對未來的理解是悲觀的。《暗湧》（1996）談到無論人如何竭力保留幸福的一刻，悲劇及歷史都終將重演；《假期》指出持續晃動的鐘擺終把美好歲月洗刷淨盡；《末日》（1996，王菲詞）談及在末世前夕，人的「理想徘徊十字路口」，最終奔向幻滅之境；而《我信》（1997，林夕詞）則指出現實的價值崩潰，人無法尋獲信仰來「渡我的迷津」。王菲作品描繪的是一個充滿頹廢色彩的世界，跟當時部分歌手一些「正面」的論述（如譚詠麟作品的勵志觀、葉蒨文歌曲中的溫情世界），構成強烈的反差。

當流行文化工業喜於借明星製造永恆不變的美夢時，王菲的歌曲告訴樂迷現實是無常的本相。她親自作曲及填詞的《無常》(1996) 借描寫大自然美景表現事物隨着時間流動而逐漸腐朽的想法。1993 年，《冷戰》的成功令王菲及詞人林夕走得更近，變成長期的合作夥伴。深受佛家思想影響的林夕，跟王菲對現實及生命的想法不謀而合。九十年代末，林夕以佛理入詞，深化王菲歌曲中「無常」的主題。如街知巷聞的經典《紅豆》(1998) 表現人早知事物會腐化的永恆定律，「相聚離開都有時候／沒有什麼會永垂不朽」，情感上卻選擇「留戀不放手」的糾結與矛盾。《當時的月亮》(1999) 借用了《月亮代表我的心》(1973) 的內容入詞，原曲的月亮象徵永恆及圓滿的愛情，但《當時的月亮》反用了月亮本來的象徵：「回頭看／當時的月亮／曾經代表誰的心／結果都一樣……一夜之間化做今天的陽光」，無情地道破萬物終將消逝的現實。

■ 一種應對殘酷現實的「冷」

王菲的音樂作品，反映她認為現實是灰暗的，難以滿足人的主觀願望；在現實世界裏，王菲同樣表現類似的觀點，二者的一致性令王菲特立獨行的形象更加鮮明。對於傳媒，她認為他們干預她的私生活，兩者之間的矛盾難以消融；對於香港流行樂壇，她認為商業的潛規則限制她的音樂表演；對於藝人的工作，她經常「沒有感覺」或認為缺乏意義。面對着這些不完美的現實，有些歌手選擇遵從市場規則，透過跟其他人保持良好關係，達成心中所想；有些明星選擇反抗，對娛樂圈的生態大力鞭撻。王菲既沒有完全妥協，也沒有振振有詞作出聲討。不論是音樂世界或現實世界，王菲都選擇了「冷處理」：透過抽離、不融入、不聲討卻不附和的態度，面對現實中的種種怪現象。這種生活方式貫穿王菲的音樂表演，以至表演以外的一舉一動，成為了建構王菲形象的主線。

製造美麗幻境，逃離現實

對於王菲來説，現實有時是枯燥的，甚至對人構成各種限制。於是，樂迷會看見她沒有很熱情地參與頒獎典禮的競逐，也會發現她出席公開活動時心不在焉，似沉醉於自己的想像世界。[3] 這種跟現實不協調或短暫脱離現實的狀況，同樣在其音樂作品裏得到充分的體現。

王菲的音樂作品其中一個重要主題是「夢」及「想像」，主角／歌者渴望擺脱現實，透過尋夢追求心靈的超脱。以《夢遊》（1994，林夕詞）為例，相比現實，主角更喜歡幻想，因為幻想能製造一片廣闊的天空，「比天地自由」、「找不到盡頭」。改編愛爾蘭樂隊 The Cranberries 歌曲 "Dreams" 的《夢中人》（1994）表面上是一個愛情故事，但仔細察看，會發現這「愛情故事」沒有現實的溝通對象，也不牽涉外部世界，那些激情的熱戀及擁抱，全來自「我」的想像。雖然王菲的演繹，特別是那些「La la la」的哼唱，明顯帶有原唱的痕跡，但結合歌詞，以及歌者的特色，猶如開闢了一片無拘束的天地，沒有語言符號的掣肘，隨心順意表現了對自由世界的嚮往。《夢中人》之後，《飄》（1994）、《催眠》（1999）、《不眠飛行》（2001），都是透過記述各種想像的事物，呈現王菲於精神世界裏的各種冒險及情緒，屬「夢」這個主題的延續。

夢與想像開拓了一個迷幻的心理空間，既能讓歌者擺脱現實，也能讓她在此補償現實的遺憾。《小聰明》（1998，林夕詞）裏，主角雖在戀愛中經歷「淚水」、「蒼白」、「不言不語」的困局，卻能運用想像，或稱作自我欺瞞，把「淚水看成流星」、「蒼白看成水晶」、「不言不語」當成「好風景」，使不圓滿的情感關係變得充實，減低他人對主體的憧憬帶來威脅。《美錯》（2003，林夕詞）把對愛情的美麗想像投射到真實，「游泳池」能幻化成浪漫的「海邊」，「隕石」可變成無瑕的「鑽石」，以一種「自以為是」的幻想，讓自己能在錯誤中「開心過一陣子」，為現實裏的各種缺憾補縫。

洞悉幻象，拒絕從俗

從 1994 至 2003 年，王菲大部分的音樂作品都專注於男女之情的描述，但這並不代表她對生活缺乏思考。九十年代，大多流行曲把愛情包裝成浪漫故事，在製造浪漫氛圍過程中間接肯定現代愛情的意義。王菲則不然，她往往借男歡女愛的現象表達個人的體會，甚至質疑現代愛情之於人的意義。專輯《胡思亂想》（1994）的《純情》（林夕詞）和《知己知彼》（林夕詞）呈現現代愛情複雜曖昧的一面。《純情》的男女主角生活在充滿誘惑及選擇的地方，二人忙着把心力花在「吃喝」及「揮霍」之上，把當初摯誠及單純的愛情感覺忘記得一乾二淨，卻因各式各樣的計算，令關係欲斷未斷；《知己知彼》的男女主角築起了一座「幸福」的堡壘，不缺豐盛的物質及安穩的生活，但這所謂的「幸福」事實上卻是一種令人窒息的狀態，彼此「像天共地一般距離」。以上歌曲都拆穿了愛情神話完美無瑕的假面，展現虛無及膠着的狀態。

王菲的歌曲常展現她對愛情的期盼，如她在《出路》提到「我唯一相信愛情渴望有個幸福家庭」，但歌曲不會將愛情簡化，以為得到愛情就必定快樂幸福，得不到就呼天搶地。相反，角色都在實踐之中反思愛情背後的潛規則對「自我」的限制，繼而作出不遵從既定原則的選擇。例如，當羣眾相信天長地久是愛情的終極目的，《悶》（1997）的主角卻感到這想法太枯燥，認為這並非唯一出路。當社會認為愛情要符合理性，情人不應違背既定的道德倫理，《為非作歹》（1994）卻相信愛情冒險對自我帶來的價值。當很多人都覺得女性應該在一段情感關係裏扮演全心全意的付出者，王菲在《守護天使》（1997，林夕詞）反駁這樣做犧牲太大，「置自己於不顧」的做法其實「一點都不神聖」；所以，她又透過《一半》（1995，林夕詞）來指出自己「只可給你（情人）一半／其他不要你管」，不依從主流那種愛情至上的價值。

除了在音樂世界，現實中的王菲同樣不依從慣常的規則行事。王菲獨立自我，對生活沒有太多預設，一切按着感覺隨性而為。這種堅持自我、感覺先行的生活態度，跟香港事事講求規則的意識形態構成張力。她在北京出生、成長，無可避免地與香港的生活方式及文化秩序產生距離。這些張力及距離賦予王菲獨特的視角，讓她質疑生活的形式，繼而拒絕社會為女歌手定下的各種預設。

以唱片封套為例，1994 年王菲推出專輯《胡思亂想》，封面一反專輯設計重視強烈視覺的常態，以一片白色襯底，印着殘缺的中文字如「沒有新形象」、「沒有大頭相」、「沒有寫真集」，連歌詞集也沒有任何視覺元素。王菲及其唱片製作團隊似經營一種簡約的形象，表現她跟重視包裝的市場邏輯保持距離。

這種反常態的行事方式同樣體現於她的演唱會表演之中。八十年代開始，香港的演唱會製作極度重視舞台的視覺效果及娛樂元素，歌手演唱以外，還需有各種華麗造型，在舞台上進行各式各樣的表演，王菲對此卻不以為然。她曾於音樂特輯《菲菲依然係我》(1998)中提到「唱歌表演不是在工廠裏製造衣服，最重要是情緒」;「做十幾場（水準穩定）的演唱會就叫專業，我非常不同意，因為沒有了那種投入感」;「演唱會（觀眾）不是來看衣服，衣服都是製作的一部分，但最重要是現場的音樂帶給你（觀眾）的感染力」，這都反映她透過個人經驗反思音樂演出的本質，道出流水作業式的生產、媒體的預設對音樂演出帶來的負面影響。千禧年之後，王菲的演唱會都堅守少説話、沒安歌、沒舞蹈、沒嘉賓的原則，以隨興的吟唱和肢體動作呈現表演的另一種可能性。

九十年代中後期，當狗仔隊文化風氣在香港大盛，王菲在無綫節目《城市追擊》(1998)表示理解報導藝人的新聞是娛樂記者的職責，但她認為那些窺探私隱的報導方式已超越個人底線，故不可能「跟他們合作」。1999年，王菲跟竇唯離婚，記者在品牌代言記者會上突然追問她離婚手續的進度時，她用堅定嚴厲的語氣説:「跟你及你的讀者沒有關係」，不同意傳媒嚴重侵犯她私隱的舉措。後來，記者爭相追訪她跟其他男星的關係時，她改以「不回應」應對，並曾在節目《娛樂真相》(2003)中對主持吳君如説「不介意別人（受眾）怎樣解讀我，他們（傳媒）喜歡寫什麼就寫什麼」，以冷處理的應對方式，不要求改變別人看法，卻同時向現實説不。

重整自我，協調現實

王菲這個明星文本另一個非常有特色的特質，是高度的內省性，這在香港主流樂壇非常罕見。

面對無常的事物、不安的環境、脆弱的關係，王菲總是在思考如何把「我」好好安放。有時她渴望維持「我」的完整性，如《享受》（1995，林夕詞）的主角希望把情人「捆住了困住了／你的一切只被我撫摸」，以佔有及控制的方式，使自己生命變得圓滿。有時她關注「我」的持續性，如《約定》（1997）的主角希望憑藉「記住」一段淒美的情感，確認自身一直存在於轉瞬即逝的事物裏，而未有被時代洪流沖刷淨盡。如果《約定》關注的是「我」如何在消失的事物裏保有存在感，那《螢火蟲》（2000，林夕詞）則重視「我」如何在事物消失前大放異彩。《螢火蟲》的主角早已洞察韶華勝極的定律，不太關心「我」及「我」跟他人的情感是否達致不朽的狀態，反而竭力地使當下「我」處於「燃燒的狀態」，藉「來磨擦／來燃燒／來焚毀」個人的生命，遺忘無常帶來的毀滅性。

王菲不是每一首歌曲都表現及追求「我」的統一性，相反歌曲中的角色知道不圓滿的現實難以為人建構一個獨立自足的「我」，故經常啟動一種「分裂模式」，把「我」分裂成幾個面貌，以符合現實原則。例如，《誓言》（1994，王菲詞）的「我」在情人面前表示自己並不在乎「真誠的絕對」，內在的「我」卻對誓言相當着緊；《敷衍》（1997，林夕詞）中「我」明明對一段如死水般的愛情沒有任何寄望，卻為了維繫一段穩定的關係而「勉強敷衍着」。《一人分飾兩角》認為「現實太悶」時，人必須分裂成不同的「我」，扮演不同的角色，

「就像裏面有另一個人／做着某段兩人的戲份」，哪個是真，哪個是假，無從辨別。

除了執於經營「我」外，王菲也有否定，以及放下「我」的一面，這主題明顯見於 1999 年或以後的作品，這或與王菲的情感生活受挫，以及林夕的加持有關。王菲經歷婚變，為她帶來各種沉重情緒，驅動她藉作品處理內在經驗。恰巧跟王菲既是朋友，又是工作拍檔的填詞人林夕跟她一樣認識佛理，令二人展開了一趟又一趟解構自我之旅。

專輯《只愛陌生人》(1999) 的兩首作品《百年孤寂》及《開到荼蘼》，均表現他們竭力放下一切的執著。《百年孤寂》以因果關係貫穿全曲，一開首道破男女相遇到相愛全由「我借來寄託」、「我剛好經過」等偶然性構成，是「心魔」等執念俘虜的結果。到了導歌，歌曲表明「你有來過」只是因「大雨滂沱」而生的假象，過去把愛情想像成「駱駝」，相信它能引領「我」走出沙漠的想法是源於「我」對假象的癡迷。除了外在的戀慕對象，以及因愛而生的各種美好事物，「我」這個概念同樣也是「假」的，只是因緣和合的結果。副歌一針見血點出「我」的真相：「人」是假的、「淚」也是假的，全由業力而生。往過去看，「一百年前你不是你我不是我」，而向未來看，「一百年後沒有你也沒有我」。既然「我」本來就是「無」，為何局中人執著於逝去的情感呢？

至於《開到荼蘼》，一方面呈現「我」沉迷於幻象的一面，所描述的對象跟《百年孤寂》的「我」一樣，無法抗拒「魔力」、「遊戲」、「偶像」、「上帝」的誘惑，對無常的情事「歇斯底里」。另一方面，歌曲卻以抽離的方式，冷靜地剖析及解構那瘋狂的「我」。敍述者先否定獨一無二的「我」，指出人跟螞蟻任何分別。然後，歌曲剖析人煩惱的根源來自心的執念，而基於心的偏執，當盛極而衰的日子來臨時，人必須承受苦果：憐惜受傷的自己，或看不起癡狂的自己。敍述者否定「我」以往依仗着「幻想」及執著而生起的各種存在感及意義感，並嘗試提出一種擺脱於「有我」的視野。既然任何事物沒有差別，就沒有所謂的了不起；既然沒有了不起，也不用對於那些尋常的情事過度神傷。此曲的搖滾元素，為歌曲帶來毀滅的想像，加上王菲的沉渾的聲音選擇及破聲的運用，更能突顯人歇斯底里的狀態，展現人執於「我」時瘋狂模樣。林夕的歌詞則跳出局中人的框框，以局外人的身分審視這生命處境，二者相互碰撞及對話，道盡了局中人處於二者之間的心靈矛盾與掙扎，為人對於「我」的思考注入更多可能性。

■ 小結：為什麼向典型的「香港」歌手説不？

八十年代末，千里迢迢從北京來到香港的王菲正式出道。當時的香港樂壇建立了一套特定的範式，對歌星形象及表演方式都有特定的要求及標準。王菲的製作團隊為她設計了融入香港的「計劃」，讓她更貼合樂迷的需要，繼而獲得更多樂迷的青睞。[4] 不過，當王菲遵從這計劃，推出《容易受傷的女人》一炮而紅後，她決意超越「香港」歌手的身分，拒絕被當時那套既定的標準同化，成為主流樂壇的「異類」。王菲一方面扎根於主流香港樂壇，製作富感染力的港式情歌；另一方面，隨心之所向，跨越藩籬，把中國搖滾、英倫地下音樂等元素注入自己的歌曲裏、運用不同類型的唱腔演繹歌曲，又選用詩化及含玄奧哲理的歌詞來演唱，為自己創造出更遼闊更自由的天空。[5] 無意間，她把更多另類的事物引進主流樂壇，為主流樂壇帶來更豐富多元的面貌，並重新制定出一個「超越」香港歌手的藍圖。

然而，王菲對香港的意義不止於此。她對音樂及表演方式的選擇、對傳媒的態度、對娛樂圈及樂壇的取態，其實是生活的哲學。當一些明星或歌手紛紛透過「合作」來消弭其跟現實的矛盾，使個人風格顯得愈來愈模糊之時，王菲用行動告訴樂迷：在面對主體及現實的矛盾之時，人可以透過「沉默」來應付喧鬧不止的閒言閒話，可以透過「無視」來否定各種加諸於主體身上的要求及標準，也可以透過「抽離的省思」來發現生活及生命的更多可能性。更重要的是，她讓受眾明白到，呼喚她背離那個充滿潛規則的「香港」，踏上那叛逆之路的聲音，是那個生生不息的「自我」。

1 王菲於 1989 年以藝名王靖雯在香港出道，在新藝寶唱片公司的支持下，推出了數張個人專輯。到了 1991 年，王菲突然離開香港，前往美國。有說她到美國是為了進修音樂。1992 年，王菲重新回到香港樂壇，並推出專輯《Coming Home》，其中一首主打歌是《容易受傷的女人》。

2 軟硬天師以「郭可盈、莫可欣」之名填詞。

3 例如 2003 年，王菲出席電影《2046》（王家衛導演）的記者會時，一直在紙上畫東西，並不投入宣傳活動。另外，王菲曾在訪問中指出自己只視出席記者會、訪問、頒獎禮為工作，對這些活動並未抱有太大的熱情。

4 例如，唱片公司及製作人把她的名字改成「王靖雯」，着她選唱大量港式流行曲，如《無奈那天》（1989）、《尾班車》（1990）等等，希望藉此褪去王菲的「中國味道」。

5 1994 年後，王菲推出的幾張唱片《胡思亂想》（1994）、《討好自己》（1994）、《Di-Dar》（1995），部分歌曲具英倫另類音樂的風格。另一方面，她又跟中國音樂創作人竇唯合作，製作《浮躁》（1996）一碟，令其音樂更具中國搖滾的風格。1997 年，王菲轉投百代唱片。在跟中國音樂人張亞東合作後，音樂更不拘一格，選唱的歌曲愈來愈多元化，不再完全受制於香港市場。另外，1995 年之後，王菲大部分歌曲都由林夕填詞。林夕一方面利用寫新詩的方式為王菲的歌曲填詞，另一方面又在歌詞注入哲學元素，為其歌曲賦予更深遠的意境，以及更玄奧的道理。歌曲如《臉》（1999）、《催眠》、《開到荼蘼》、《花事了》（2004）等，都是具文學性及哲理性的歌詞經典，令流行曲變成一種雅俗共賞的文化商品。

I Want You 廣東歌——林海峰的文本互涉港式情懷

陳嘉銘

「昨日乘搭的士，遺下喇叭一個，如拾獲者，請吹兩下，重酬。」似是無稽的一段話，來自上世紀八十年代商業電台的《軟硬癲台》。主持的軟硬天師，由林海峰與葛民輝組合搭檔，瘋魔當年的聽眾；這段話是其中環節，利用電台「失物啟示」的形式，創作其時所謂「無厘頭」的話語以博人一笑。

經歷聽收音機成長的人，相信已經人到中年，而新世代對以上說法或者茫無頭緒，但繼續聽林海峰的廣東歌的，仍然大有人在，也更值得理解他集歌者與創作者於一身，寫出《我哋大家》(2007)、《廣東歌》(2016) 及《今天我》(2016) 等等，不是突如其來的「功架」，而是其來有自的風格與關注。

說到關注，是之於香港，並利用昔日香港的流行音樂，抽取尤其深入民心的部分，曲線為港人打氣，也偶有是對香港精神面貌的批判。這就離不開文化研究常言的文本互涉 (Intertextuality)，讓人讀到今日的文本（比如聽到今日的歌），聯想來自另一時空的文本（比如想到昔日的歌），卻豐富了兩者的意義。

林海峰雖說沒有被香港樂壇論述為「天王」或「巨匠」，但他在創作上的文本互涉筆鋒，確是廣東歌的奇葩。

■ 一路走來，創作為港人打氣

文本互涉是一種創作手法，但把昔日作品置於新作品中，明顯是一種懷舊心緒，同時向舊作品致敬。若套在為港人打氣的作品裏——無論是文學作品、電影片段，抑或流行曲詞，更是在概念上恰好並置，以歌迷本來認知／熟悉的作品，召喚起大家共有的情感與認同，並在新作品裏得到舊日情懷的感動。

林海峰與葛民輝在八十年代唸設計出身，後加入商台成為 DJ。二人擅於以文本互涉創作，由軟硬天師節目至兩人的歌曲創作，一直都見簽名樣式。例如 1993 年的第二張大碟主打《廣播道 FANS 殺人事件》及《叱咤勁歌金曲》，前者編曲時用上譚詠麟的《愛情陷阱》（1985）前奏，後者就以溫拿樂隊《L-O-V-E Love》（1975）的歌詞甚至旋律作為起承轉合，都是經典例子。這兩首歌批判其時的樂壇現象，而挪用七、八十年代的其他經典，引導樂迷以不同年代的樂壇互為參照，都是形式與內容的雙雙配合。

後來，林海峰以「單飛」姿態創作，除了擔任電台節目主持及歌手，也自 2005 年開始《是但噏》棟篤笑，當中不乏挪用昔日經典的創作。比如他多次在棟篤笑演出時，以舊曲譜唱新詞的搞笑創作，以至多年來在《叱咤樂壇流行榜頒獎典禮》上，以廣東歌另行配以旁白或改詞，論盡當年樂壇議題，都是風格所在。

説文本互涉，是為論及林海峰的幾首歌為引子，並非要説那是如同對等式的論證；相反，是要指出廣東歌以廣東話為詞，以至港式語境的想像，的而且確是有無限的創作延伸可能。林海峰扎根於跨媒體的專業基礎，從電台節目以聲音廣播一路走來，至電影、MV及舞台姿態的再現，都是「台上一分鐘，台下十年功」；更值得為此延伸討論的，是他幾首有意為香港說唱與打氣的作品。

■《我哋大家》再思港式亢奮精神

首先可以說的是《我哋大家》(2008)，由林海峰填詞，王雙駿作曲並與何秉舜共同編曲，就挪用了羅文的《獅子山下》(1979)，以及關正傑、區瑞強和盧冠廷合唱的《蚌的啟示》(1986)，在開首揉合了分別由顧嘉煇及馮添枝所寫的旋律，召喚起《獅子山下》和《蚌的啟示》的回憶，也即時讓樂迷在似曾相識的曲韻中豐富想像，或教人期待一種再為香港打氣的神話演繹。

《獅子山下》是香港電台的實況劇集，以香港普羅大眾為題，說的是平民的刻苦現實；主題曲本來是以港人生活情懷為創作原意，後來多次被政府官員挪用，而被指含政治宣傳之嫌。最「經典」的是莫過於在2002年，其時財政司司長梁錦松在發表預算案後以《獅子山下》的歌詞作結，就被指為本無政治指涉的一首歌，附加了額外話語。至於《蚌的啟示》，本是公民教育委員會的宣傳歌，歌中唱到「小島裏」的人和事，明顯指涉「東方之珠」的香港，並以蚌的想像，同時以張開眼作為象徵，呼籲港人「多聽多望」，「携手可創造光芒」。

兩首歌的時代意義不同，但無可否認的是，同在展示一種集體性，即香港人作為一種集體的能量，以《獅子山下》所唱的「在獅子山下且共濟」，彷彿就與《蚌的啟示》內「去共創更好境況」一脈相連。

林海峰的《我哋大家》雖然挪用前人的兩首作品，「大家」之説已然不同，尤其當那種集體性或會被想像為維穩之説，作為官式政治的濫情修辭。這並非指前人的作品是濫情之作，而是説明過去表述一種集體性的創作，在香港七、八十年代對「香港身分」的説法都看似理所當然；不過同一種集體性，放於今日或者只是一種情感氾濫的炒作，而文化研究學語會説是「本質化」（Essentialize）香港的想像，因為香港的集體性，從來是多元多面，而不能以一種單一的集體性説法，去把它（們）收編。

是故林海峰為《我哋大家》作詞，也意識到不可再在「大家」這個想像裏，作籠統的單一集體言説，因為那只會隨時跌入官式説法裏，製造僅僅為了維穩的「香港精神」。要拆解單一的集體性，《我哋大家》就有以下開首：

> 維園／點點燭光已經滿佈
> 紅館／今晚最多人嘈
> 旺角亦要封路
> 全港／大集合然後個個抱一抱
> 我哋大家／在獅子山遇上

一起高聲唱吧／你係咪要賑災
彼此抓緊信念／奧運就係未來
大合唱最好／唱吧／藍天可愛
我哋求求其唱／信就會精彩

詞內把維園、紅館、旺角等地，作為香港地標的不同層次想像——維園是集會、紅館是演唱會，而旺角是購物地帶等等多元化想像都寫出來，而香港就不再是僅得「獅子山下」的象徵所專美；空間多元，事件也可以是多面向的維度，因為歌中也寫到賑災和奧運，都有人們的大合唱，是為眾聲喧嘩，就不是單一詠唱的港式亢奮之說。而更有趣的地方，是副歌前的一句「我哋求求其唱／信就會精彩」，意謂隨便唱，但相信就是精彩，如同自我催眠。這不能單說是諷刺，卻默認香港的集體性，雖云大家合唱有打氣作用，背後無非是一種信念與想像。

最可圈可點的，是來到副歌的部分，會唱到：

一起祝福啦啦／你我勇闖啦啦
大家大家大家大家／也來共創神話
一起跨出啦啦／你我發展啦啦
係信就嚟啦／大家大家嚟啦／明日會更啦啦

對中文曲詞有要求的朋友，一定會對以上歌詞嗤之以鼻，其中用到多個「啦啦」，而且在歌曲完結前的一段用得更多。批評者可以說，那是不明所以的用語，甚至似是找不到恰當用字放在音韻上，就「啦啦」了事。

然而，貫串整首歌的意旨，那本來是對港式精神的亢奮略作諷刺，更有反思的詞作，正好説中了大合唱的集體性，隨時與所唱的歌詞無關，僅以氣魄宏大的曲調，以及無關宏旨的揚聲，就似是有振奮作用。所以一句又一句的「啦啦」，本作慣用中文助語感歎詞的一個字，就成了「啦」來「啦」去而根本無甚意義的情感動力。

更有趣的是，《我哋大家》的 MV 用了一班不為人熟悉的演員，在錄音室一人一句合唱，如同 1987 年始自羣星的《地球大合唱》後，應用在歌手大合唱 MV 的拍攝方式，明顯又是一次文本互涉想像，扣連歌曲所對應「大家」與「合唱」的主題。林海峰在其中更模仿其他歌手唱腔唱出小段歌詞，或讓人聯想甄妮和林子祥，亦豐富了其中的挪用想像。

誠如歌的尾聲所唱「一起祝福啦啦／你我勇闖啦啦⋯⋯係信就嚟啦／大家大家嚟啦／人哋啦我又啦⋯⋯全賴你個啦啦」。説到底，這是一種信念，遑論只是片面的相信，抑或是集體性的信心，內容都已不再重要。「啦啦」的詞，説是打氣，也是再思一種香港情懷，讓互涉的文本滿有意義。

■《廣東歌》與《今天我》的堅持與落差

如果説林海峰在《我哋大家》模仿女聲的一小句歌詞會讓人想起甄妮，那差不多十年後的《廣東歌》，就真的用上了甄妮主唱、顧嘉煇作曲的《奮鬥》（1978）的前奏作為開場，讓人想及昔日經典；同年的《今天我》更把兩個年代的樂隊 Beyond 和 Supper Moment 的想像放到歌中，談到理想和堅持。可以說在 2016 年要以歌提出對廣東歌的愛與人生理想，不無時代意義，而文本互涉的作用，就更見風采。

繼《流行曲》（2005）之後，林海峰以《廣東歌》再寫對香港流行歌的情懷，卻不再像前作調侃公式流行歌，反而多唱感情與地方觸感。這首歌由 Edward Chan 和 Cousin Fung 作曲和編曲，林海峰作詞。林海峰曾在商台節目《在晴朗的一天出發》提及，當年去信顧嘉煇，查詢可否用上部分的《奮鬥》，得到對方一口答應。[1] 可見這個文本互涉的構思，是早有計劃的；不過值得深思的，是為何非《奮鬥》莫屬，這首歌又為何與廣東歌的情懷扣連起來。

如果廣東話是香港的獨特方言，許冠傑自七十年代以廣東歌創作，成就了流行音樂構築身分認同之說，那廣東歌對港人是有唇齒相依的本土意義；而電視劇主題曲的熱潮，更讓廣東歌作為平民每日工餘食糧，以及身分想像的心靈雞湯。甄妮的《奮鬥》本是無綫電視同名劇集的主題曲，主角周潤發飾演船廠少東，不想因循家族生意而另行創業，但在黃霑的詞作裏，反而更像是香港平民的奮鬥心跡，由歌首「無論歷盡幾次浪／無論受盡多少風霜／無論再要奮鬥幾次／才共你到得彼岸」，唱到副歌「同你披荊斬棘／為你衝破前途路障」，感覺都是普羅大眾的刻苦寫照，而非言說劇集內的豪門恩怨。

《廣東歌》所掌握的，正是《奮鬥》原曲的平民想像，但唱出情懷與香港身分，比如歌曲的前半段會是：

勵志歌獅子山鼓舞我
跳舞歌能忘情跳出我
粵語歌每首歌詞／叫好叫座
金鐘道呼吸聲和音今天我

斜陽裏氣魄更壯／有沒有堅決唱這歌
求其合唱／我支飲歌

I want you 廣東歌／放聲地唱出我係我
唱吧無敵副歌／延續這歌／維港每一個
I want you 廣東歌／就算會有一點肚餓
唱首廣東歌代表我

説是香港身分，因為歌的前半段多次用到「我」，如開首的「鼓舞我」、「跳出我」、「今天我」，以至副歌的「我係我」（明顯是來自 1976 年陳麗斯主唱、黃霑填詞的《問我》）及「代表我」，説的是不同類型的廣東歌，都是建構「我」作為香港身分的想像。

歌的下半段，多次以「我」強調身分的同時，也挪用了羅文的《前程錦繡》（1976，盧國沾詞）內一句「斜陽裏氣魄更壯」，卻把「斜陽」改為「紅潮」，成了「紅潮裏氣魄更壯」，「紅潮」或有政治隱喻，卻無礙廣東歌或廣東話的力量。以文本互涉去想，更有趣的詞組是：

I want you 廣東歌／發千分熱千分光
I want you 廣東歌／為你照前方
I want you 廣東歌／為你衝破前途路障
獻出千般愛心與痴情／一切都奉上

那是把《奮鬥》的詞組「發千分熱千分光」、「為你照前方」、「為你衝破前途路障」、「獻出千般愛心與痴情／一切都奉上」，置於一句句「I want you 廣東歌」之間，作有機磨合，同時豐富了兩首歌的意義，分別是對香港生活與港式流行文化的愛。

這種以廣東歌作為情懷的想像，在何秉舜作曲的《今天我》有更進一步延伸，是以樂與怒組合攸關的樂隊精神。雖然今天已經很少人提及 Rock and Roll 之為何物，亦與時代有怎樣的開創或抵抗性，而更多想像的話語，都只是眾說紛紜；但林海峰在《今天我》用上不少 Beyond 的歌名與詞組，還有成員黃貫中與 Supper Moment 的作品，談及人生理想與現實，就是另一種以香港語境及流行音樂共勉的「交響樂」。

這份滿有互涉性的創意，可見歌的開首即時起唱「今天我」，旋律、節拍與歌詞完完全全是不少人耳熟能詳的《海闊天空》（1993，黃家駒詞）首句，又巧妙地下接到自身人生的回想：

> 今天我／在唱今天我
> 明天我／又再唱今天我
> 誰沒有放棄過心中的理想
> 然後／你我霎眼抗戰二十年
>
> 我／踏上這無盡旅途
> 光輝歲月成長中／把家駒都擁抱
> 我／只知生活是挫折
> 只知生命是無限妥協

Oh no Oh no Oh no
相信／相信／相信
年少多好／風雨中抱緊自由
夢想／問誰又能做到

可見除卻即時喚起記憶的《海闊天空》之外，更用上了 Beyond 的經典歌《光輝歲月》（1990，黃家駒詞）的歌名，而詞組的「誰沒有放棄過心中的理想」是挪用《海闊天空》的「從沒有放棄過心中的理想」，「你我霎眼抗戰二十年」與「風雨中抱緊自由」則是來自《抗戰二十年》（2003，黃偉文詞）和《光輝歲月》。除了 Beyond 的歌曲，還有借用其他歌曲的歌詞，如「年少多好」是來自黃貫中作曲、林若寧填詞的《年少無知》（2011）—— 這首歌是無綫劇集《天與地》（2011）的片尾曲，更是《2012 年度叱咤樂壇流行榜頒獎典禮》的「我最喜愛的歌曲」；而「踏上這無盡旅途」則出自 Supper Moment 包辦曲詞創作的《無盡》（2013）。

歌的下半段詞作有同類的挪用，在此不再重複討論。然而，《今天我》提到《天與地》與 Supper Moment 的歌曲，在此際回看已是今非昔比。當年有觀眾把《天與地》說是「神劇」，三位主角本是對 Rock and Roll 與音樂滿懷理想的青年，卻在中年因着生活而改變，劇中一句「The city is dying」更是對資本主義社會中，機心算盡的政治當頭棒喝，直教觀眾感動；但無綫電視日後失去觀眾支持，就已經是社會氣氛改變之始。而 Supper Moment 一度被視作極具代表性的香港樂隊，但經過 2019 年社會運動時所流傳樂隊成員的說法，有指支持者失望而「罷聽」，都是時勢與民心的差天共地了。

這兩個弔詭的時代轉向，在林海峰創作《今天我》時一定始料未及，但此際必定更能豐富對歌曲的詮釋，是因為人生面對理想與現實，必然會經歷落差，即如歌首唱的「今天我／在唱今天我／明天我／又再唱今天我」，當中唱的「今天我」，只像一個理想、口號，甚或自我催眠，正如歌詞之後所唱「我只知生活是挫折／只知生命是無限妥協」，而妥協的就是人生，哪又豈止曾經拍出神劇的電視台，或曾經叱吒的樂隊？

■ 小結：為港人打氣，豈只政治話語？

以昔日經典歌曲，互涉成林海峰的幾首作品，在此就不單是指涉一種情懷，而是滿有反思性的創作，由《我哋大家》唱到《廣東歌》和《今天我》，都是以廣東歌與本土性，説及對一個地方的愛與堅持。當然，也有因為《我哋大家》內的一句「維園燭光」，《廣東歌》的一句「金鐘道」，及《今天我》完結前副歌的一句「留守馬路」，或會讓人想到已然消失的香港遊行和集會場面。不過，今天場景的消失，是否代表理想不再？抑或理想僅為一種集體（單向）想像，也值得深思。

「理想」可以各有説法，有平民心事，也可作官腔動員，言説單一的香港精神；但林海峰的創作，也有言及刻板的資本主義式辦公室工作，的確消磨人生──《我哋大家》與《今天我》的 MV，都見穿上西裝的演員，於前者亢奮合唱，在後者只見一人的背影，工作一日如同行屍走肉。這種因為生活而回看年少理想的寫照，尤其因為辦公室工作的洗練，在林海峰的《我今朝有啲唔舒服》(2019)、《努力奮鬥加油》(2019),以至《Auntie》(2022),都有相關的描述,可見他為港人打氣,又怎會只停留在政治話語的聯想?

畢竟,林海峰的互涉文本創作,其源有自,是幾十年來對香港生活的多面向關注,就如他在《蛋撻》(2022)所寫的副歌歌詞有云「做最香香香香酥皮蛋撻/用最港港港式古傳手法」—— 林海峰的港式手法,是因為廣東話語言多面性,更是「古傳」自他的風格與跨媒體根基與功力。他沒有被說成「天王」或「巨匠」,而過去二十年香港樂壇慣用的「唱作人」一語也似乎無人為他言及,但他的而且確是關懷香港的音樂人,才會有這種本土情懷,以經典再創作成今日的廣東歌。

1 《在晴朗的一天出發》,商業電台,2023 年 1 月 5 日。

第三章

▼忘記前塵

「想得到煙花／馬上有煙花／你未看到嗎／城堡靠想像／仍可再攀爬」，是張敬軒的《隱形遊樂場》(2023)副歌，由黃偉文填詞，書寫在遊樂園的歡笑與失落，但都可以靠幻想與夢想，去為自己造出可再攀爬的城堡。

香港樂壇如一座堡壘，卻不無風雨耗損，亦有被洗刷過的人與事、聲與影，但廣東歌還是會保育香港議題，比如城市與發展、性別與情感；更有歌手形象與歌迷認知的轉化，都儼然是為社會把脈。第三章我們從好些唱作人與歌手的作品說起，回憶或已殞落的煙花，卻是照亮我城的聲畫。

愛在城市與城市之外——看 MV 中的橫街窄巷、城郊、廢墟

吳子瑜

香港流行曲的音樂錄像（Music Video，MV）近年逐漸成為宣傳歌曲的重點——歌手推出新歌時，除了列明歌曲的首播時間，也列出 MV 的首映時段，而在 YouTube 的觀看次數更能成為歌曲流行與否的指標；更有新興的音樂頒獎禮，視 MV 為流行曲不可分割的部分，創立年度 MV 獎項，如 2022 年的《未來音樂選 TONE Music Awards》曾設立「最佳年度MV大獎」與「最具實驗精神MV大獎」。

英國廣播人 John Mundy 提出，要了解流行音樂的文本，不能僅視歌曲為原始文本，而需要配合其他媒介一併理解，如現場表演、宣傳影像等。[1] 然而，香港早期的 MV 製作比較簡單，大多是歌手對着鏡頭對嘴，或者配合歌詞有簡單的情節，[2] 後來才把 MV 視為呈現歌手形象的媒介。[3]

隨着時代轉變，唱片公司因與電視台發生版權爭拗，不再依賴電視台播放 MV，而投放更多資源於網絡平台。為了接觸最多的樂迷，MV 不再只是宣傳音樂的影像，多拍攝與樂迷有共鳴的內容，更能夠反映當代的社會問題。[4]

當 MV 脫離了只表現歌手形象的單一層次，並將影像扣連社會意識，就能讓隱藏在歌詞下的抽象情感，多了一些可以指涉於現實的意象。近年香港流行曲的 MV，就時常將故事的主角，放置在某些社會邊緣的空間，似是有意讓歌曲與一些被社會忽略與遺忘的人事物，扣連上一種互涉的關係。這篇文章將會透過 MV 裏的橫街窄巷、城郊和廢墟，了解歌手與製作團隊如何透過影像，回應時代。

■ 城市的消失與重建

城市本是大眾生活的地方，讓人在其中可以好好發展，可惜城市重複的重建、搬遷、打壓，讓生活在此地的生命，難有舒展的空間，甚至感到失望而離開。所以，MV 裏的城市空間，盡是五光十色、急速、擠迫的感覺，主角在城市裏感受着錯失、失落和孤獨，唯有轉進城市之間的橫街窄巷，稍微躲開了擠逼城市的壓力，才能找回自身真正的情感。

當城市充斥挫敗與無力，代表城市的影像，就充滿了考驗與傷痕。Serrini 的《油尖旺金毛玲》（2017，Leung Man Kei 導演）MV 中，金毛玲被「西裝友」拒絕後，獨自在夜色間遊走於油麻地果欄至旺角道天橋一帶，沿途的霓虹燈光映照在金毛玲的臉龐，孤獨得叫人迷醉，最後一幕她於冷巷中莞爾一笑，看似有所失，卻從不失落。陳健安的《在錯誤的宇宙尋找愛》（2019，Maggie Leung 導演）的 MV，兩個男生似有若無的感情，最親密的一刻也只能發生在夜店的藍光之下，待日光再現，禁忌的情緣終將消散在油尖旺狹窄的街頭，並以眼淚作結。MV 中錯落的愛情故事，也是香港人活在我城的感受，總是充滿着許多無法公諸於世的憂鬱和孤獨，但發生過的回憶，仍教人刻骨銘心。

MV 除了拍下了關於城市的失落，也拍下即將消失的街頭風光。就如導演 Halftalk 曾分享執導 MV 時，刻意在西環、觀塘、深水埗等小區取景，希望可以藉此記錄香港，讓樂迷更了解自己生活的地方。[5] 隨着城市發展，一些老區面臨重建及士紳化，部分地區的特色，將難逃消失的命運。Halftalk 以木藝師陳浩然（胡卓希飾）及高小曼（袁灃林飾）從邂逅至分開的故事，貫穿 Dear Jane 的「愛情三部曲」——《哪裏只得我共你》（2016）、《只知感覺失了蹤》（2016）及《經過一些秋與冬》（2016），拍下重建前的觀塘。二人相遇在工廈之間的橫街窄巷，避開了工作壓力與效率回報的理性思考，很快進入熱戀期。他們在各條熙來攘往的道路，又或是快將要重建遷拆的平台相擁，將二人的浪漫愛情塗抹在漆黑冰冷的觀塘。觀塘曾經孕育無數特色小店、中小企業、文化藝術工作者，最終都難逃時代的命運被清拆重建，如像陳浩然與高小曼的愛情一樣，終將有感覺失蹤的時候。三首歌的 MV 正是在記念那個地區的某段美好時光。縱然現實中，變遷和發展讓城市的歷史、特色和人情消失，但 MV 的影像卻將屬於城市的情感和風景都封存起來。

MV 不只抓住了城市逝去的部分，也發掘了城市一些可貴的地方。在《銀河修理員》（2020，Halftalk 導演）的 MV，車房工人陳樂（柯煒林飾）偶然遇上因家庭問題，流連街上的程嘉藍（吳冰飾），二人決定結伴同遊，在深夜無人的西環到處蹓躂，成為彼此可靠的支柱。他們的感情不華麗，只在後巷、樓梯間或車房的車底下擁抱，卻彌足珍貴。當西環因着鐵路延線開通，不少地區小店因加租壓力結業時，MV 卻在這地記下真摯的情感與風光。在這些 MV 裏，盛載着主角感情的，從來不是正常地工作、作息、發展的空間和時間，而全是在「正常」之外，在那些快要被遺忘、忽略的地方，才能讓主角表露隱藏已久的情感。

■ 生命只能於城市之外喘息

城市規劃或許冷漠，處處都是碰壁的感情。當城市讓人感到挫敗，城市之外的地方，如近郊就成為了人們感到舒坦之地。MV 裏的近郊空間，遠離了城市的規劃和計算，多是郊外的樹林、荒蕪的山地等人煙沓少之地，讓主角終於有一個自由的空間發揮自我，盡情地釋放被壓抑的感情，如青春的狂妄與熱烈的愛情。

張進翹《無可救藥的浪漫》（2021）的 MV，講述主角在下白泥重新構建新的家園。導演麥曦茵形容這是一個由逃逸到自我拯救的過程，當一個人感到危難時，拯救自己就是生存的方法，如同逃走與追逐，都是擁抱生命的表現。[6] MV 中，張進翹與女主角（廖子妤飾）在廢屋、荒地、車程內忘我纏綿、依偎、親熱，一時甜蜜似漆，一時互相傷害。縱使二人已經滿身傷痕，但張進翹始終將廖子妤擁入懷內。MV 的色調偏亮，畫面主色時藍時黃，配上夜景的火光，讓畫面充滿對比色的鮮明感覺，再配上搖鏡，兩位主角彷彿都在遠離城市的空間，以優雅且狂傲的姿態慶祝自己的生命尚存。

或許，城市沒有讓人喘息的機會，但流動且變化的生命可以在另一個地方盡情放肆，展現生命更多的可能性。陳健安在《以青春之名》（2019，Maggie Leung 導演）的 MV，身上抹上泥濘，跳起古怪的舞蹈，點起營火，讓主角在郊外之地，繼續展現城市沒有的生命和活力，並展示歌曲代表的青春及自由。[7]

在城市未能結果的感情，似乎也能夠在這裏得到圓滿。由 Mo Shun Yu、Kendra Koh 執導，Serrini《我在流浮山滴眼水 .jpg》（2021）的 MV，兩個女生終於能夠在近郊的村屋內甜蜜生活，縱然二人有分別的一天，但記憶留下來的漣漪，像電燈泡一樣照亮未知的黑暗荒蕪。類似的情況，也在李毅敏執導，Zpecial《年少輕狂》(2021) 的 MV 中可見，年輕戀人走過城市邊緣，在山野之間忘我追逐，夜了又在營火的映襯下擁吻，譜寫一段與世隔絕的戀曲。

城市與城市之外，就像生活在城市的推與拉。當城市將人的生命壓搾，人就會在城郊繼續發揮，就算經歷着社會的重大變遷，依然能夠找到存活下去的空間。雖然這樣的方式有點逃避主義的意味，但從 MV 中看見一眾主角在陌生的環境盡情狂歡，亦是一件抒壓的美事，甚至提出了另一種想像 —— 美好的事情，其實不一定在城市發生。

■ 從廢墟找回生命之光

如果城市重重的規劃與限制，使人的生活充滿了如上述的拉扯與逃逸，當權力與社會所象徵的城市消失之後，人與人之間的精神價值又如何得以展現？

賽博龐克（Cyberpunk）是將高科技背景與朋克（Punk）結合，當中角色通常生活在社會邊緣的廢墟之中，呈現出龐克搖滾（Punk Rock）所代表的年輕化與邊緣化。[8] 麥曦茵執導鄧小巧主唱的《與人同行》(2020) MV 時，以賽博龐克的概念打造了一個機械立方體，代表四位演員（陳漢娜、黃溢濠、盧鎮業、林耀聲）的跨時空精神時間房。[9] 四人縱然面對各自的難題，仍彼此扶持，直到最後走出陰霾。[10] 演員在困境得到扶持而離開，也表現了眾人在現實中，團結面對問題的精神面貌。

廢墟本指一些被遺忘、失卻了本來功能的空間，但也有更多的可能性。[11] 在 MV 裏，廢墟往往被視為一個混沌的世界，本來毫無生機，卻又因有更多的開放性，期待一日重回正軌。如，姜濤構思《作品的說話》(2022) 的 MV 場景時，提到他希望利用作品回應社會。MV 的廢棄商場就是世界的縮影，充滿搶擄和向神求助的人，大家最後同時向着一個現實中不存在的嬰孩俯首，藉此表達世界需要愛與和平，亦希望戰爭、災難不要再發生。[12]

從以上兩個作品來看，MV 中的廢墟似乎都與現實世界有所連結。當廢墟代表着青春、邊緣與社會意識時，香港有一些 MV 以廢墟為場景，表述某種於現實社會不能容納的價值，主角盡力在廢墟之中，尋找生命的意義。Maggie Leung 與 Wong Sheng 執導陳健安《重生》(2020) 的 MV，將一眾演員各自置放在不同的廢墟場景，讓他們自行因應當時的社會事件表達情緒。[13] MV 的廢墟場景好像某個破落了的社會空間，充滿着傷痛。但是，導演終將保留些許的光明，正如 MV 的最後一幕，一眾演員又在廢墟聚集，以小孩的微笑作結，代表廢墟的經歷，終將有一天會過去。[14]

陳卓賢的《留一天與你喘息》(2022，Wong Sheng 導演) MV，主角因身處廢墟而尋回了感情。故事講述兩個主角（陳卓賢和袁澧林）同是精神病院的病人，因着與大眾的看法有所不同，被當成瘋子。後來，陳卓賢帶着袁澧林逃離病院，走過了無人的野外之地，終於在一座廢棄的建築物定情。Wong Sheng 認為 MV 透露一種期待被人拯救的心情[15]—— 在 MV 中，文明象徵的建築物是牢禁人思想的精神病院，而抱有自由思想的兩位主角極力逃走到被人類棄置的廢墟，才能尋回人類本能的情感，成為彼此之間的扶持和拯救。

廢墟是城市衰落的象徵，也是 MV 中主角痛苦的原由，不過以上的主角未因周遭環境而放棄，反而在廢墟之中堅守愛和希望，彷彿呈現了大眾這幾年間歷經難關的精神面貌，也提醒大家面對困境時，不必完全失望。當香港社會面對不能抗衡的壓力時，流行音樂及 MV 試圖呈現另一種面貌，使對城市的理解多了一點流動的可能。

■ 小結：MV 作為香港文化的一種表述

雖然現實中的橫街窄巷、城郊、廢墟都是人煙稀少的邊緣地帶，或者就是這些邊緣地帶，有絕世隔絕的特色，讓導演、創作人會利用這些空間，呈現出被社會壓抑的感情和精神價值，使一眾生活在城市的香港人，可以在 MV 內找到喘息的空間，以及另一種有別主流價值的表述。

1 John Mundy, *Popular Music on Screen: From the Hollywood Musical to Music Video* (Manchester: Manchester University Press, 1999), 4.

2 梁中勝：〈港情講趣・當年 K 場帶旺 MV　百萬 budget 拍 Twins 女主　梁芷珊：時笑時嬲唔知做乜〉，《蘋果日報》，2021 年 6 月 8 日。

3 曾活躍於九十到千禧年代的 MV 導演區雪兒，因着不認同早期 MV 的形式，引發她專注於 MV 裏呈現歌手的特色形象。參一条 Yit：〈她拍下一代巨星的青春：王菲獨美，張學友深情，周海媚太有女人味 She filmed the youth of a generation of superstars〉，YouTube，2024 年 2 月 22 日，https://www.youtube.com/watch?v=oACO6a-YtDI。

4 Rebecca Kinskey, *We Used to Wait: Music Videos and Creative Literacy*（Cambridge, Massachusetts: The MIT Press, 2014）, 1 - 35. 另參陳峙維：〈搖滾、大眾樂迷與 Music Video〉，《藝術認證》92 期（2020 年 6 月），https://www.kmfa.gov.tw/ArtAccrediting/ArtArticleDetail.aspx?Cond=66095ba4-c47f-4c45-878d-e61baee6d1cf。

5 《3 號螺絲釘》：〈MV 導演 Halftalk〉，商業電台，2020 年 5 月 9 日。

6 Heiward Mak 麥曦茵：〈【無可救藥的浪漫】文本節錄〉，Facebook，2021 年 9 月 28 日，https://www.facebook.com/watch/?v=397691531767521。

7 〈陳健安為《以青春之名》MV 排舞搞到周身痛〉，《MEeeep More》，2019 年 9 月 11 日，https://www.youtube.com/watch?v=SuzlP-2_AgI。

8 Mark Bould,"Cyberpunk,"in *A Companion to Science Fiction*, ed. David Seed（UK: Blackwell Publishing Ltd, 2005）, 217 - 231.

9 《3 號螺絲釘》：〈MV 導演麥曦茵〉，商業電台，2020 年 12 月 5 日。

10 同上註。

11 王筱甄：〈廢墟空間之文化現象探討〉，《美學與藝術管理研究所學刊》4 期（2008 年 7 月），https://libap.nhu.edu.tw:8081/Ejournal/4042000403.pdf。

12 〈姜濤〈作品的説話〉MV 6 分鐘花絮　自編自導自演反戰新歌〉，《星島娛樂》，2022 年 4 月 30 日，https://www.youtube.com/watch?v=JNrtY8KXObQ。

13 《3 號螺絲釘》：〈MV 導演 Sheng Wong，Maggie〉，商業電台，2020 年 2 月 8 日。

14 同上註。

15 dl.thevoc：〈People / MV 導演 Sheng Wong 專訪〉，YouTube，2022 年 12 月 26 日，https://www.youtube.com/watch?v=gkxWTt9U9ag&t=8s。

介乎牛頭角和干諾道的詩意——my little airport 的城市異托邦

陳嘉銘

「這世界只有一種鄉愁／是你不在身邊的時候／這香港已不是我的地頭／就當我在外地飄流」，來自 my little airport 的《美麗新香港》（2014）副歌，而這首歌亦是電影《金雞 SSS》（2014，鄒凱光導演）的插曲，更獲得同年「香港電影金像獎最佳原創電影歌曲」提名。my little airport 在金像獎的現場演唱尾聲，成員阿 P 彈出了滿有碎音和變調的《天佑女皇》，而遭無綫電視腰斬直播。

要提到這次風波，是因為 my little airport 的碎音與變調，就如樂隊的風格早被指有太多嘈雜結他或琴聲，甚至連主音 Nicole 的演唱也被指走音或技法參差，其實不明白 my little airport 以異於主流音樂的風格，作為抗衡的手段。他們出道時曾在不少公開演唱，以如同唸法語去唱 Bossa Nova 曲風的輕巧音律，卻配上港式粗口就像為「詩意」想像留下註腳和反諷。是故彈奏《天佑女皇》不一定是歌頌殖民，要留意的是碎音與變調，如何改變原意，也惹人聯想音樂的多層次觸感——電視台的腰斬，是無知的反應。

碎音與變調，用作形容本文題為的「城市異托邦」，也是最好不過。城市本為城市，就已預示多層次的功能、景致與再現，也如同音樂，在主旋律以外，碎音與變調可以讓人聽到多變的觸感。城市給人的感覺，又何嘗不是多聲道與多景觀的組成？ my little airport 雖説是獨立樂隊，但他們書寫與詠唱香港城市，相信比所有主流歌手更多，而可見的異托邦更甚，以抗衡主旋律定調香港。

■ 詩情畫意的多面城市

説「異托邦」，很多人會想到米歇爾・傅柯（Michel Foucault）在1966年出版《詞與物：人文科學考古學》（*The Order of Things*）的深入討論，但他在講稿與短文裏提及，是為對應空間與權力的再思考。其中一個簡單的切入點，是中譯「托邦」的來源，有「烏托邦」（Utopia）甚至「Dystopia」（反烏托邦），前者明顯是眾所共知的美好世界想像，後者卻是走向另一極端的惡壞世界。不過，「異托邦」更像現實，「異」的古希臘字根 *Héteros* 就指他者、其他或差異，英語 Hétero 意旨多元，也可以是異化，「Heterotopia」的中譯就是「異托邦」了。

這個「異」又有什麼作用？就是動搖與干擾本被視為僅有一種説法的世界想像，以此言及城市更為合適，是城市經歷時間變遷，必然有一層又一層隨時間形塑的意義；主流與官式説法想當然會希望製造穩定的話語，讓人構築單一城市想像，卻同時隱藏城市的多面性──城市的多面性，隨時與主流權力相沖，甚至威脅官方的城市論述。「異托邦」之説，就是不希望城市的多樣性被抹煞，同時豐富人們對所謂「一時一地」的多元化理解。

my little airport 不是城市研究者，更有保守的歌迷會因為他們的歌偶爾觸及死亡（如自殺）、性愛（如嫖妓）或上癮物（如煙和大麻）等等而嗤之以鼻，但他們自2004年至今的十三張專輯──撇除《Taste of Tears》（2020）及《I Also Don't Know》（2022）兩張現場演出唱片，其餘十一張，都滿有香港城市景致，可以説是再現了不如主流定調的想像。[1]

如果說主流定調的，是香港城市的資本主義、發展邏輯，甚至是僅為權力服務的穩定想像，那 my little airport 的城市異托邦，就是在資本與發展想像以外的人生、工作與愛情，更有失落的青春和不欲跟隨單一價值觀的流徙心緒。文首所引《美麗新香港》的一句「這香港已不是我的地頭／就當我在外地飄流」，明乎就是把香港視為「外地」，置身當中就只能以流離想像應對，才可達到在異托邦的回應與抵抗。但要抵抗什麼？又如何抵抗？ my little airport 溫柔地唱出了不少香港地區與地點，與流行樂壇分庭抗禮，寫出詩情畫意。

■ 地區與地點的日常再現

流行樂壇不乏書寫城市之作，黃偉文為謝安琪寫的《囍帖街》（2008）當然是表表者，試驗情歌的隱喻與可能性，也觸及城市保育與舊物消亡；不過 my little airport 成員阿 P（林鵬）與 Nicole（區健瑩）的創作，不會刻意製造意在言外之音，相反鮮明地把地區與地點直白，比如僅以歌名列表，就可見地區之說，包括：

- 《美孚根斯堡與白田珍寶金》（2007）
- 《介乎法國與旺角的詩意》（2009）
- 《浪漫九龍塘》（2009）
- 《牛頭角青年》（2012）
- 《土瓜灣情歌》（2014）
- 《火炭麗琪》（2016）
- 《我以後不再去長洲》（2016）

甚至《豬隻在城中逐一消失》（2011）提到北角和鰂魚涌、翻唱粉紅 A 的《香港香港》（2020）提及北角和上環，《詩歌舞街》（2021）則有寫到大角咀和深水埗，《駱駝》（2023）更從中環的庇理羅士寫到「珍寶船」，惹人想到香港仔珍寶海鮮舫已然沉沒海底的城市奇觀與失落。

至於地點，即比如一個地方或一條街道，甚至是法國人類學家馬克・歐杰（Marc Augé）所言的「非地」（Non-Place），即人們日常路過的，卻未必有深刻感受或印象的地點（如車站或商場），my little airport 都有寫及，比如：

- 《在動物園散步才是正經事》（「動物園」在歌中指信和中心的唱片店 Zoo Records）（2004）
- 《白田購物中心》（2005）
- 《只因當時太緊張》（寫到白田）（2005）
- 《荔枝角公園》（2007）
- 《荔枝角網球場宣言》（2009）
- 《九龍公園游泳池》（2011）
- 《給金鐘地鐵站車廂內的人》（2011）
- 《去信和賣碟》（「信和」指的是旺角的信和中心）（2012）
- 《給親戚看見我一個人食吉野家》（2014）
- 《年輕的茶餐廳老闆娘》（茶餐廳）（2014）
- 《海心公園》（2014）

- 《五點鐘去天光墟》(2014)
- 《下亞厘畢道》(2016)
- 《某夜電影中心》(2016)
- 《今夜到干諾道中一起瞓》(2016)
- 《彌敦道的一晚 good trip》(2018)

從點列可見，my little airport 對地點的書寫，雖説每首歌都只作蜻蜓點水式的簡言觸及，也偶有普通人生活的掠影，大多只是在街上蹓躂所見的景觀，並非深入描寫，是似有意識地比之前的地區更多。其中一個可以解讀的原委，是一向官方對城市言説的話語，總是以地區（尤其大面積或大面向）的想像尤甚，比如「一帶一路」、「東大嶼」或「大灣區」，自梁振英、林鄭月娥到李家超擔任特首的幾屆政府，都視它們為發展偉略；但對不少平民來説，這些大面向話語僅僅是關於土地動用的空中樓閣。my little airport 以地點（甚至前述的「非地」）書寫城市，是從另一種面向閱讀香港，從中看出主流發展論述以外的差異，比如收於《適婚的年齡》(2014) 內的《海心公園》，甫開首就唱到「告訴李慧琼和那班新住客／我是海心公園的一個阿伯／千億個晚上在這裏唱歌我沒犯法／投訴是來自那間新豪宅？」指的就是土瓜灣海心公園，因為地產項目發展而與本來家處同一社區的長者，所生出的矛盾；至於收在同一張專輯的《土瓜灣情歌》，也唱到「只希望沙中線的那個站／可以起得更慢／再貴的租我已不能負擔」，同樣有指地產項目並非平民可以負擔的住宅。由此去想，在 my little airport 的詞作中，能對照官方發展土地之説，反而更在平民的視點關懷社區。

更甚者，是這些地點，尤其多見位處深水埗的白田（如《白田購物中心》和《只因當時太緊張》）、位處荔枝角的公園和網球場（如《荔枝角公園》和《荔枝角網球場宣言》），而《海心公園》和《土瓜灣情歌》寫到土瓜灣之外，《彌敦道的一晚 good trip》也提及同一地區；沒有刻意被寫出來的，亦有香港人必可想到位處深水埗、紅磡、旺角或上水的天光墟（見於《五點鐘去天光墟》）。

大角咀、深水埗和土瓜灣等常被論述「重建」的城市地段，都成了 my little airport 的歌曲場景，必然是對照主流發展論述，作為曲線再現。雖然歌中不是對地區或地點有深情描寫，卻是在流離的生活，或僅是在詞中作為過路的想像，滲透如同普通人的沉思或碎語，而滿有日常生活質感，去貼近現實。說是異托邦，就是從多樣化的，卻又並不如公式化之「上班下班的」日常面貌裏，遠離了官式發展為上的單一話語。

■ 泳池與月台的人生隱喻

那又如何是為日常，表現日常？以下就會由幾首作品閱讀那多層次的，涉及人生、工作和愛情的題材，以見城市景觀如何與之構連起來。

可以先舉一個關於人生的例子，是《九龍公園游泳池》，歌者就如詠唱自己在游泳池裏的隨心「飄流」：

我喜歡九龍公園游泳池
那個戲水池有個瀑布位置
瀑布下站着能忘記煩惱事
每個星期我都會去一次

我喜歡九龍公園游泳池
那裏我不再執著一些往事
我原是世間其中的粒子
如何沖擊我都可以

在游泳池想當然的是游泳，甚或是競賽，無論是跟人較勁或個人計時，都是運動的功能與想像；但這首歌寫到「站着」，更是在「瀑布」下站着，把池內人工設計寫成自然景致，僅為在游泳池釋懷，「不再執著一些往事」，也接受在沒有海浪的地方，視自身為粒子而受到沖擊，完完全全顛覆了游泳池的功能想像。這個地方當然是異托邦，異化出另一種可能，如同歌者的修行。

又或《給金鐘地鐵站車廂內的人》，説到地鐵站和車廂，想當然是前述「非地」概念所云，未必是人們會有特別感受或印象的過路點，而阿 P 的創作雖説沒有濫情到要為這些地點譜出觸感，卻巧妙地用上金鐘作為一個中轉站，是上班族人頭湧湧的交界，寫出生命與理想，甚至世代承傳與妥協。歌的首半段是：

曾經／你都是／夾在月台上的人
當時／你覺得入了車廂內的人
有責任儘量前行

如今／你經已是／進入了車廂內的人
但你／忘記了四班車之前
你的月台人身分

機會來了／你變更
你不再為後面的人諗
曾經你是月台上有理想的人
對月台人充滿憐憫

以「月台人」和「車廂人」，比喻了後來者與前來者，必然是世代更替的想像，即早已在車廂的人，會否前行而留出空間，讓後來者／月台人得到位置。末兩句更有理想之說，似指「車廂人」忘了以前自己是滿有理想的「月台人」，不過「機會來了你變更／你不再為後面的人諗」，世代原來不必然得到承傳，是因為「車廂人」的既得利益，已不再為後來者去設想。阿 P 更在歌的中間，以歌的四份之一時間作為讀白，再次強調「車廂人」失之理想，更直言「歷史不會原諒你們／渣滓」，可見以「非地」作為批判，卻又不失文學象徵的手法，挪用地點而表現出特別的強度。

這個金鐘地鐵站車廂是比喻，完完全全脫離了作為交通運輸工具的想像，而成了 my little airport 把玩的城市場景。歌詞的玩味性只涉及月台與車廂，卻沒有鐵路行走的描寫，讓人只想到上車（甚至沒有下車），想不到鐵路要到哪裏，有沒有終點等等問題。它只像在消化上車者／上班族的資本主義巨輪，張口把人吃進其中。車廂已非車廂，月台就成了港人生命的等待平台，期盼入口，卻是空等出口，因為這架地鐵根本不是交通工具，而是異托邦的另行想像。

以上兩曲都可見 my little airport 曖昧的生命意涵，一方面可以在泳池裏寫意釋懷，卻又如被縛在月台上的空等乘客，人生被夾在其中，就不知是站在原地抑或潛行內進。這種曖昧一定有說來自香港的畸形工作理性，而 my little airport 唱及工作價值的歌都特別多，舉例單以歌名已知內容攸關工作的就有《畢業變成失業》(2007)、《失業抗爭歌》(2009)、《邊一個發明了返工》(2009)、《公司裁員三百人》(2011) 和《爺就是一名辭職撚》(2012) 等等，而在其他歌中涉及工作題材的更不計其數。

■ 工作與愛情的曖昧關連

以曖昧言之，除卻是曲風與唱腔仍以法式詩意的輕巧鋪展，而並非大聲疾呼的批判，更有工作與愛情在辦公場域交纏的想像，比如《介乎法國與旺角的詩意》，就有以下的開首：

> 俾我再約多你一次／再約多一次／再多一次
> 你我這件事／回到公司／不會有人知
>
> 俾我再交換多一次／交換多一次／換禮物的心意
> 放進去雪櫃／用黃色的膠袋包起／不會有人懷疑

明乎是辦公室愛情的描寫，更有情人的「交換禮物」，放進茶水間的雪櫃，而不讓同事發現。接續的副歌與第二節首段更唱到：

其實我不願離開這公司
全都因為對你太鍾意

俾我再講多一次／再講多一次／我的心事
我最愛你是／介乎法國與旺角的詩意

歌者説因為愛上對方而不願離開公司／工作場域，更想像這種心事與狀況是介乎於法國和旺角之間。異托邦之所在，就是這種辦公室愛情的甜美幻想，近乎把主角抽離於現實的工作和辦公室，改在（想像中浪漫宜人的）法國與（現實中車水馬龍的）旺角之間，陶醉在根本不屬於辦公室的氛圍。歌詞名之「詩意」，就是如此為工作與辦公室附加了意義。

不過這首歌最後反高潮之處，是本來在歌中一直唱着「其實我不願離開這公司」，到尾聲竟然是「其實我心願離開這公司／然之後一同與你搞生意」，貫徹了 my little airport 對工作價值的反叛；而所説曖昧正在於此，就是那種被夾在其中的人生，來到工作與愛情的「不願離開」與「心願離開」之間，都是前述《給金鐘地鐵站車廂內的人》的月台，教人不知如何前行的難纏，只不過唱到愛情，就被賦予了一種甜蜜而已。

更反高潮的，會是《爺就是一名辭職撚》，唱到工作而明乎歌名所指「辭職撚」，以「撚」字作為粵語粗話近音，是粗話正字的假借字，但「撚」在香港語境更意指很喜歡做某種事情的人，甚至達到執著或執迷的程度，是以主角就是很喜歡辭職的人，歌的開首仍是關乎工作場域，但唱下去就是關乎愛情：

爺就是一名辭職撚
錢不需要搵亦可維生
爺今生是有任務在身
就是遠離瘋狂的人羣

爺有的是顆自由的心
風雨中不需要同行
爺有時是戀愛顧問
但從不交出真心

可見首節是關於辭職，即是拒絕工作，主角自言只想遠離人羣，不想依附於既有的工作價值；其後兩節轉移至愛情的話題，說到不會對人交出真心，視女人如「飄過的塵」。如此把「不欲工作」和「不交真心」連結起來，完完全全對照了《介乎法國與旺角的詩意》，就如後者喜歡工作原來是因為喜歡同事，就像「工作狂」的極端，但去到《爺就是一名辭職撚》作為歌與歌的互相參照，都可以看出人生、工作與愛情的曖昧與糾結，偶爾更要面對矛盾的（想要愛情卻又不想工作等等）兩面不是。

■ 小結：碎音與變調的港客飄流

my little airport 的歌就是如此將人生、工作與愛情的矛盾呈現，城市作為地區與地點的再現，也把以上的生命主題引入異托邦——即異於既定價值，也異於普遍被視作「正常」的生存方式。是故比如要唱到愛情，他們不唱主流情歌，卻會有《浪漫九龍塘》，說到在九龍塘（有時鐘酒店的地段），租房而想及性愛，卻又困惑在與對方關係有變。唱到工作，my little airport 不作樂與怒的咆哮，卻會在《美孚根斯堡與白田珍寶金》的誦讀，其中一句就是「我們在炎熱與抑鬱的辦公室／無法停止寫詩」，再一次可見，工作場域都不成工作，只為詩作。

城市與生命，就是這樣在 my little airport 的歌中再現出異托邦，而這是有賴於風格與演繹── 碎音和變調是篇首提及的聲音／音樂效果；至於雜音（如《荔枝角公園》會混合街上雜音和人聲、法文和音樂）與讀白（如《荔枝角網球場宣言》的電影蒙太奇式誦讀，讀出不相關的各種人和事），更是常見的方式，以打亂我們聽流行音樂所謂的「悅耳」質感。此說對於歐美獨立音樂創作而言，當然是老生常談，但在香港語境去聆聽 my little airport 為城市製造的碎音和變調，都刺激了歌迷再思城市的可能。

正是香港樂壇和社會少見的「離經叛道」，再加上 my little airport 成員在過去幾年來的政治表態都不必然為保守歌迷所接受。但作為權力高高在上的視角與批判，又可曾想過那是介乎於牛頭角與干諾道，象徵在平民生活與資本世界之間，就僅僅是音樂與形式的挑戰，而並非真箇能夠顛覆權力的反動？

只可惜，my little airport 一路所書寫與詠唱的香港已然不再；好些人對既得利益與掌控權力，亦膨脹到一個地步，要為相反立場消音；篇首說的《美麗新香港》在金像獎現場舞台被腰斬直播就是例證，卻反映出無知主事者聽不到碎音與變調的餘韻── my little airport 在 YouTube 網上平台的《催淚的滋味》演唱會後都下架了，又是一例。而「舞台」／「平台」的主宰，因此也讓人想到《給金鐘地鐵站車廂內的人》的「月台」象徵，是「車廂人」頂着上不到車的人，所身處的「非地」；這個亦是異托邦香港，「月台人」唯有自視過客／遊客，或更貼切是為「港客」，而僅作飄流／旅遊，才會發現人生、工作和愛情，稍稍因曖昧而自足。

1 包括《在動物園散步才是正經事》(2004)、《只因當時太緊張》(2005)、《我們在炎熱與抑鬱的夏天，無法停止抽煙》(2007)、《介乎旺角與法國的詩意》(2009)、《香港是個大商場》(2011)、《寂寞的星期五》(2012)、《適婚的年齡》(2014)、《火炭麗琪》(2016)、《你說之後會找我》(2018)、《SABINA 之淚》(2021) 及《跟你開玩笑》(2022)。

什麼是「離開是為了回來」？——林一峰詞作中關於旅行的意義

吳子瑜

香港人喜歡去旅行，幾乎是人所共知的——每逢長假期前夕，機場總是塞滿離境的旅客。急速的生活節奏，沉重的工作壓力，讓人期待在假期時離港放鬆。隨着航空交通的便捷、科技的發達，旅行有愈來愈多的形態——除了短期的旅行，走馬看花以遊覽名勝為目的，也有人會選擇旅居在其他城市，感受當地的人文風情。不少香港創作人現時都旅居，甚至移居海外，但給人常在不同國家到處遊歷，又將「旅行」發展成一系列主題詞作的，大概只有唱作人林一峰。

林一峰 2002 年推出《The Best Is Yet to Come》出道，接着的十多年，每年留在香港的時間少於四個月，其餘時間在外地遊歷。[1] 他創作了一系列關於城市和旅遊的作品，大多由他包辦曲詞創作，並推出了四輯旅遊概念專輯——《Travelogue 1 遊樂》(2003)、《Travelogue 2 一個人在途上》(2004)、《Travelogue 3 城市旅人》(2008) 和《Travelogue 4 Escape》(2018)。

很多人談旅行在於離開，林一峰的重點卻放在回來。他寫了《離開是為了回來》(2003)，概括旅行的意義，認為自己的創作都離不開家。[2] 當一個人無根地四處漂泊，會使人疲累，而抱着好奇感受世界後，可用更遼闊的眼界，重新認識家裏的一切。[3] 是以，林一峰的專輯，有記錄旅行過程，從異鄉回望香港，也有記錄香港回憶的《Born in Kowloon》(2020)，以及一些記錄香港感情的微小生活片段，發掘城市的不同面貌。

從林一峰的創作觀點，他的詞作有一種游離狀態——站在邊緣的位置，從異國、從過去、從郊外、從當下，嘗試尋找香港失去了的感情。

■ 離開是為了回來——從異地回望香港

林一峰創作一系列關於旅行的歌曲，有直接以異國的風景入題的，如談維也納的《心雪》(2009)，也有談到馬其頓的《幻覺湖》(2018)，但更多的是透過離開，回應一個人面對家與成長的態度。一個人不一定要長期留在一個城市，也可以只為尋找自己的方向出發，如他創作《出走》(2018) 時，主角為着「終於可出走」而興奮，但不是與自己的家決裂，只是「不急於得到這世界」，也不甘於立時安定，期望思想的版圖擴大後，再思考家的問題。[4]

林一峰早在《離開是為了回來》解釋以上看法，擔心因着「太專心愛」，而「忘掉了世間的色彩」，所以選擇離開，期待一天重聚。如果「離開」真的「是為了回來」，而不是永遠的道別，那麼離開就不是傷感的離別，而是重新認識城市的開始。

當離開的人在異鄉時，偶爾因着眼前的景物，聯想起屬於家的片段。林一峰創作《簡單不簡單》(2012) 時，看着荷蘭的花田，想起在菜園村被迫遷的羣眾。[5] 花草是愛的意象，無奈因「名譽錢財」，使自然都顯得「奢侈」和「脆弱」，從異地的花田，思考香港現代化的問題。他又藉乾旱的非洲，反思資源豐富，心靈卻貧乏的香港。[6]《乾燥》(2013) 以非洲人「赤足於風沙中上路／卻懂得歡笑」，對比香港的「這一生數字下給消耗／累透再醒追趕速度」，表達城市的發展一直遠離人類該有的內在需求。這些歌曲呈現出林一峰在遊歷時的眼光，每一次離開都是一次回望香港的機會，藉其他地方的例子，幻想香港未來的模樣。

■ 漫遊九龍城也漫遊西貢——回憶的香港與悠閒的香港

遊歷各地後，林一峰確切感覺香港無法被取代。香港的文化和感情是他的創作基石，讓他擁有不同的感受和觀察城市的觀點。就如在國語歌《香港請你救救我》（2018）的結尾，以廣東話唱出「香港香港請你救救我」，視香港是唯一能夠拯救他的地方。

然而，他筆下的香港，不是主流論述的金融中心，或者佈滿遊客的購物天堂。林一峰製作專輯《Born in Kowloon》時提到，城市需要有多元化的觀點，各自和諧地發展，才會變得精彩。[7] 是以，他的作品有描述童年時的記憶，如早就關閉的主題樂園，因着機場遷拆變得「冷清」的九龍城，而談到現時的香港，也是多寫西貢、飛鵝山這些不是位處市區的鬧市。

《世界中心繼續轉》（2020）以八十年代的兩個主題樂園——啟德遊樂場及荔園為背景，不寫繁囂的工作，而記下遊人晚上在園內玩「迴旋木馬」、「咖啡杯」與「碰碰車」的愉快回憶，不需為「生活」「感歎」與「驚怕」，以抵抗他朝城市的同化。至於《浪漫九龍城》則記錄九龍城曾經的繁華景況，既有啟德機場，又有九龍城寨，但自城寨在 1993 年清拆，赤鱲角國際機場又於 1998 年啟用，「現在啟德已變冷清」，慨歎時代巨輪讓「香港地變化不斷」。雖然九龍城「註定難跟赤鱲角比拼」，歌者卻因「有寧靜有公園」而「更高興」，不盲目追求發展。

這種慨歎香港「進化太快高速過度」，「未及着地又要起飛」的説法，早在林一峰的其他作品出現，如《雪糕車》（2003）談到「時代」轉換太快，「還未習慣新的都已變舊了」，童年時因着看見「雪糕車」興奮，現在連賣雪糕的伯伯都老了。《紅河村》（2008）也是透過童年回憶，如「騎單車大埔奔向大尾篤」、「慈雲山的球場七號」，反映時代變遷中的「失落」。

除了借童年的回憶，談到城市急速發展的問題，他也藉作品展示與城市節奏相違背的生活態度。《兜路》（2020）描述了城市發展，因着「油尖封路」、「葵青改路」，以及「沿海修路」，以致「常塞車」，但是歌者只關心與生活的瑣碎逸事。在講求效率的社會裏，他喜歡兜路，拒絕了城市規劃的路徑，也不跟隨大眾主流的腳步，偏向「看一看花草」，關注「小貓小狗」。相同地，《出走半日到西貢》（2020）提議匆忙的城市人「放鬆點」，「到西貢唞唞氣」，遠離城市的功利生活。

林一峰歌曲中的香港，永遠與繁囂的城市生活保持一段距離，站在城市的邊緣觀察香港。他由啟德遊樂場、荔園、九龍城、油尖旺走到西貢，漫遊的重點往往是記錄一些快樂的時刻、被城市發展遺忘的小事情、在城市之中漫無目的的兜兜轉轉，選擇與大眾追求的高效生活背道而馳，自由自在地生活，尋找理想中的香港。

■ 讓那火機噠的一聲把快樂燃點——自行定義城市的時間

作為一個長期在異鄉旅居的旅人，林一峰觀看香港的角度，與其他人未必相同——不追求利益與效率，樂於站在城市的邊緣，甚至在從前的記憶，尋找喜歡的生活節奏。城市的進步，讓每一個生活在其中的人彷彿有一個理性且規律的時間表，限制着他們的生活節奏，無法自行掌握都市背後的細膩情感與人情世態。林一峰卻說，城市「每一個角落都會提醒着你生趣是什麼」，[8] 亦用自己的創作與別人的生命連結，以不同的片刻喚醒麻木的城市人。

林一峰有部分詞作抓緊了生活中的微小片段，觸發人綿延的回憶與感情，以防備城市的同化。《今天應該更高興》(2004) 將「片刻」寄放在節日氣氛之間，主角在滿天燈飾的街上，看見朋友全都一雙一對，自己卻「仍然無伴侶」而感到害怕。孤獨就像城市的一種壓迫。可是，主角經過幾次的自我質問後想通，孤獨不是不幸福的原因。如果因着孤獨與人戀愛，只是讓其他人的目光取代了自己的需要，提醒主角要「更清醒」，應該讓「自己練習對鏡微笑」，學習在紛擾的城市中，掌握自己的情感。

林一峰的《一期一會》(2007) 改編了陳百強的《幾分鐘的約會》(1980)，把都會的沉鬱感情，化作快樂的期盼。《幾分鐘的約會》默默感歎，在地下鐵偶然遇見心儀對象的幾分鐘，終究無疾而終，帶出在急速城市之下，人與人每一分鐘的擦身而過，只是消耗豐富的情感。而林一峰的《一期一會》在《幾分鐘的約會》的故事基礎上延伸，提到下次「再碰着他」，不要再太「被動」，也說「地下鐵約會永未終結」，將本來消極的幾分鐘變得積極，就算在車廂中的幾分鐘都可去盡天邊海角，讓片刻發酵出更深厚的感情。

關於「片刻」，可以是夜城的某一剎那，地下鐵的一隅，或者燃起香煙的一刻，時間雖短，情感卻非常深遠。《一支煙的時間》(2003) 描述主角跟心儀對象吸煙，苦苦暗戀對方，對方卻似乎未有相應的感覺，只能憑着點煙的一刹，與對方靠近，「快樂」亦隨着煙起「燃點」又隨「風中」而「消散」。這種飄渺且短暫的快樂，是主角回憶對方最實在的憑據，主角雖被對方看穿自己的笨拙與「扮強悍」，但對方卻始終想着他人，叫人如此無奈。

在很多人眼中，香港是勢利而冷漠的城市，但在林一峰的筆下，似乎又是充滿很多的感觸。《The Best Is Yet To Come》從擁抱（「To hug someone」）與親吻（To kiss someone」）的片刻，記住美好的可能，或是《無忘花》(2010) 中，就算愛人不在身邊，只要有愛在心內，也可「度四季於一天」。從林一峰觀看城市的角度和筆觸，城市從來沒有瀕死的時候，只需要找一個適合的角度重新認識香港，永遠都有動人的感情可以發生。

■ 小結：從離開的位置，看出發的地方

從林一峰的創作來看，旅行不是為了離開，而是在於回來，讓香港有更多變化的方法。在旅程中，生起各種各樣的經歷和感受，都給予了我們更多想像城市的方法。

正如林一峰曾提及，既然生活與旅行未必有明顯的分別，何不嘗試以旅行的心態來生活。或者，當我們以旅人的心態回望生活的城市，就能發現香港除了有我們習以為常的生活一面，還有以旅行者眼光才會看到的歷史文化和城市浪漫，觸摸到這城市獨特的節奏。

1 梁文賢：〈停不下來的旅人　林一峰〉，《明周》，2019 年 5 月 20 日，https://www.mpweekly.com/culture/ 藝文 / 林一峰 - 音樂 - 旅遊 - 111271。

2 同上註。

3 鄭天儀：〈蘋人誌：唱作旅人 林一峰：把思想留給後世〉，《蘋果日報》，2018 年 11 月 2 日。

4 梁文賢：〈停不下來的旅人　林一峰〉。

5 同上註。

6 同上註。

7 《叱咤樂壇》：〈林一峰 Born in Kowloon 希望你用唔同觀點角度睇完整既世界〉，商業電台，2020 年 6 月 19 日。

8 梁文賢：〈停不下來的旅人　林一峰〉。

尋找 Camp 的線索——一種從來存在但不入正典的情感

吳子瑜

一直以來，不少關於香港流行音樂發展的論述，都傾向以流行音樂市場的興衰及主要社會變化，劃分其嬗變時期；部分研究者則以歌詞分析為本，反映香港社會的不同面貌。以上論述的方向，要不只重視以經濟為本的主流香港論述，要不只片面地探討了流行音樂的歌詞特色，難以深入討論一些涉及視覺呈現的美學風格，如敢曝（Camp）。

其實，有不少評論認為在香港的流行音樂中，確實存在敢曝風格，但只局限於個別的歌手形象，如羅文、張國榮、梅艷芳等。[1] 而且，研究者整理流行音樂發展時，少有觸及敢曝風格在流行音樂的美學呈現及流變。

■「敢曝」的特色與演變

敢曝，也就是廣東話中的「Camp」，多是形容男性的舉止女性化，一般帶有貶義。不過，Camp 的意義比我們認識的更為廣泛，也不只用於男性身上。敢曝（Camp）一詞源於法語的「se camper」，形容一些穿着誇張挑釁的時尚，並擺出炫耀姿勢的人。在十七、十八世紀，這是形容同性戀的用詞，指他們為了讓同路人找到彼此，讓別人不能忽略自己的性取向。[2] 後來，蘇珊・桑塔格（Susan Sontag）將類似的意思，發展為一種名為「敢曝」的美學觀，而不再限於同性戀的形容。她形容敢曝重視視覺元素，利用造作和刻意的視覺手法，例如誇張的衣着、舞蹈、行為舉止等，在藝術媒介上玩弄一切社會規範，表達自身雖然位列小眾但自信的態度。[3] 所以，敢曝的形象讓人顯得自我陶醉並誇張，抗拒嚴肅事物的定義，包括性別，將身體的界線抹除之餘，還要站上台上，將自己含糊、流動且非主流的身分展露人前。由此，敢曝作為美學的重點，是指作品大多挑戰着主流的價值觀，以及表現形式是超乎異常地認同自身的非主流價值。

然而，桑塔格的討論主要集中在文學、劇場及電影，流行音樂只被簡略地囊括在論述中，沒有深入分析敢曝對它的影響。後來，學者 Kathrin Dreckmann 藉研究大衛・寶兒（David Bowie）、麥當娜（Madonna）及基絲甸娜・阿圭莉拉（Christina Aguilera）的 MV，整理大衛・寶兒富敢曝風格的演出，如何影響後來二人的表演風格。[4]

Kathrin Dreckmann認為流行文化是由主流文化及反文化（Counter-culture）組成。[5] 在流行文化中尋找敢曝風格的演變，就能夠理解流行音樂如何藉反文化展現被壓抑了的情感和表演形態。為了梳理香港流行音樂中敢曝的應用，本文會以敢曝的兩個特色為重點——一是藉較浮誇的奇裝異服和舞蹈動作顛覆性別形象的展現，二是以微妙的肢體語言，對自身非主流的性別特質，表現高傲且自信的態度，分析過往一些表演風格曾受到社會爭議的流行歌手，如何延續或影響新晉歌手的表演。

■ 奇裝異服的妖男與妖女

桑塔格認為「雌雄同體」是敢曝的形象之一，指的是男性化的女子或女性化的男子，尤其是明顯纖弱和過度誇張的人。[6] 落在香港樂壇，最具代表性的人物，就非羅文與梅艷芳莫屬。羅文的矮小身型與梅艷芳的高挑身材，配上豐富且誇張的打扮造型，以及不拘束於自身性別的表演，使他們在舞台上的一舉一動都有敢曝的味道。

事實上，有評論批評過去被標籤為意識不良的歌曲，當中的遣詞用字其實相當拘謹和平凡，如羅文的《波斯貓》（1985）和梅艷芳的《淑女》（1989）。[7] 值得思考的是，是不是歌手演出的視覺風格，使本來平凡的歌曲意義，變得偏鋒而達至意識不良？李展鵬分析梅艷芳的表演形象時，也曾提出香港八十年代是視覺年代，歌手的形象開始依靠視覺元素及 MV 建立，甚至有一些歌曲會因為歌手的演出，駕馭了歌詞的意義。[8] 是以接下來的討論會更強調視覺的風格。

衝擊主流的「妖男」── 羅文

羅文在六十年代出道，七十年代接連主唱多首武俠或家庭倫理電視劇的主題曲，如《小李飛刀》（1978）、《家變》（1977）、《強人》（1978）等，紅遍一時。但他不甘安於現狀，勇於尋求突破，在八十年代先後推出了《激光中》（1983）、《波斯貓》及《乜都拗》（1987）等舞曲，開拓了敢曝的形象。

曾經有評論者認為羅文是「妖精鼻祖」，指他是流行文化中首先開創男性妖冶風格的人。[9] 文中所述的「妖冶」，強調有別於傳統男性的陽剛特質，指的是瘦削的男性，穿着貼身衣服，散發出嫵媚和纖弱的感覺，[10] 此跟桑塔格對敢曝的描述有不謀而合之處。羅文演繹《激光中》時，戴上奇形怪狀的太陽眼鏡，穿上貼身的亮片衣服，對着鏡頭或觀眾席扭動身軀，盡顯嫵媚的一面；表演《波斯貓》時，歌曲雖是形容貓的嬌態，但是不論在 MV 或演唱會中，羅文總會在舞蹈加上貓抓的動作，讓歌詞所指那性感的貓擬人化。羅文以上的舞曲，顯出他獨有的男性魅力，使人無法忽視他的存在。

羅文推出這些作品時，曾遭社會抨擊，認為這是挑戰社會的道德標準，但他在電視訪問中回應，不會屈服如此迂腐的批評，認為有些價值觀需要進步。[11] 由此，羅文演繹作品時，不會忌諱於一般大眾的目光，如他表演《乜都拗》時，就會化上濃妝，穿上亮片網紋衣着，戴着三角形的空軍帽子，手拿搖鼓震動身體，偏鋒的造型令大眾不能用一般的性別定型劃分他的魅力。

同時，羅文樂於在大眾面前表現不同的自己，如他在 1996 年的《光輝舞台演唱會》演唱《讓我奔放》(1979) 時，便穿上孔雀裘披風，時而像孔雀開屏一樣張開披風，時而不斷揮動和旋轉披風，藉披風的柔軟和流麗，輕快且俏皮地表達另一種的男性美。羅文的敢曝風格在於將自己瘦弱的男性身體和特質高調地展示，成為別人眼中衝擊主流的「妖男」。

拒絕男性目光的「妖女」── 梅艷芳

當「妖男」指向附有陰柔氣質，且表現得花枝招展的男性時，「妖女」同樣指向遠離傳統，帶陽剛氣息且拒絕成為男性慾望客體的女性。梅艷芳在樂壇上有百變天后的稱號，無論是「傳統女性」、「壞女孩」、「俠女」，皆演繹得遊刃有餘。梅艷芳曾認為在妖冶方面，羅文才是師傅級人物。[12] 二人曾在 1994 年的《超級樂壇創世紀》合唱

《激光中》，羅文的嫵媚與梅艷芳的剛強就像上映一場關於性別流動的嘉年華，表演不會囿於既定的性別形象。

梅艷芳的造型從來都是大眾與樂迷的關注焦點。梅艷芳在 1982 年贏得「第一屆新秀歌唱大賽冠軍」後正式入行，但李展鵬認為梅艷芳在歌廳夜店出身的背景，使她被大眾視為大膽開放的女人，形象站於邊陲位置。而且，她樂於嘗試各種誇張的造型和化妝，就算是奇特造型，也能表現得入型入格。[13]

梅艷芳的「妖女」形象，源自歌曲《妖女》（1986，林振強詞）的造型，她穿着中東風格的奇裝異服及帽飾，抹上深色眼影和金色唇膏。在 MV 中，她時常用不屑的眼光望着鏡頭，唱着「隨夜幕遇着這妖女／今晚的你當心你／心窩給我弄醉」，以主導的地位反抗男性情慾上的控制。[14]《妖女》不斷強調歌者是一位具性吸引力的女性，男性被她「弄醉」，也「不再願退」，巧妙的是梅艷芳一身既誇張又充滿異國風情的打扮，遮蓋了她的身體線條，與主流認為性感的女性形象不太相符，難以用男性的眼光凝視妖女。[15] 妖女高調地表現自身與別不同的魅力，也使她獨有的女性情慾、反叛、強勢與自信，藉由此裝扮得以呈現。另外，同樣的造型曾出現在《緋聞中的女人》（1986，林振強詞）的 MV，歌者自述「願你也知／我不可能／純情天真／常自惹是非與緋聞」，就如玩弄感情的蛇蠍女人，拒絕專一，也不打算裝模作樣，勸告男性「請勿着迷」，都是一般流行曲中少有的呈現。

除了在主導位置拒絕男性目光，「妖女」也對情慾取向有很大的流動空間。梅艷芳在 1991 年的《百變梅艷芳告別舞台演唱會》，有一節身穿亮片的女性內衣、頭戴誇張的黃色鬢辮假髮，像是強調自身的女性身分，唱跳《夢姬》(1991)、《妖女》、《緋聞中的女人》、《假如我是男人》(1987) 等歌曲。她表演《夢姬》時與女舞蹈員親密地纏綿，演唱《緋聞中的女人》時又表現得嬌嗔柔軟，在一眾肌肉發達的男舞蹈員之間徘徊；唱至《假如我是男人》時又穿上男裝西褲，與打扮中性的女舞蹈員依偎在一起，收起了剛才的嬌嗔，舞蹈頓時變得乾脆有勁。整段表演，梅艷芳雖穿起突出女性特徵的衣着，卻將不同的性別特質，同時放在自己身上，展示她雌雄同體一面。

以浮誇抗拒外界的抨擊——盧瀚霆

羅文的矮小、梅艷芳的高挑，都成就了他們舞台上與別不同的特質，憑着奇裝異服和舞蹈動作的協助，突破社會某些既定想法之餘，也展示了他們樂於成為奇特角色的敢曝風格。他們在流行音樂表演上的嘗試，成為後來歌手可參照的對象，帶來了不少影響。

盧瀚霆 (Anson Lo) 近年時常遭到評論，攻擊他的陰柔氣質。雖然他的歌曲暫時未有太多與性別議題有關的討論，但他似乎未有抗拒外界的抨擊，反而不時在 MV 或舞台表演，展露他充滿特色的一面。盧瀚霆於 2018 年參與《全民造星》，後與另外十一位參賽者組成 MIRROR 出道，2020 年開始推出個人作品，有部分是充滿動感的跳唱歌曲。為了配合歌曲內容和節奏，他在 MV 的造型有時比較浮誇，甚至部分衣服的顏色、款式和質料，都偏向陰柔的感覺。如《Mr. Stanger》(2022) MV 的結尾，他穿上了鮮紅色絲質恤衫及鮮紅色亮面皮長褲、《Nah》(2023) 的跳舞 MV 中穿上貼身的大紅色女裝背心，又在《Money》(2023) MV 戴上大蝴蝶結，扮演超現實時空的銀行家。雖説盧瀚霆 MV 裏的衣着，不只有以上特別的款式，亦有相對踏實的形象，但他似乎沒有因主流性別的形象，而限制自己的演出，依然嘗試以不同的風格表現作品。

至於在舞台上，盧瀚霆也曾穿上桃紅色的加大碼皮草，與鄭欣宜在音樂會上合唱"Barbie Girl"（1997），二人還扮演 Barbie 玩偶跳舞，一同俏皮蹺起單腳合照。另外，在 2024 年初的《MIRROR FEEL THE PASSION》演唱會上演唱《My Life》（2024）時，他在一雙緩緩張開的白色羽翼翅膀裏，穿着透視腰部的閃石上裝出場，一身浮誇的造型，與桑塔格提到的敢曝風格有着相似的韻味——桑塔格提過，當一個人穿着三百萬條羽毛的上衣在路上遊走時，這種鋪張的態度就是敢曝的標誌。[16]《My Life》正是説着，盧瀚霆過往幾年在各種惡意的批評之下，仍然努力活出自我。他藉由舞曲和舞蹈高調地歌頌自身的創傷，並堅持在舞台上表現他特色的舞蹈風格，動作剛柔並重，並會在某個定點擺出像健美選手的姿勢，表現身體陽剛的一面後，又會律動身體，展示身體的柔軟，有很多細膩的手部和身體動作。舞蹈配上華麗的裝置和衣飾，將他在歌曲中的自憐無限放大。盧瀚霆的敢曝風格在於用浮誇的方式，表現及認同自我非主流的性別氣質，以孤芳自賞的態度回應向來社會對他的批評。

當造型作為一種表達的方式，衣着設計、用料、用色就成為了歌手的自我表述。以上的歌手將少有在香港流行音樂表達或展現的情感和慾望，透過造型和舞蹈動作，站在舞台上讓別人看見，豐富香港社會對身體、慾望和情感的想像。然而，妖男、妖女們就算努力展示身體的不同形態，仍然需要有一種高傲的態度，接受自身的特殊之外，也要無視別人俗套的眼光，才能成就真正的敢曝之美感。

■ 貴族般的高傲、華麗、頹廢

敢曝未必一定如以上的歌手般，利用大量的舞蹈動作，或可以只是敢於藉由微妙的肢體語言，表現自己的能力和態度。桑塔格認為敢曝是一種感受能力（Sensibility），他們堅信自己的審美觀，形象像獨具慧眼的貴族一樣，從嚴肅與庸俗的一切中，挑選合乎個人品味的事物，[17] 以高傲、華麗與頹廢的姿態，高舉被人嫌棄的事物，並將嚴肅的題材變得輕鬆、快樂和讓人陶醉，黃耀明與張國榮就是其中的代表。

世紀末的糜爛與淒美——黃耀明

黃耀明在 1985 年，與劉以達組成「達明一派」出道；1990 年開始作個人發展。黃耀明多少受他的偶像大衛・寶兒的影響，有着「華麗搖滾」（Glam rock）的風格，[18] 尤其在現場演出時，穿上華麗的造型，忘我地隨歌擺動。大衛・寶兒創造來自太空的虛構角色 Ziggy Stardust 和 Aladdin Sane，把頭髮染成紅色，在額頭上塗上圓形，或在臉上塗上閃電符號，並穿上絲緞長裙，玩着爆發力強勁的硬搖滾，讓他的形象亮麗且與眾不同。[19] 黃耀明認為大衛・寶兒不羞地將人類所謂「非男非女」、「非地球人」這些異類展示給社會，成為啟發觀眾思考的表演，如默劇、前衛舞蹈等。[20]

達明一派出道時，經常藉歌曲表達對嚴肅的社會議題和性別議題的立場，在當時的流行音樂題材來説，算是比較另類。而且，黃耀明在演唱會上的演出，就像大衛・寶兒一樣，穿戴得相當具玩味，又會在舞台上隨歌扭動，如入無人之境。黃耀明在《達明一派萬歲！

萬歲！萬萬歲演唱會》（1996）的三套歌衣，雖不算是奇裝異服，卻是恰到好處地點出了黃耀明在社會中的怪異地位，如他會穿着隱約露臍的皮衣，一邊耳朵戴上外星人的尖形耳殼，像半人類、半外星異類般唱着《石頭記》（1987）和《十個救火的少年》（1990）；又穿上露背男裝，戴上具設計的墨鏡和掛着一頭紅髮，拿着恐龍玩具唱《今夜星光燦爛》（1987）；唱至《禁色》（1988），則穿着一身由樹葉組成的西裝，頭頂梳成兩個怪物的小角，並拿着束花。這些歌曲都是牽涉嚴肅話題，黃耀明卻以玩味十足的形象，在舞台上時而俏皮跳動，時而軟弱癱伏在台上，讓人感覺他相當陶醉在其中，並以獨醉、怪異的形象回應當時的香港社會。尤其在九十年代，黃耀明的怪異突出，反映了當時香港作為殖民地的邊緣身分，並且可能由此吸引了部分冷漠大眾的眼光。

洛楓分析黃耀明的舞台形象時，也引用邁克的看法，認為黃耀明過去一路唱了許多關於城市在世紀末的糜爛、滄桑和淒美，建立了一個華麗的形象，掛得起浮誇的衣飾，例如黃耀明在 2006 年《港樂 VS 黃耀明 Live 電幻狂想曲》演唱會，演唱《維納斯》（2006）時，臉上戴着半截像歌聲魅影的面具，身上披上巨大時鐘外形的披風，將香港敏感而緊迫的時間問題，隨着黃耀明細膩的歌聲娓娓道來。[21] 黃耀明如似一個落泊的貴族，唱的都是曾經美好的時光，過去的華麗，歌聲滿是城市繁華之後的憂戚。

自戀的「花花公子」── 張國榮

黃耀明在 2002 年與張國榮合作 EP《Cross Over》時，曾經説自己和哥哥在聲線或舞台表現的風格有點接近 [22] ── 這張迷你專輯促成了兩個極具個人風格的歌手合作，後來也成了經典。張國榮在 1977 年參與麗的電視的《亞洲歌唱比賽》時被發掘入行，早期的表演形象偏向不羈，仍相對主流。直至在 1995 年復出後，在舞台上的演出開始有敢曝風格。洛楓分析張國榮的藝術形象時，借用了桑塔格的論述，認為張國榮九十年代復出時，有着敢曝中的花花公子味道，以戀物的姿態呈現媚俗傾向，穿着各種名牌時尚，展示非主流的情慾想像。[23] 2000 年，張國榮在《熱・情演唱會》中，穿着一系列混合了兩性特色的高級訂製衣服，留了一頭差不多及腰的長髮。在《愛慕》(1987) 的前奏響起時，身穿白色高衩、開胸剪裁連身褲的張國榮，背向觀眾解開了髮髻，讓長髮垂垂落下，再給觀眾一個回眸，利用男性的身體，高貴地展示嫵媚氣質。後來，他又穿着金銅色亮面西裝，一邊唱《大熱》(2000)，一邊搖擺，燈光打在反光的西裝上更為亮眼，而台下的風機，將張國榮的西裝褸與長髮吹得飄盪，使這段演出極為招搖。貴氣的衣服造型、性別流動的展現與享受自戀的態度，盡顯張國榮的敢曝風格。

張國榮早在 1997 年的《跨越 97 演唱會》，曾因穿着中性的黑色閃亮西裝、紅色的女裝珠片高跟鞋，以雌雄同體的形態演唱《紅》(1996)，[24] 而被傳媒認為演出太「激」(偏鋒)。[25] 當時，張國榮在舞蹈中，雖身穿西裝，但不時擺出中國戲曲旦角的造手，自信地邁步；與男性舞蹈員跳探戈，與他們擁抱依偎過後，又嫌棄地將他們推走，自個降回台下。這段舞蹈的表演，展示了張國榮對自身陰柔氣質的認同，以及由此而來的自信，甚至在社會苛刻的評價之下，仍不阻他在《熱・情演唱會》中繼續陶醉於自己的美麗，張狂地愛着自己所有的特質。

纖秀頹廢的貴族——李駿傑

黃耀明、張國榮在舞台上的高貴和高傲，後來成為了其他歌手的養分。李駿傑（Jeremy）就是近年另一位走敢曝風格的香港歌手，並直言視張國榮為參考對象。[26] 他善用纖瘦修長的身型和略帶柔弱感的外貌，在一系列的演出中，展示他頹廢、柔軟且具侵略性的魅力，消融傳統男性形象。

李駿傑跟盧瀚霆一樣，參與 2018 年的《全民造星》後，以 MIRROR 成員身分出道。他在總決賽表演“Crazy in Love”時，穿上一身歐洲貴族風的衣着，用修長的手指撫摸女舞者的身體，並輕咬她的頸項。他的身體和手部律動，帶着拉丁舞的味道，頗重視身體的柔軟度，卻又沒有發揮拉丁舞應有的幅度和張力，讓舞蹈感覺輕巧軟弱之餘，又帶點病懨的氣息。

當李駿傑推出個人作品時，亦延續這種形象。他表演《半》（2022）時，大部分動作充滿柔軟的律動和嫵媚的眼神，像是平時被壓抑在男性身體之內的陰柔氣質，終於得到解放；表演《九》（2022）時，除了特色的律動之外，更擺出伸舌、舔唇等像吸血鬼嚐血的表情，表現出對慾望的覬覦。李駿傑演繹情慾歌曲的感情，毫不熱烈激動，而是慢慢的、無力的、頹廢的品嚐，感覺他從來都不用主動出擊，獵物便會漸漸被他的魅力迷倒，有違男性傳統以來在兩性中的主導地位。

李駿傑在《MIRROR FEEL THE PASSION》演唱會上跳唱《Fever》（2023）時，與另一位成員邱士縉（Stanley）正好演繹了兩種不同的男性美態。李駿傑先是在舞台演唱，身穿露背和露腰的貼身舞衣，盡顯纖瘦的身型，而邱士縉上台時，就只穿了一件西裝外套，展露了他精實的身軀和肌肉。二人在共舞的部分，邱士縉的舞蹈較具爆發力，李駿傑則較重視肢體的線條與律動。而且，在表演的結尾，李駿傑更用身體的律動，吸引邱士縉向他前進，呈現出柔軟美的他才是表演的主導者。

李駿傑着重頹廢、陰柔的敢曝風格，同樣在《唯美本尊》（2024）有所呈現。《唯美本尊》雖然是一首節奏感與力度十足的搖滾歌曲，李駿傑在 MV 的表演卻充滿着頹廢感——他開首時本是正襟危坐地接受訪問，但訪問完結後，便頂着散亂的頭髮，化上煙燻眼妝，身穿皮褸與蕾絲手套，在昏暗的房間裏忘我高歌、起舞、痛哭，還與身邊的羣眾起爭執。李駿傑表達了他不願配合主流的反抗，還相當陶醉於這種不屑世界的頹廢，甚至他慵懶地躺在牀上，向着鏡內的自己飛吻，似是自戀自己一切的與別不同。

由黃耀明、張國榮開始，他們沒有跟隨社會給予的框架，盡情表現出屬於自己的感受能力，而李駿傑也曾因為身型不夠好，聲音較高且尖，給經理人認為這是他發展的障礙。不過，他將缺憾化為自己的特色，繼續在舞蹈中展現他修長的身體和高亢的音質，成就柔軟且頹廢的敢曝風格。三人表演的態度都似是貴族般高人一等，自戀、高傲，反抗着一種既定的性別觀念。

■ 小結：尋找 Camp 的必要

就算現在社會討論空間看似開放，但歌手在表演時展現不同的情慾形態時，仍會招來不少的批評。從過去的香港流行音樂歷史當中，用敢曝的角度找回某些重要的片刻，對社會來説是重要的——它不只開闊樂迷對藝術的認識，也能讓身處於社會邊緣的小眾，憑着表演者的演出得到認同。例如梅艷芳雌雄同體的形象、中性的表演風格，讓曾對自己身型自卑的男歌迷找到認同和自信。[27]

與此同時，敢曝是社會道德的溶劑，為社會帶來更多娛樂。[28] 整理流行音樂中敢曝風格的演變，亦能窺見社會如何接收更多元的展現，如羅文與張國榮當年性別跨界的演出，曾遭到不少社會批評；近年盧瀚霆和李駿傑在舞台上延續同一風格時，縱然仍有保守的聲音，但社會大眾普遍接納了他們的演出。嘗試在流行音樂歷史尋找敢曝的影子，只是想提出流行音樂，或者不只是一種經濟或社會現象的反映，可能也是一種表態，展示被城市隱藏的一些形態和感情。

1 林奕華：〈林奕華：由形容詞到名詞——CAMP〉，《明周》，2019年5月11日，https://www.mpweekly.com/entertainment/blogger/林奕華%EF%BC%8E縺綣星河/林奕華：由形容詞到名詞——camp。

2 Kathrin Dreckmann, "Camp and Pop: David Bowie, Oskar Schlemmer, Madonna and Janelle Monáe," *Text matters (ód)* 10 (2020), 80.

3 Susan Sontag, "Notes On 'Camp'," Monoskop, accessed July 28, 2023, https://monoskop.org/images/5/59/Sontag_Susan_1964_Notes_on_Camp.pdf.

4 Dreckmann, "Camp and Pop," 83 - 89.

5 Dreckmann, "Camp and Pop," 79.

6 Sontag, "Notes On 'Camp'."

7 朱耀偉：《香港粵語流行歌詞研究 七十年代中期至八十年代中期 II》（香港：亮光文化有限公司，2016），140 - 141。

8 李展鵬：《夢伴此城：梅艷芳與香港流行文化》（香港：三聯書店（香港）有限公司，2019），56 - 70。

9 安娜子：〈妖冶酷男〉，《明報》，E1版，2001年4月9日。

10 同上註。

11《不死傳奇》：〈字正腔圓：羅文〉，香港電台，2007年12月22日。

12 李展鵬：《夢伴此城》，68。

13 李展鵬：《夢伴此城》，72。

14 李展鵬：《夢伴此城》，71 - 76。

15 同上註。

16 Sontag, "Notes On 'Camp'."

17 同上註。

18 田小百合：〈回望 David Bowie：來自星星的 Ziggy Stardust〉，《我們的音樂》，2016 年 1 月 22 日，https://ourmusic.hk/post/137800932659/the-rise-and-fall-ziggy-stardust-the-spiders-from-mars。

19 同上註。

20 楊不歡：〈獨家專訪黃耀明：我們都欠過 David Bowie 的音樂債〉，《端傳媒》，2016 年 1 月 15 日，https://theinitium.com/article/20160115-culture-feature-davidbowie-anthonywong。

21 洛楓：《獨角獸的彳亍——周耀輝的音樂群像（香港詞人系列）》（香港：匯智出版有限公司，2022），72 - 79。

22 黃耀明、Sandy Fong：〈黃耀明張國榮「Crossover」專輯製作花絮〉，《人山人海》，2002 年 7 月 12 日，http://www.peoplemountainpeoplesea.com/special_20020712_001.htm。

23 洛楓：《禁色的蝴蝶：張國榮的藝術形象》（香港：三聯書店（香港）有限公司，2008），61 - 66。

24 洛楓：《禁色的蝴蝶》，54 - 57。

25〈唱服裝刻意平實唔玩激　張國榮：唔好咁三級 Sell 我個 Show〉，《太陽報》，2000 年 7 月 28 日，http://www.lesliecheung.cc/library_inside.asp?type=detail&content_id=232。

26 Viu1 HK：〈Viu1 人物專訪〉，YouTube，2023 年 3 月 13 日，https://www.youtube.com/watch?v=1ivjupJ_3E0&t=1448s。

27 李展鵬：《夢伴此城》，209 - 213。

28 Sontag, "Notes On 'Camp'."

動情身體，性別平衡——簡論詞人書寫愛之「體」驗

陳嘉銘

「比引火更吸引／摩擦一刹火花比星光迷人／比得到了的都着緊。」盧瀚霆（Anson Lo）在 2023 年翻唱張國榮 1996 年的《偷情》，有致敬之意，同時也教人想到，林夕的詞無疑要説離經叛道的愛；但兩情相悦，都有性／別身體的互相吸引——《偷情》沒有明示這段情愛會是怎樣的關係，只道「摩擦一刹火花比星光迷人」，是文學手法象徵了身心的觸碰。

沒有人能夠否認情之所至，都有身體的呈現，用以表達情感的親密性。歌詞可以通過文學手法，把身體與情愛的想像説得更有層次與昇華效果，甚至突顯身體的觸感，是流動可變的多元物事。香港的流行樂壇，雖説在廣東歌的語境與倫理想像裏，從來被指保守，但也不乏詞人用心雕琢的談情説愛，讓八、九十年代曾經被指是「情歌氾濫」的氛圍，補充了男女相愛的身體剖白；是故當年的情歌，都不是只有單一的「失戀」題材。

詞人潘偉源曾在「變：梅艷芳與香港流行文化研討會」上，提到早於唐滌生的粵曲詞作，有男女為着情愛而大膽的身體暗示。[1] 比如他為任劍輝與芳艷芬所寫的《春燈雨扇恨》（1959），就説到一男一女與女方兄長共處一室，二人在兄長入睡後聊天又怕弄醒對方，女方建議關燈，男方就唱來一句：「最好將燈熄暗／我哋聯埋就變咗一人」。儼然就是二人的身體，有倒影與外觀的重疊，也暗示二人身心因為情動的合二為一。

詞人並非想當然的大膽，只道中文書寫的豐富，説到動情的心靈與身體，可以語帶雙關。值得追問的，正是「動情身體」之説，在八、九十年代的詞作書寫，所指為何，又有怎樣的特色？至於今天，兩情相悦之下，詞作中的「身體變化」又可見怎樣的轉向？本文為此闡述對照兩個年代，可見情歌的多元化面貌，能夠為本被想作定型的性／別身體，在廣東歌的書寫裏有突破藩籬的出口——把「性／別」如此書寫卻並非「性別」，就是要點出兩性之別，並非單純的生物學以兩性區分，而是社會與文化建構女與男之分別，滿足了男權社會的既得利益。流行文化作為「出口」，會呈現動情身體，更會突破性／別權力，從而尋找平衡——八、九十年代，以及千禧後二十世紀的詞作，原來各表多元，也各有意義。

■ 語帶雙關，身心愉悦

《偷情》來自九十年代，提到身體，但只是蜻蜓點水。説到展示「動情身體」的作品，葉玉卿在 1992 年推出，由周禮茂填詞的《擋不住的風情》，描寫到「手要聽我命令／嘴要跟我談情」，以及由潘偉源填詞的《魔鬼的誘惑》，描寫到「身軀似是以冰造／眼眸沉靜似孤島……唇又如浪漫的小圈套」，都可見身體作為各個「部分」的展示，通常會有眼睛和嘴唇。在這兩首歌，嘴唇可以是「談情」而説出情話的「中介」，也可比作「小圈套」，都是惹人墮入情網的隱喻。

動情之説當然不止於身體的一、兩個部分，林振強為林憶蓮寫的歌有更多身體指涉，比如《一接觸》(1988) 就多次寫到歌者為所愛對象的「雙臂」而動情；林夕為林憶蓮所寫的《你令我性感》(1990)，更説到歌者蒙着眼睛，反而聽見對方的「心跳聲」，再「從眉梢的説話到深呼吸聲」也盡收耳中，可見動情的細膩觸感，是有身體內在的無盡聯想，文字豐富之處，是把內在的延伸，喻意到達內心深處。

八、九十年代說到「動情身體」的廣東歌層次豐富之外，也有比如劉美君作品的多面性，比如 1990 年的《事後》，同年更有一首《事前》，兩曲都是林振強的詞作。《事前》說到踰越道德的愛，《事後》更加把身心之說扣連得密不可分，詞中寫到「死去活來……想起你／在我之內」，或會教人想入非非，但這也是戀人交心的糾結過程——熱戀時想到對方而萬事愜意，出現矛盾時又死去活來。多面性的意思，是中文詞作可以語帶相關，身心的「死去活來」，不一而足。是故，歌曲也寫到「秀髮」、「面龐」和「臂彎」，但動情之所至，就不純粹是身體的條件反射，而是內心沉浸其中的愉悅感。

劉美君當年被稱作「樂壇性母」，[2] 不少作品都像「人細鬼大」的踰越道德，比如同樣是林振強作詞的《最後一夜》（1986）和《玩玩》（1990）等等，都滿有身體的想像；這不多不少是因為梅艷芳八十年代的《壞女孩》（1985）與《妖女》（1986），同樣是林振強的詞作，寫出「他將身體緊緊貼我」及「一起使今宵更精彩」的兩情相悅，算是前人啟導。以見香港流行歌詞的界線都在拓展想像，甚至更有女性得以主宰男性，近乎逆轉性別權力的指涉。

梅艷芳與劉美君都說過喜歡麥當娜（Madonna），而她被想作流行音樂的「性／別解放」參照，都必然起了作用，讓香港歌手在詞作、唱腔和形象上皆見以身體作為「愛的突破」。然而，由此再可追問的是，比如《事後》究竟有多少是對身體的深入描寫？又有多少是涉及性／別想像？答案或只有前述歌詞的部分，卻不必然為身體之說提出性／別議題的疑問。比如這些描寫，有沒有男與女的角色分配？歌者作為女性，想當然所愛對象就是男性的異性戀想像，當中會否也暗示了權力關係？

為着《事後》的疑問，也讓人想到張國榮 1990 年由林夕填詞的《Dreaming》，甫開始就有一句「你的一半／被我擁進我的一半」，都是將愛情涉及身心，把「愛人」稱作「另一半」的重新詮釋，沒有明言性別角色，只道是互相擁有／擁抱，才會是「一半擁進另一半」的直白。然而，正如歌名《Dreaming》，當中的英語讀白或才是「原委」——「I'm living in the middle of a dream」，原來歌者是在半夢之間，會否只作夢幻的想像，才能夠把身體那本來滿有性／別權力的關係放下，就沒有明言了。

■ 幻想對象，突破藩籬

然而，為動情去幻想，或者比真實的兩情相悅，有更多個人的想作浪漫、自主與身體的多元感覺。不過所謂「幻想」之説，法國女性主義者路思•伊瑞葛來（Luce Irigaray）在 1977 年的經典《此性非一》（*This Sex Which is Not One*）中的同名章節裏早有提及，西方語境的「（情愛）幻想」中，女性身體往往只是從屬或被忽略的主體，而男性的競爭、強勢、駕馭等等優越性才是幻想的「主角」——當然這種「幻想」，又豈止西方語境常有，在華人的語境亦然。這也是伊瑞葛來回應佛洛依德對心理分析的男性中心説法，只會把女性身體與地位簡化詮釋；是故，伊瑞葛來把女性身體的感覺豐富言説，是對性／別權力的顛覆。然而，以前述的流行歌詞作去看，女歌者比如葉玉卿、林憶蓮、劉美君和梅艷芳，其實都能夠表述女性的動情身體與反應，甚至突破了男性的權力駕馭，掌握情愛的話語權；反而男歌者如剛提到張國榮的《Dreaming》，唱到尾聲卻原來只不過是如夢境的幻想，才能釋出性／別權力，那是否暗示了八、九十年代的流行歌要說到動情身體，僅為女性專美？抑或對於男歌者而言，也偶見歌頌動情身體的作品？當中又有怎樣的突破？

為此解釋，雖然伊瑞葛來以「幻想」之說批判男性權力，但對於廣東歌創作而言，可以另行釋出突破——女歌者有直白身體的動情絮語，男歌者可通過幻想，突破既定特權之下的單一想像，表現多元化的面貌。這可見於周耀輝作詞，許志安主唱的《迷糊、情慾、對象》(1995)，算是香港流行歌少有把身體各個部分與幻想呈現之作。C. Y. Kong 的作曲與編曲，利用電子音樂，配合許志安着力壓低聲線並以沙啞嗓音和唱，把動情身體的各個部分活現，表達多元化的觸感。洛楓在分析周耀輝的詞作時，就引用美國性別研究學者朱迪斯‧巴特勒（Judith Butler）1998 年著作《身體之「重」：論「性別」的話語界限》(*Bodies that Matter: On the Discursive Limits of "Sex"*）裏面所言的「賤斥」(Abject)，即以流動的、可變的身體，對抗主流的性／別關係——男性的異性戀權力，往往把其他的可能性排除，而流行文化的「賤斥」創作，正是通過再現身體和感受的另一些面向，去邀請受眾思考這些被排除在主流以外的林林總總，畢竟有她／他們的價值。[3]

《迷糊、情慾、對象》因為歌名，或會教人以為是關乎「情慾」，但隨着歌內以一段配一段的詞組，可以看到歌者把所愛「對象」的身體各個部分，嘴、肩、腰、腿、身，慢慢寫到近乎如詞中溢出的

「香氣」，因此這首歌的命題其實更攸關「對象」。詞中把嘴喻作櫻桃與水，把肩想作柳枝與月，把腰比作蛇，腿更滑如雪花，就是把身體的觸感，如詞中所說像髮膚般的「一分一吋攝入腦內」，顯得滿有層次，帶動着聽者作出視覺想像。

如果伊瑞葛來對身體的多元化闡述是為女性而設，《迷糊、情慾、對象》反而是男歌者張開雙眼，正視愛人作為「她」者的身體，會有怎樣的觸感與可能性。說是「她」者，因為歌裏的一句「一身的香氣／准我認真的看你／如畫的女人」，明乎就是男性歌者的異性愛想像。這或有落入英國女性主義電影學者蘿拉‧莫薇（Laura Mulvey）的 1989 年經典 *Visual and Other Pleasures*（*Language, Discourse, Society*），所批判電影鏡頭拍攝女性，是為了滿足男性凝視的愉悅感，而物化女性身體。與男性簡化的物化凝視不同，周耀輝的詞作讓歌者認真地為愛人的身體去思量、想像，甚至重組，但這個「（女性）對象」並非只是作為男性權力服務的、固定的客體，那就已是突破了單一的、對身體的物化描寫。

至於尾聲說歌者看到「如畫的女人」而「攝入腦內」，雖說再一次可能是幻想使然，更甚者是這個對象可能並不存在，就再一次言明，幻想的多元，也是緊扣身體多樣性的啟導，讓人突破主流權力去凝視（真實）身體的霸凌。在 MV 中，許志安躺在牀上，合上雙眼而面帶笑意呢喃，尾聲說他返回現實，幾個舞者在他的日常生活裏穿插起舞，明顯不過的是現實依舊，暗示了幻想才是流動身體的重要場域。這又可以返回「賤斥」的說法，流行文化的創作，比如廣東歌詞作的書寫，以及種種豐富的文學筆觸，真的可以突破身體的藩籬；但是，從這首歌的詞作與影像可見，現實還是現實的固守權力，許志安的後段對鏡梳洗，似是從鏡像的內外，讓觀眾看到這個男人是幻想的主角，擁有絕對的「話語權」。突破性／別之説，至此如同一個反高潮，但正如本文前述對伊瑞葛來批判的另行詮釋，男歌者亦可通過幻想突破單一想像，而《迷糊、情慾、對象》正是以「幻想」的描寫，豐富了動情身體的展示。雖然伊瑞葛來指出「幻想」通常都被男人主導，但以這首歌去看，男歌者也不必然只為駕馭女性而作出幻想，卻以此重視身體的各個部分。

■ 共有軀幹，突破定型

前面有説，幻想比真實讓人更為自主而擁有多樣性，至於文學手法與象徵就為這種「動情身體」豐富幻想，而滿有玩味感覺。九十年代廣東歌正是以「動情身體」作為景觀，有篇首的前衛創作；其間也有比如 1995 年鄭秀文的《非男非女》，由詞人周禮茂筆下寫到「是雄是雌／分不了打扮太相近／但卻暗中的巴結着個平衡」，直白前述巴特勒作品內都有提及的「表演性」（Performativity），即攸關性別想像，其實都像「表演」，由每個人以怎樣的外觀或行為去演繹——接受或回應性／別定型。在香港流行文化的討論裏，就有張國榮與梅艷芳的演藝人生、形象，以至歌曲與電影作品的「表演」分析，可見身體作為表演的載體，讓他倆突破性／別藩籬而豐富作品。[4] 另外，亦有論者把這種多樣性，用在討論詞人作為男性或女性，卻對另一個性別的書寫展示感同身受，比如潘源良為王菲寫出《容易受傷的女人》（1992）、黃偉文會為李蕙敏寫出《（你沒有）好結果》（1995）和《活得比你好》等等，如同詞人為了歌者而轉換性別的心情與書寫。[5]

至於來到今天，這種類近愛之「體」驗的詞作，不必然被性／別的框限，去作為男或女歌者／創作人等等的定型預設，卻有意尋找定型以外的出口，例子可見謝安琪 2018 年的《沐春風》。《沐春風》由王雙駿作曲，也是周耀輝填詞的作品——歌曲收錄於麥浚龍與謝安琪的概念大碟企劃《the album part one》，由麥浚龍飾演董折，謝安琪飾演浦銘心，闡述二人一連串關於愛情的經歷。[6]《沐春風》是承接謝安琪主唱的《人妻的藝術》（2018），以及古天樂與她合唱的《（一個男人）一個女人　和浴室》（2018）之後，讓樂迷看見浦銘心在婚姻之外的情愛「體」驗。

如前述許志安的《迷糊、情慾、對象》，在洛楓分析周氏作品中，所見身體作為不同部分而呈現的文學手法，把這些部分相異的觸感延伸書寫。不過，由前文討論《迷糊、情慾、對象》的男歌者角度，從幻想中突破身體框限，至二十年後的《沐春風》就由女歌者去繼續演繹身體的多樣性，而有更多可以放下性／別身體想像的解讀。《沐春風》把男女身體都會共有的軀幹再三用在詞中，開首就描寫到「脊椎」和「舌尖」，更以前者的「半彎」和「半曲」，以及後者的「半伸」與「半縮」，以對偶句法並置，隱喻為情愛尋找另一半的「會聚」——正如前述張國榮的《Dreaming》，都以「一半」之説談到愛的對象。但以「脊椎」和「舌尖」作為開首，特別之處有二：其一是這些身體部分皆男女兩性共有，淡化了只為某一個性別作為幻想主角的設定；其二是這些「軀幹」，比《迷糊、情慾、對象》的身體描寫，更屬於「內在的部分」，不能純粹作為視覺愉悦感呈現，就更有「內化」動情身體的效果，去為女性的，甚至也可以是男女皆可而講求感覺的、內心的觸動，以這些委婉的描寫去呈現。

《沐春風》的MV由鄭伊健、謝安琪和韋羅莎演出，鄭、謝二人在舊區的街巷左穿右插，如下班後勞累歸家的日常。MV與歌詞都以生活日常的步伐，如下班後的平凡人，尋路回家，也更像為心緒甚至情感找尋出口。謝在走進大廈之前，碰上了鄭而為他點煙，卻似互不相識地各走各路——這在「情節」上是刻意有違觀眾的預期；謝與韋在電梯內突如其來的親密感，是片中的反高潮，更暗示了偶發的愛之「體」驗，這個暗示尤其重要，是它上接歌詞的「脊椎」都是人人皆有的生理結構，並以「一半」與「另一半」的平衡扣連；如歌詞中寫到「半彎的脊椎和半曲的脊椎會聚」，也竟有道家陰陽圖像內，「半彎」與「半曲」所顯示平衡之意，在詞中以「脊椎」扮演愛的載「體」。

為着平衡與內化的觸感，《沐春風》更寫到「一身變得很敏鋭」和「讓片刻沐浴在五內」，前者的「一身」當然是指整個身體的感受，不為單一的部分所專美，而後者的「五內」即心、肺、肝、脾、腎的「五臟」，明乎是身體器官，也是承接了文首所言，是身體內在的延伸，不過已非一般情歌會寫的「內心深情」，更是「五內」的感覺。這些詞作所表達的，不單是身體外在的觸感，更非僅以「內心」的「心」作為情感「重鎮」，卻有內在的、五內的意境，也就更符合伊瑞葛來所指幻想、愛情與身體如同書名《此性非一》的基本論調「非一」，本為多元；所以歌名《沐春風》並不用提到「如沐春風」的「如」作為「彷如」的意思，因為詞中所寫的情事，能夠在體內流動如水，本來就在春風之間。

■ 小結：流行曲詞的寬宏空間

廣東歌能夠譜寫「動情身體」，畢竟因為中文的書寫可以豐富象徵與想像，更可以語帶雙關地把身心結合。若説因為對身體的描寫，偶爾衝擊大眾禁忌的性／別，那畢竟是因為主流社會慣以性／別視作單一的（男性／異性戀）價值，同時又否定甚至壓抑了身體作為愛情重要載體的多元化感受與反應。

可幸流行文化會是一道面對禁忌和壓抑的出口，容讓創作者提出疑問，甚至以坦誠的告白，説到情愛與身體的關聯與需要。流行歌的詞作，在香港八、九十年代的語境原來早就肯定了身體與動情的相輔相成，到今天更有詞作釋出性／別不為定型所困的流動意涵。説到底，流行音樂也是保守社會的一面鏡子，觀照我們面對禁忌與壓抑的同時，其實騙不過自己的身體反應，教每一個人都心照不宣。

唐滌生在上世紀中的書寫，教歌者與聽者為身心的愛情豐富想像；或者來到今天，我們在感恩廣東歌對「動情身體」保留這種寬宏空間的同時，也不忘要問，為何曲詞的創作，總比現實人心更加直接——那是人心未有進吋的保守依舊？抑或那是香港流行文化的進步，反而讓大家寧願退守在否定身心需要的 Comfort zone ？

1 「變：梅艷芳與香港流行文化研討會」，由香港大學香港研究中心主辦，在 2024 年 2 月 3 日在香港大學舉行。

2 朱耀偉：《歲月如歌：詞話香港粵語流行曲》（香港：三聯書店（香港）有限公司，2009），173。

3 洛楓：《獨角獸的彳亍：周耀輝的音樂群像》（香港：匯智出版有限公司，2022），82 - 101。書中的這個部分討論梅艷芳與陳慧琳合唱的《夏娃，夏娃》（2002）、容祖兒的《舌尖開叉》（2006），以及麥浚龍的《酷兒》（2008）和《雌雄同體》（2005）等等，都是通過游離不定的性別與身體，談到詞人周耀輝以文字手法，突破主流性別權力固守身體之説。

4 可分別見於洛楓：《禁色的蝴蝶：張國榮的藝術形象》（香港：三聯書店（香港）有限公司，2008），以及李展鵬：《夢伴此城：梅艷芳與香港流行文化》（香港：三聯書店（香港）有限公司，2019）。

5 朱耀偉：《詞中物：香港流行歌詞探賞》（香港：三聯書店（香港）有限公司，2007），56 - 58，以及朱耀偉：《歲月如歌》，171 - 184。

6 董折與浦銘心系列的另外兩張大碟為《the album and the rest of it》（2019）及《the album and the end of it》（2020）。

從鮮明到模稜——2019年後香港樂迷對陳奕迅的複雜情感

海邊欄

陳奕迅自上世紀九十年代中期出道，憑着出色的演唱實力、高質素的創作團隊，以及適切的社會環境等，一直受到業界及樂迷的肯定。從縱面看，九十年代末至2010年代，陳奕迅曾多次迎來事業的高峰，使他獲得跨世代的認同。從橫面看，在華人社區裏，陳奕迅歌曲的傳唱度高，市場價值足以讓他能在香港以外的地區，舉行多次巡迴演唱會。無論是一般樂迷，或音樂界，都對其歌唱能力予以充分的肯定，是繼四大天王之後，凝聚中、港、台等華人的香港歌手。而且，他曾以華人歌手的身分，參與外國舉辦的音樂表演，[1]又曾被外國雜誌評為帶領香港音樂潮流的人物，[2]可見，他的音樂及表演都受到外國媒體的注意。多年以來，陳奕迅一直被視為香港流行樂壇的圖標，對內喚起集體認同，對外表現香港價值。

接連受社會運動及疫情的影響，香港一片愁雲慘霧。2020年，陳奕迅在7月先接受了「香港現場演出及制作行業協會」的邀請，舉辦了《Live is so much better with Music Eason Chan Charity Concert》，為處於困難時期的業界人士籌款；10月，他和團隊特意創作《致明日的舞》，希望藉此曲為心情低落或處於生命低谷的人帶來正能量。想不到不足半年，陷於生命低谷的人竟變成了他。

■ 爭議下的陳奕迅與樂迷的反應

2020年，瑞士「良好棉花發展協會」(Better Cotton Initiative，BCI）宣稱新疆地區存在人權問題，故暫停向新疆地區發出BCI棉花許可證。[3]其後，跟該協會長期合作的國際品牌H & M，宣佈不再與位於新疆的任何服裝廠或原料商合作。[4] 此舉引起了軒然大波，先是中國羣眾發起罷買 H & M 的商品，後來有人發現其他同為 BCI 成員的國際品牌，如 Adidas、Nike 都曾發表不使用新疆棉花的聲明，遂掀起了抵制潮。[5] 除影響政界及工商界外，爭議更波及娛樂界。不少有國際品牌代言的兩岸三地藝人，均對事件作出表態，跟 Adidas 合作多年的陳奕迅在微博上載公司聲明，表明「抵制任何污名化中國的行為」，並「即日起終止與 Adidas 品牌的一切合作」。[6]

聲明的內容在香港引起極大的反響。有網民肯定陳奕迅有表態的自由，[7] 亦有媒體認為他的行動是愛國的表現。[8] 另一邊廂，有網民在社交媒體或網上論壇表示對他大失所望，甚至借《陀飛輪》(2010) 的歌詞，揶揄他有一顆「變賣了」的「靈魂」。[9] 事件引發的討論持續發酵，對陳奕迅的事業發展帶來一定程度的影響。陳奕迅在香港一夜間變成一個富爭議性的人物，有樂迷表示離棄自己的偶像，不再聽他昔日的音樂作品。而陳奕迅在 2021 年 3 月後，也暫停在社交媒體發放消息，亦甚少在公開場合露面。[10] 另一方面，根據網上媒體《WAVE. 流行文化誌》的統計，由 2021 年中期至 2022 年年底，陳奕迅幾首經典作品在 Spotify 的播放率持續下跌，跟之前的播放率出現明顯的變化。[11] 以上種種突如其來的改變，無不令人聯想跟爭議的關連，陳奕迅於香港樂壇的位置已不如以往一樣穩固。同一時間，香港樂壇迎來了新時代，部分樂迷的口味悄悄地起了變化，願意多花時間將情感投放於其他新星之上，而非只聽舊作品。陳奕迅在時間流逝下似漸漸被淡忘。

來到 2022 年 9 月，陳奕迅宣佈重新舉辦演唱會《陳奕迅 FEAR AND DREAMS 香港演唱會》，再一次喚起樂迷對他的記憶。[12] 對於陳奕迅再次踏上香港的舞台，樂迷反應不一，有人選擇如往昔一樣，全盤支持；有人選擇斷然割席，拒絕觀看其表演；有人不滿他在爭議事件上的舉措，但基於多年來對他的情感，或對他表演能力的欣賞，仍選擇購票入場。[13] 在演唱會進行期間，陳奕迅的團隊每天把表演片段上載至 YouTube 頻道，意外地得到了廣泛的支持及大量正面的評價。[14] 以上的各種反應，反映陳奕迅仍舊能引起樂迷的興趣，甚至能牽動受眾的情感。到底是什麼原因驅使人們重新接受他、不認同他，或處於掙扎糾結的狀態？明星作為主體的投射物，其想像及對明星的論述能反映主體的想法。本文意圖透過受眾對陳奕迅的討論，了解樂迷認同或不認同他的複雜情感。

■ 為什麼認同陳奕迅？在認同下受眾遺忘了什麼？

演唱會公開售票之前，有網民認為樂迷不一定會接受他。結果，十八場演唱會門票於一天內售罄，並三次加場，最終演出二十七場。值得深究的是，一個陷入價值爭議，遭到部分樂迷猛烈批評，近兩年幾乎銷聲匿跡的明星，為什麼仍然有這樣強大的號召力？陳奕迅引人入勝的表演能力，以及歌唱水準，自是他受認同的重要原因。然而，撇開較為客觀的因素，哪些主觀經驗影響樂迷對他的態度？從網民在陳奕迅的演出影片的留言，我們可以思考民眾認同陳奕迅的各種可能性。[15]

在陳奕迅演唱會影片的留言區，經常出現的關鍵字句是「回憶返晒嚟」。有樂迷指他的歌聲及歌曲「陪我成長」，有人甚至鉅細靡遺地談到歌曲跟他們生活的相關性。這些話語顯示樂迷對陳奕迅的認同源於他跟「我」昔日的種種有着千絲萬縷的連結。

陳奕迅九十年代中期出道，九十年代末期成名，並在千禧年代登上香港流行樂壇的高峰後一直屹立不倒，經典歌曲多不勝數。全盛時期的陳奕迅恰巧遇上處於「黃金時代」的幾代人——正在成長的七十後、八十後及九十後。對他們而言，陳奕迅除了是明星，陪伴他們成長外，更是他們成長的一部分——即屬於「我」昔日的生活點滴。[16] 科奈爾・桑德沃斯（Cornel Sandvoss）綜合了前人的研究後，在〈內在的粉絲——粉都和精神分析〉一文中指出，明星既是外部現實，同時有些肌理（Texture）跟「自我」有密切的關係，能作為情感紐帶，處理主體生活中面對的焦慮。[17] 按照桑德沃斯的話語，陳奕迅是一個中間區域（又名為「第三區域或過渡性客體」）：他的聲音、形象、表演方式、歌詞文本是客觀的存在，然而這個明星的某些肌理連結大部分八十後及九十後的成長足印，也承載着他們的悲歡離合。因此，陳奕迅成為了「我」其中一個面向。樂迷認同陳奕迅其中一個原因，是這個中間區域把當下的「我」及過去的「我」連結起來。這連結能作為自我敍事的素材，人們能從當中得到生命的整全感及一致性。[18] 樂迷入場觀看表演，其實是藉着陳奕迅體驗或想像「共同成長」及「共同經歷」的過程，當中「我」與「非我」能在同一空間中暫時融合起來，區隔於現實，從中體會到同一性的錯覺以及獲得現實中缺乏的安全感。

縱觀這些認同陳奕迅的樂迷的網上留言都沒有提及近年的爭議事件，當有人譴責他們善忘時，他們一般都以「不想看可以不看」作為回應，指責對方把事情「政治化」。即使提到爭議事件，他們都只會將其定性為陳奕迅的「逆境」及「低谷」，相信他逆境過後就能回復昔日於樂壇的定位，而未有觸及陳奕迅近年跟部分港人的價值分歧，似是有意或無意遺忘了二者之間的矛盾。

■ 為什麼不認同？在否定下受眾記得什麼？

有人繼續支持陳奕迅，也有不少人無法繼續支持他。有些樂迷認為他太重視利益，跟他們持守的價值出現難以調和的分歧。要了解這觀點出現的源起，需要先了解近年社會變化以及部分港人的主觀經驗。2019 年之後，社會發生巨變，人際關係因着人們在社會事件上的不同取態而出現變異，部分港人昔日持守的價值備受挑戰。這些現實狀況，為他們帶來重大的心靈影響。首先，他們把「價值信念」及「立場取態」視為區分「我者」及「他者」的重要準則。其次，現實中的「失去」令他們生起各種積於心底，且難以梳理的負面情緒，自我穩定感受到威脅。

據斯蒂芬・海納曼（Stephen Heyneman）所述，當主體感到身分整全感被擾亂時，會透過幻想，例如想像明星跟自己同在，處理內心的焦慮。[19] 基於這心理機制，面對「消失」時。香港人都幻想，以至渴望他們熟知的明星，能如自己擁抱共同的想法，繼而陪伴他們走過逆境。另一方面，誠如上文所說，在歷史的影響下，「價值」已成為當時部分港人對他人評價的重要原則，因此，那些被視為「價值不同」或取態上曖昧不明的歌手，或有機會遭到摒棄。

在拙作〈走不正常的路？陳奕迅的怪異哲學與香港〉中，我提到陳奕迅一些歌曲承載的訊息，跟部分八十後、九十後追求的價值是不謀而合。[20] 陳奕迅跟幾代人建立的精神共同體容易令人相信，他跟自己身處於同一頻道上，對事情抱持相似的見解。基於這些背景，加上陳奕迅於樂壇舉足輕重的地位，即使他沒有就社會運動發表意見，也得到樂迷的體諒，沒有因此放棄對他的支持。直至 2021 年，一向甚少在社會問題上發表意見的他，竟然就新疆棉事件表達立場。這突如其來的表態，以及表態內容跟陳奕迅行事作風上的差異，不禁令人懷疑他的意圖是跟個人事業發展有關。部分樂迷認定他計較利益，捨棄一些重要的價值，因此不再認同他。

劉紀蕙借用佛洛依德的研究，指出主體在生活中不能言説的事物、無法梳理的情感或難以處理的慾望，在受到壓抑後會繼續在無意識的系統裏，以「結構的方式存在」，待尋獲一個具關連性的「替代物」[21] 時，就會把無法梳理的情感投射於該處，藉此釋放內在情感。[22] 被視為較看重利益，捨棄價值的陳奕迅為羣眾帶來的負面情感，跟社會運動後羣眾在面對事物消失時感受到的複雜情感，在意念上有相關性，故陳奕迅在此處可作為一個「替代物」，讓羣眾在不認同他，並對他作出批評的過程中，釋放數年來積壓的情緒。

畢竟，陳奕迅陪伴了香港樂迷接近三十年，曾投放了大量情感的樂迷，一時之間難以割捨他們跟這個明星文本之間的關係。因此，有人雖然表示失望，卻仍低調入場。有人拒絕聽陳奕迅的歌曲，卻未帶着過多的仇恨。不得不提的是，有一些人牢牢記住陳奕迅的表態，強調他們「不會忘記」，甚至以衞道者的角度，語帶嘲諷指出買票入場觀看表演的觀眾「健忘」，反映他們強制自己及別人懷有記憶的責任，並藉此建構某種絕對純淨的身分認同，不容任何含糊的立場，不容人們對事件抱持另一種態度。

■「熱愛如昔」，還是「回不去了」？情感認同的戲劇性轉變

《陳奕迅 FEAR AND DREAMS 香港演唱會》一共舉行二十七場，由 2022 年 12 月 9 日開始，至 2023 年 1 月 16 日結束。為了配合演唱會主題，製作團隊根據「焦慮」與「夢」兩個概念選擇曲目，並安排流程。結合巨型的電子屏幕、舞蹈員及歌者陳奕迅的演繹，整個演唱會宛如一個小型音樂劇，為觀眾帶來不一樣的觀看經驗，同時帶領樂迷一同體驗人生中各種恐懼，並尋回心靈的力量。如果這部分的內容是喚起反思，演唱會的尾段則希望喚起樂迷的共鳴。

在安歌部分，製作團隊特意按陳奕迅唱片發行時間的先後次序，安排他每場唱出一首專輯代表作。這安排的原意是回顧他出道二十七年的事業發展，卻意外地使紅館現場幻化成一條時光隧道，陳奕迅似邀請樂迷跟他一起回到過去。當陳奕迅演唱《抱擁這分鐘》(1997) 時，樂迷或許看到青春仍在盛放的自己；當他演唱《黃金時代》(1998) 時，樂迷猶如置身於昔日那個充滿優勢，供人盡情尋樂的大都市；當《歲月如歌》(2003) 的前奏響起，羣眾或許回到那個人人追看港劇，把港式文化視為潮流尖端的年代……歌曲似引領樂迷重新經歷一次「我們」的成長歲月，喚起同喜同悲的情感經驗。讓人更加意想不到的是，陳奕迅音樂團隊在短時間內就將安歌片段上載至官方 YouTube，跟無法入場的樂迷分享。這些表演隱藏一股向心的力量，在現實及虛擬世界裏，連結羣眾。

除了以上因素外，是次演唱會陳奕迅的聲音回復高水平的狀態，結合演唱會富深度的主題，大部分傳媒及樂迷對這次演出都給予高度的肯定。在第二十四場演唱會上，陳奕迅指「有些東西發作」，害

怕得想中斷演出。在演唱《相信你的人》(2019)時，他不禁哽咽，並在事後説：「這兩、三年在我迷惘及脆弱之時，歌曲(《相信你的人》)給予我很多勇氣及力量。」在唱畢新歌《盲婚啞嫁》(2023)後，他藉歌曲的含意，勉勵樂迷「放下」，「Discharge and we can restart」。這些零碎的語句沒有指涉任何特定的情境，具有一定程度的開放性，讓樂迷根據這兩、三年的生活體驗，想像陳奕迅跟「我們」一樣，共同面對類似「困境」；或想像他是「我們」的一部分，鼓勵「我們」放下過去，重新出發。結合連日來安歌部分的別出心裁，樂迷對陳奕迅的認同情感，似是回到從前。

然而，事情又出現了戲劇性的轉變。在第一至二十四場演唱會，陳奕迅甚少談及這數年的社會大事，以及他被捲入其中的具體情況。然而，在第二十五場演唱會的末段，陳奕迅一如以往跟觀眾閒話家常。當台下觀眾要求取得陳奕迅正在抹汗的毛巾時，陳奕迅裝作遞上毛巾，又將之收回，突然回了一句：「自己……自己去『無印』買啦。」又笑着説，「但我唔知佢係咩棉嚟架！」這句看似無傷大雅，觀眾即時報以笑聲及掌聲的説話，事後卻引起極大迴響。早前演唱會的和諧畫面，頃刻間被一句話刺穿。

陳奕迅的話，猶如投進深海的巨石，瞬間激起千尺浪。傳媒、網民等急着就此作出表態。有人認為陳奕迅的「閒話」只是在「開玩笑」，似暗示那並非「真話」，他一如以往，像個小孩；有人分析陳奕迅説出該話的意圖，相信他「唔係有心」，以「無心之失」暗示他沒有蓄意或有計劃地去表達任何關於事件的訊息，藉此説明他並非一個有機心的人。

另一方面，坊間亦有很多認為陳奕迅的行為不可饒恕的聲音，強調樂迷必須跟他割席。有人猜測他的話是向樂迷「示威」：即使「我」（陳奕迅）做了什麼，「你們」（樂迷）都會購票支持「我」。有人指出他對世事無知，對別人無情，似暗示他不是「好人」。除批評陳奕迅外，有網上評論將矛頭指向觀眾，指責「笑」及「給予掌聲」的行為不當，也有部分樂迷沒有刻意為他講的話「打圓場」，也沒有大加鞭撻，只是描述自己曾對是否到紅館捧這「老朋友」一事抱猶豫及掙扎。然而第二十五場的「閒話」讓他覺悟到，原來老朋友跟「我們」的想法「南轅北轍」，字裏行間流露對失去朋友的惋惜。[23]

■ 曖昧、焦慮與受眾的論述

陳奕迅的話，猶如一個潘朵拉的盒子，或如歌曲《衝口而出》（2001）描述的「有怪物箱子」，頃刻間很多令人不安的「真相」被「打開」，並被放出來。所謂「真相」，不是他表達了什麼訊息，而是他呈現了一種模稜：相同與對立、過時與合時、朋友與非朋友之間的狀態。當陳奕迅召喚我們的回憶，樂迷藉他重新尋獲某種同一性之時，那一句沒有明確意圖，呈現模稜的話猶如突如其來的驚雷，為受眾帶來異樣及不安的感覺。蔣興儀認為，主體對非同一性的事物感到不安，因它反射主體的缺乏。[24] 朱元鴻指，重視純淨本土性的人會視模稜的東西為一種威脅，並將之排除在外，因它意味「整合的不可能完成」。[25] 黃冠華認為，曖昧之事物令人不得不透過解釋處理其帶來的焦慮。[26] 以上學者的觀點說明，人們對模稜的事物作出反應，並對它們生起論述，除來自理性的反思外，同樣可能跟主體的焦慮息息相關。

以上觀點或許能為羣眾急於就陳奕迅「開玩笑」展開論述一事，提供一種解讀的可能。陳奕迅究竟是朋友還是非朋友？他究竟是過氣的，抑或是一位仍能凝聚港人的明星？不論是接受他，還是不再認同他的樂迷，其想像都跟陳奕迅曖昧的實相出現一定程度的落差。基於此落差帶來的窘態，人們開展論述，透過說明那句沒有明確答案或沒有具體訊息的話，對他的形象重新作出定位——將他定性為一個認同對象，還是需要被排除的對象。那些論述，當然可以建基於他說話的內容、語氣及態度，同時亦有機會建基於人們主觀的願望。那些論述，更能折射的，是身處在對社會議題上非黑即白的時代的人們，對模稜的抗拒。

■ 小結：是「塵」還是「神」？——個人選擇之外導致模稜出現的時代因素

基於特殊的歷史環境，上世紀香港的明星生產，不用過度考慮歌唱及表演之外的社會問題，也不用思考他們是否符合一個地方的共同價值，造星團隊只需要為明星賦予流行或時代元素，就有機會吸引樂迷的眼球。八、九十年代的香港已發展成現代化的國際都會，鼓勵人通過追求個體自由，表現自我來建立身分。順應時勢，流行曲主要通過表達個人情感、身體慾望，喚起受眾對「自由」主體的想像，較少呈現「社會性」。少談時事，多談風月，成為了流行明星和樂迷之間的共識。出道於 1996 年的陳奕迅，當然銘刻着那個時代的印記。

到了千禧年代，中國市場開放，整個世界彷如地球村一樣沒有明確的邊界。陳奕迅趕得上香港流行音樂盛世的最後一班衝出香港的列車，自由選唱不同語言及題材的歌曲，穿上奇裝異服形塑異質的形象，有條件當上國際品牌的代言人；同時，他可以前往不同地方表演，不會遭人垢病。當陳奕迅憑實力站在人生高峰，享受着無邊界的列車為他帶來豐碩的成果之時，香港社會已悄悄出現變化。

2010 年代，香港社會及民眾的思考急劇變化。成長於這一代的香港人，不少追求的是價值，以及對身分的認同。在這樣的歷史潮流之下，冒起的明星除像以往需具備個體的特色之外，還需附有價值的元素。近年香港及世界出現巨變，無邊界的地球村突然變成了一個壁壘分明的空間。這樣複雜的社會環境，顯然把以往少談時事，身上同時擁有不同地方特質的陳奕迅置於一個尷尬的位置。

陳奕迅在第二十四場演唱會中，一邊哽咽，一邊説出對音樂的主張：「我覺得音樂不應該區分，只要係令人感動嘅音樂，就值得欣賞，就係咁簡單！」看來這個音樂無國界的「簡單」主張，在今天複雜的社會裏註定不能實踐，其多年來經營的跨地域形象，也註定為他帶來一個曖昧不明的屬性。時也命也，陳奕迅在未來仍被視為「一個神」，還是「一抹塵」，除了要看之後他的選擇外，還得看時代的轉化。

1 2014 年，他以華人歌手的代表，參與在香港舉辦的韓國《Mnet 亞洲音樂大獎》。

2 2005 年，陳奕迅唱片《U87》推出後大獲好評，《時代雜誌》把《U87》視為當年五大值得選購的亞洲唱片，肯定陳奕迅於香港樂壇的成就。

3 蘇靜：〈新疆棉花 H&M 事件持續發酵　帶頭暫停新疆棉的 BCI 組織是什麼？〉，《香港 01》，2021 年 4 月 1 日，https://www.hk01.com/article/603942?utm_source=01articlecopy&utm_medium=referral。

4 〈H&M 稱不用新疆棉　內地下架產品　去年聲明惹杯葛　央視：吃飯砸鍋　有尊重才有買賣〉，《明報》，2021 年 3 月 25 日。

5 〈新疆棉風波發酵　中港明星與國際運動品牌割席〉，《東網》，2021 年 3 月 25 日，https://hk.on.cc/hk/bkn/cnt/intnews/20210325/bkn-20210325193239768-0325_00992_001.html。

6 秦志鴻：〈陳奕迅宣布終止與Adidas一切合作：堅決抵制任何污名化中國的行為〉，《香港 01》，2021 年 3 月 25 日，https://www.hk01.com/article/604217?utm_source=01articlecopy&utm_medium=referral。

7 〈陳奕迅被香港網民狙擊 徐濠縈貼木棉花照〉，《明報》，2021 年 3 月 26 日，https://ol.mingpao.com/ldy/showbiz/latest/20210326/1616740400655。

8 〈黃絲聲言杯葛陳奕迅　新歌仍榮登勁歌榜首　Eason：繼續唱更多好歌　加油！〉，《幫港出聲》，2021 年 4 月 12 日，https://www.silentmajority.hk/articles/1021728。

9 〈陳奕迅被香港網民狙擊　徐濠縈貼木棉花照〉。

10 張嘉敏：〈陳奕迅突刪IG post只剩3個　網民解讀只想好好工作不再捲政治風波〉，《香港 01》，2021 年 4 月 15 日，https://www.hk01.com/%E5%8D%B3%E6%99%82%E5%A8%9B%E6%A8%82/612597/%E9%99%B3%E5%A5%95%E8%BF%85%E7%AA%81%E5%88%AAig-post%E5%8F%AA%E5%89%A93%E5%80%8B-%E7%B6%B2%E6%B0%91%E8%A7%A3%E8%AE%80%E5%8F%AA%E6%83%B3%E5%A5%BD%E5%A5%BD%E5%B7%A5%E4%BD%9C%E4%B8%8D%E5%86%8D%E6%8D%B2%E6%94%BF%E6%B2%BB%E9%A2%A8%E6%B3%A2。

11 丁喬：〈「新疆棉」玩笑外，陳奕迅 27 場演唱會説甚麼？唱甚麼？〉，《WAVE. 流行文化誌》，2023 年 1 月 15 日，https://wavezinehk.com/2023/01/15/eason/。

12《陳奕迅 FEAR AND DREAMS 香港演唱會》原定於 2019 年 12 月至 2020 年 1 月舉行，但當時香港社會處於不穩定的狀況，製作團隊決定取消該次演唱會。

13 自有消息傳出陳奕迅將於 2022 年 12 月重新舉辦演唱會後，有不少人在社交媒體如 Facebook，又或網上論壇「香港討論區」、「連登討論區」發文詢問，大家會不會入場觀看他的表演，網民的反應兩極。

14 例如，截至 2024 年 5 月 8 日，在陳奕迅官方 YouTube 頻道中，《陳奕迅 FEAR AND DREAMS 香港演唱會》Encore 的《抱擁這分鐘》及《黃金時代》演出片段的點擊率皆超過二百萬次。

15 主要參考樂迷在陳奕迅官方 YouTube 頻道對陳奕迅表演的評價。

16 Facebook 有一專頁叫「陳奕迅的歌陪住我長大」，追蹤者超過二十二萬人。

17 科奈爾・桑德沃斯：〈內在的粉絲 —— 粉都和精神分析〉，載《粉絲文化讀本》，陶東風編（北京：北京大學出版社，2009），221 - 224。

18 蕭阿勤：〈認同、敘事與行動：台灣 1970 年代黨外的歷史建構〉，《台灣社會學》，第五期（2003 年 6 月），205 - 206。

19 斯蒂芬・海納曼：〈「我將在你身邊」—— 粉絲、幻想和埃爾維斯的形象〉，載《粉絲文化讀本》，陶東風編（北京：北京大學出版社，2009），155 - 157。

20 海邊欄：〈走不正常的路？陳奕迅的怪異哲學與香港〉，載《給下一輪廣東歌盛世備忘錄 —— 香港樂壇變奏》（香港：突破出版社，2022），145 - 148。

21 劉紀蕙借用了精神分析學説，説明主體尋找替代物釋放情感的機制。她指，本能有選取對象而將精力投注於彼處的動力。這個物跟難以處理的或被禁止的慾望在意念上有關連性，卻又十分遙遠，故緊緊被主體抓住，主體藉由它來梳理被壓抑的慾望及情感。這個對象，可稱作「替代物」或「替代的意念」。劉紀蕙：《孤兒・女神・負面書寫：文化符號的徵狀式閱讀》（台北：立緒文化事業有限公司，2000），47 - 49。

22 Renews：〈回 不 去 的 陳 奕 迅〉，Facebook，2023 年 1 月 13 日，https://www.facebook.com/photo/?fbid=166295376155761&set=a.128212953297337。

23 蔣興儀：〈視線 gaze〉，《蔣興儀的學術和日常散文》，2017 年 12 月 22 日，https://jsy66621.pixnet.net/blog/post/461102555-%E8%A6%96%E7%B7%9A%28gaze%29。

24 朱元鴻：〈民主之下的本土神話與排外政治〉（《現代性之政治反思》國際學術研討會論文，中央研究院人文社會科學研究中心，2005），14。

25 黃冠華：〈觀看不見：凝視之概念〉，《新聞學研究》第八十七期（2006 年 4 月），149 - 150。

從外來者到香港明星——張敬軒身分的轉換之旅

海邊欄

2006 年，張敬軒推出《笑忘書》，描述已長大成人的主角經歷挫折與苦難時的各種感受，是一首關於個體成長的歌曲，張敬軒不止一次提及自己就是歌曲的主角。

時間來到 2021 年，張敬軒在慶祝其入行二十周年的演唱會《The Next 20 Hins Live in Hong Kong》中，隆而重之把《笑忘書》(林若寧詞) 放在演唱會尾段，並特意將歌詞的最後一句，從「回憶三歲的波板糖」改成「回憶三歲的香港」。明顯象徵「我」的童年生活的「波板糖」[1]，被換進一個承載社會特色與文化的地理概念——「香港」。如果歌曲的「我」是生於 1981 年的張敬軒，「我」回憶的「三歲的香港」就是 1984 年——一個對香港歷史發展非常重要的年份。這種改動將一首本來是個人的、略帶私密的歌曲賦予高度的地方及歷史色彩。

事後，部分媒體指出改詞後的《笑忘書》「寓意極深」、「觸動樂迷」、「憑着對這個地方的愛戴，足以令台下觀眾感動萬分」。[2] 另外，有傳媒人在看畢張敬軒演唱會後 (特別是指《笑忘書》的視覺表演)，肯定他「是一個真正愛香港的香港歌手」。[3]

無論是張敬軒的改詞舉動、樂迷對此的反應，或是傳媒對他的評價，都反映今天的張敬軒不僅是一個歌手，而是一個具香港特色，兼能代表香港的明星。作為一個在千禧初年從廣州來到香港發展的歌手，究竟有什麼原因獲得港人接受，甚至喜愛？他身上承載了哪些香港的符號？近年，他一躍而上，成為了香港舉足輕重的歌星。

除了個人的獨特魅力，以及深厚的歌唱功力外，還有哪些因素成就了此現象？

■ 千禧初年——外來唱作人

2002 年，張敬軒從廣州來到香港發展。當時大眾傳媒對非本地的唱作人，普遍抱持接受的態度。[4] 張敬軒就是在這個背景下，在香港以創作歌手的身分起步。創作歌手這個形象最特別的地方是跨地域的特質——即使歌者來自其他地方，也能借其獨特的音樂才華，讓樂迷放下歌者跟自己居住地的文化差異，繼而接受他。張敬軒創作歌手的形象很快受到媒體的青睞：傳媒欣賞他擁有一手包辦音樂作品的能力，又能替其他歌手寫歌，為香港樂壇注入新的力量。[5]

他第一首派台的作品《My Way》（2002）是一首 R&B 作品，談到主角不怕別人的眼光和困難，勇敢實現遠大抱負的決心。無論是曲風、歌詞主題，歌曲都沒有偏離香港人對流行曲的想像，成功引起了公眾對張敬軒的注視，在短時間內得到了大量好評。

縱然樂迷對音樂實力雄厚的張敬軒抱有支持，但因着他來自廣州，仍有部分傳媒視他為外來者，多次以「內地歌手」、「大陸歌手」[6] 來形容他，更有少數媒體為他貼上負面的標籤，例如以「搶飯碗」一詞，形容張敬軒從廣州來香港發展。[7] 據張敬軒憶述，有雜誌曾特意拍下其蹲下來的照片，並指出「內地來港的歌手，很懂得搞特別的東西去襯托平凡的自己」[8]，似把「內地」、「蹲」及「張敬軒」三者扣連起來，有意無意暗示張敬軒沒有儀態及愛標奇立異。2003 年沙士爆發，傳媒刻意描述他在台上唱歌時「全程沒有戴口罩」，而且「經常把咪遞給 Fans 一起唱」，似暗示他不講究衛生。[9] 這些描述，都透露傳媒以主人翁的角度，審視張敬軒作為他者的一舉一動，不經意間為其賦予怪異的形象。

■ 2006 年之後：貼近港式流行的多情男性

慘情歌與多愁善感的失戀男

香港樂迷真正把張敬軒當成是本地歌手是 2006 年。那一年，唱片公司為張敬軒發行第一張廣東專輯《笑忘書》，正式以粵語音樂跟香港樂迷交流。在當時的香港流行樂壇裏，慘情歌受到追捧。只要製作人在公式化的旋律裏增添一些難度，配合傷感的歌詞，而歌者又能駕馭演繹，就有機會得到樂迷的廣泛認同。在專輯《笑忘書》裏，兩首主打歌《餘震》（2006）及《老了十歲》（2006）在曲式上符合了香港樂迷的期待，歌詞着力表現主角被另一半拋棄時的劇烈痛楚，滿足香港樂迷對流行情歌的口味。張敬軒對歌曲游刃有餘的演繹也得到了外界的認同。顯然，以上兩首主打歌既契合當時樂壇的發展趨勢，同時為張敬軒多愁善感的形象奠定基礎。

在這時期，張敬軒的慘情歌猶如一個以失戀為主題的劇本，他總是在歌中扮演脆弱的人物，立在一個劣勢的位置。歌曲，如《老了十歲》、《男孩最痛》（2006）、《酷愛》（2007）、《我的天》（2007）、《願望樹上》（2008）等都預設了兩個對立的角色：加害者與受害者，鉅細靡遺地記述主角被另一半傷害及拋棄的情況。以《酷愛》（林夕詞）為例，在激烈的愛情變得平淡如水後，加害者認為陪伴主角「等於死去了無情趣」，同牀時會「沒廉恥」「講出口」「怕受罪」，傷害了主角後卻「安心可不改漂亮」。種種殘忍的舉動都讓主角承受「毒於砒霜」一樣的劇痛，不再相信愛情的價值。從歌詞來看，這些歌曲顯然製造了二元對立的結構，簡化了複雜的情感關係。若從形象建構的角度來看，這一系列的歌曲，男主角總是情感至上，投入於愛情的世界裏，然後在冒險中被另一半拋棄，致心靈受到重創。這些重複的故事、重複的角色扮演，深化了張敬軒「用情至深卻往往在情感中受創」的形象。此形象是香港男歌手形象中的一個典型，樂迷對此並不陌生，張敬軒的音樂團隊沿此方向為其建構形象，的確令他跟樂迷走得更近。另一方面，張敬軒的陰柔氣質，以及其在歌曲裏硬朗卻不失細膩的演繹，又令其「受傷男性」的形象增添幾分婉弱的色彩，為他建立起與別不同的風格。

都市生活與柔中帶剛的男性

張敬軒歌曲中萎靡、略顯頹廢的特質跟城市那種強調理智、追求效率、重視積極人生等陽剛屬性格格不入。就如《感情用事》(2007，林若寧詞) 中，無論「鬧市」現在出現多少「變異的風光」、「哄動」，未來會有什麼「運程」，那些以愛情至上的主體，都可以置之不顧，且甘願為愛「奉獻所有分享一輩子」。這種以戀愛作為信仰的價值觀及生活方式，在冷漠功利的城市裏變成了一股逆流，表現出一種拒絕從俗的強悍。

2006 年之後，張敬軒除了演繹典型的流行情歌，還開始主唱大量富都市味的情歌，這些歌曲除捕捉城市裏男女情感的無常性及突然性外，還表現出對城市生活的反思。[10]《不吐不快》(2008) 透過描述主角為了「求生」或未來的「理想」而苟活，放棄了昔日最「赤子」的情感，反思效益至上的城市生活。《披星戴月》(2009) 藉一位愛情至上的男生的獨白，反思城市裏那些高不可攀且違背人性的理想是否值得追求。這些感性中的思辯，以及上文提到在俗世中對愛情的堅持，都為張敬軒賦予一種柔中帶剛的形象。

■ 不再是外來者的「香港歌手」

張敬軒主力發展廣東歌市場，歌曲塑造出來的愛情世界，把他跟香港樂迷連結起來。另一方面，千禧中後期吹起了一陣懷舊風，社會藉着再現香港八、九十年代的流行文化，建構香港人對本地的認同。在這一股風潮吹襲下，張敬軒翻唱八、九十年代歌手的作品，又在演唱會裏以明星圖標作為主題人物進行表演，如 2008 年在《903id Club 張敬軒拉闊變奏廳》的演出中，張敬軒以林憶蓮作為致敬對象，翻唱其大量作品。此外，他又以一張概念大碟《Love and Living》(2009) 再現八、九十年代的香港流行音樂。[11] 這些舉措均一點一滴地建構他跟香港人對過去的共同想像。

不過，最受香港人肯定的仍是其專業音樂人的特質。這一階段，張敬軒應合了香港樂壇的潮流，選唱了大量港式情歌，但他未有隨波逐流，創作雖比初出道時少，但仍以專業音樂人的視角，在融入香港流行樂壇的大前提下嘗試不同類型的音樂。例如他在唱片中加入靈魂樂、中樂、拉丁音樂、百老匯音樂等元素。又跟不同單位的音樂人或團隊合作舉辦演唱會，嘗試各式各樣的音樂形式。這些實踐為香港流行音樂帶來雅俗共賞、兼容並蓄的面貌，同時深化他專業、多元的歌手形象。[12] 在樂迷眼中，張敬軒基本上跟「香港歌手」無異，屬香港流行樂壇的後起之秀。

兩地兼容的身分

在香港扎根的張敬軒，剛好遇上中國內地與香港的蜜月期。2000 年代中期，香港人對中國身分的認同顯然有上升趨勢，香港及廣東地區在經濟及部分文化領域上的界線日益模糊。在強調兼容的主流環境之下，他的事業基地為香港，同時又可以以在香港發展音樂事業的廣州／香港歌手身分回內地演出，被視為「廣州人的驕傲」，兩種身分並未出現排斥的情況，甚至被一些傳媒人視作中港華南地區融合的象徵，承載中港兩地異中有同的文化。[13]

■ 2011 年之後 —— 動盪的香港與貼近時代發展的張敬軒

社會的轉變

2011 年，張敬軒取得香港身份證，有感自己是香港的一份子，希望「為香港負一點責任」[14] —— 以公眾人物的身分表達香港市民的聲音。這個時候，香港社會也悄悄地起了變化。首先，八十後及九十後逐漸長大成人，在一個物質富裕社會長大的他們，價值觀傾向後物質主義，相信自我實現、多元文化、表達、行動及思想自由的重要性，因而開始關注社會發展，參與保育活動。第二，第三波本土意識的種子一直在生長。據羅永生所指，第三波本土意識希望透過重塑城市空間、爭取城市的話語權，重塑「我」在城市的生活方式，藉此建立主體性。[15] 結合後物質主義價值，這思潮隨香港社會變化，在 2000 年代中期後逐漸成為一股暗流，一點一滴影響香港市民的價值觀。

另一方面，千禧中後期貧富懸殊加劇，大財團對城市空間的規管，引來了部分市民的反感。此外，文化差異及社會資源分配，如自由行、水貨客、內地婦人來港產子等等問題，深化了中港兩地的誤解。部分港人認為決策者對問題的解決方案，跟上述提到的後物質主義價值，以及本土思潮背道而馳。種種矛盾都為社會動盪不安的狀況埋下了伏線。

張敬軒的社會關懷

張敬軒在一次訪問中曾指，來港工作後體會自由的可貴，故特別珍惜。[16] 可能基於這個原因，他願意為社會「負一點責任」，用他所謂「亂咁嗡」的方式對當時的問題作出回應。[17] 2012 年，他曾對設立德育及國民教育科提出個人看法。[18] 2014 年，大型社會運動爆發，張敬軒曾主動關心有關事件，[19] 比很多土生土長的歌手更貼近時代洪流及社會發展。

隨着社會的變化，張敬軒的音樂在這一階段亦出現相應的轉變。2010 年後，張敬軒的樂迷有的逐漸成長，有的步入中年，體會面對改變時的無能為力。社會突如其來的大型衝突，令多年來生活於安定環境的樂迷親身體驗，無常是如此迫在眉睫。現實的變幻莫測帶來的不安，令民眾生起一股懷舊情緒，期望透過回首往昔暫時紓緩現實的痛感。

由環球唱片轉往英皇娛樂的張敬軒，剛好推出了一首切中民眾心理的《青春常駐》(2014，黃偉文詞)。歌曲描述「我」面對事物消逝時的無可奈何，期望留住時間不果。「我」四次提問：「叮噹（星矢／芳芳／嘉嘉）可否不要老？」這些人物皆是代表過去美好的事物。而「老」指衰老的狀態，也可指消逝、失去、衰微等。「我」在提問時，早已知道答案，這明知故問除呈現了不捨的情感外，更表現出人們在無常中渴望永恆的固執。

「我」希望偶像不倒、爸媽安好，在意的人不會老，也「祈求舊人萬歲」、「別老去」，反映「我」對美好往昔的留戀。當然，這「違抗定數」的想法，沒有辦法實踐，最終只能控訴「時光」，指責他「決絕如許」，呈現了對時間的恨意，也反映「我」的無可奈何。這種在困局中渴望回去的狀態，顯然是幾代人在面對成長中的轉變，以至大時代變局時生起的集體心聲。

另一方面，上文提到的四個人物有另一深層意涵：叮噹和星矢代表七十後及八十後港人的童年回憶，芳芳及嘉嘉則代表香港演藝界的光輝歲月。當張敬軒在歌曲中扮演「我」，並祈求這些對香港人來説富有獨特意義的人事物不要消失時，就如一位擁有集體記憶的人，跟樂迷分享相似的心聲。「我」或張敬軒似是共同經歷者，一同哀悼失落的舊日，也哀悼香港的衰落。

在《青春常駐》推出後不久，陪了幾代香港人成長的標誌人物譚玉瑛不再擔任兒童節目主持。2014 年 10 月，她跟張敬軒在《Hins Live in Passion 張敬軒演唱會 2014》中演繹《青春常駐》。譚玉瑛擔任主持人，勸勉觀眾放下過去，張敬軒則扮演已成長的兒童觀眾，在譚玉瑛離場時，透過歌聲及動作表現無盡的不捨，以代言人的身分説出了樂迷的感受。這個階段，張敬軒不僅是「香港」歌手，而是跟香港人同聲同氣的夥伴，屬香港的一份子。

保育者與歷史傳承者

除扮演跟港人擁有共同回憶的角色外，這一階段的張敬軒也開始擔任文化捍衛者。早在 2010 年，張敬軒跟關注民生百態的音樂人周博賢合作歌曲《石徑》，呈現拆卸舊地對民生及人情的破壞，表達對此現象的悲歎。這首歌並非大熱之作，然而悄悄為張敬軒形象注入保育元素。轉投英皇娛樂唱片公司後，專輯《Felix》（2015）以他曾經租住的歷史建築 Felix Villa（緋荔榭）為名，其中以《過客別墅》（林夕詞）點題。《過客別墅》有兩層意思：從個人情感來看，張敬軒曾租住其中，歌曲表達了他因遷離而生起的不捨之情，説明人總是「活在散聚」的道理；從香港歷史發展的角度來看，歌曲描述「滄桑百年」的建築物見盡這個城市的人事散聚（「唯獨這裏見盡人來人往過」），並指出地方就是存活於「出現」與「消失」這個難以主宰的過程中，不知下一位「過客」能否「將這裏的歷史寫下去」。在這持續變化的歷史洪流裏，所有事物都被沖刷淨盡，唯獨這建築物的歷史感「沖洗不去」，猶如一雙「沒有睡」（「別墅」的諧音為「別睡」）的眼睛見證歷史，承載所有記憶。詞人帶出香港歷史的變化，也用了迂迴的方式暗示歷史保育的價值。張敬軒不止一次在訪問中提及自己熱愛舊事舊物，近年又採用不同方法將香港的舊事物如餐廳、錄音室等保留。歌曲的主題跟張敬軒在音樂文本以外的形象遙相呼應，連結香港歷史與保育等議題，繼而逐漸強化其香港文化保育者及傳承者的形象。

■ 2022 年——在無助的時刻，凝聚力量的歌星

時代的回應人

2019 年後，香港社會發展出現了巨大的轉折。在無常的歲月裏，有的歌星選擇北上發展，將自己代表的香港特色融入大灣區，再現廣東歌昔日的光輝；有的歌星則選擇繼續以香港作為主要市場，透過歌曲回應香港面對轉變時的各種複雜情緒。顯然，張敬軒選擇了後者。

2020 年 1 月，他推出大碟《Brightest Darkness》，主打歌《俏郎君》（黃偉文詞）表面談的是情侶間的尋常吵鬧事，實際上說的是小風波背後不尋常的大矛盾，主題正正呼應香港跌宕的時局。歌曲的意念來自同名的美國電影（*The Way We Were*），芭芭拉・史翠珊（Barbra Streisand）飾演的 Katie 是一個反戰反霸權的左翼分子；羅拔・烈福（Robert Redford）飾演的 Hubbell 則是一位社會及政治冷感的才俊。二人在價值觀上截然不同，卻走在一起經歷了戰爭。遺憾的是，二人的矛盾在戰後美國追捕國內的左翼人士時浮上水面。Hubbell 認為欲求改變世界的人都是自作自受，Katie 則認為人之為人，是由於他有信念及改變世界的理想。二人雖彼此相愛，然而在壁壘分明的大時代之下，只能空餘遺恨，各走各路。

《俏郎君》一曲的主角（敍述者）扮演的正是堅持理念的 Katie，價值觀上跟她的伴侶出現嚴重的對立（「義理相衝」）。在一個「荒謬世間」裏，二人經常「為原則開仗」，因吵鬧釀成難以癒合的傷口。即使二人曾「共渡劫難」，卻難以廝守。此曲是借一個愛情故事，呈

現一個敵我分明的世界對人生存狀態的影響，以及因此而生起的複雜情感。張敬軒選擇唱這歌，回應了當時香港因社會事件而帶來的人際關係改變，令他跟部分香港人處於同一頻道之上，彼此互相感應，同聲共氣。

香港樂壇共同體

2019 年香港社會出現不穩定的情況；2020 年蔓延全球的疫情，對香港人來説無疑是雪上加霜。往回看，昔日認同的事物在瞬間消失；向前看，疾病的肆虐又摧毀了人們對未來的美夢。時代的衝擊，讓部分港人難以透過過去熟悉的事物，或跟當下的現實構築一個自我認同的故事，並從中獲得整全感。在人們面對逆境的時候，熟悉的歌手能以作品喚起認同感，以及提供愛的力量，令崩解的自我重新縫合起來。然而，很多昔日的香港歌星已不再視香港作為發展基地，或不再活躍於幕前。他們的「離場」為樂壇騰出了一個真空的位置，跟部分港人擁抱共同想法的張敬軒，正好填補了這個空缺。

2021 年年底，張敬軒舉辦出道二十年的演唱會《The Next 20 Hins Live in Hong Kong》，他的經典金曲早就是一代香港人，特別是八十後、九十後的集體回憶。樂迷透過聆聽熟悉的歌曲，想像自己的足跡，重寫屬於自己或集體的故事，張敬軒的歌曲成為了現在與昔日「我／我們」的連結。過去，張敬軒曾指自己希望能為香港流行樂壇出一分力，而是次演唱會，他邀請多位新、舊歌手作演唱會嘉賓，跟他一同分享紅館的舞台，猶如樂壇的樞紐，讓大家認識更多不同的歌手，百花齊放。凡此種種，都奠定了張敬軒於香港樂壇舉足輕重的地位。

除此之外，跟《Hins Live in Passion 張敬軒演唱會 2014》一樣，張敬軒再次呼應時代，利用舞台設計、舞蹈及歌曲編排，在演唱會再現香港現狀。例如，在演唱壓軸歌曲《笑忘書》時，舞蹈員以肢體動作，神態表情，呈現港人面對動盪的環境、嚴峻的疫情以及突如其來的離散帶來的精神面貌。當張敬軒哼唱「經過同樣跌盪」時，舞台突然升起，分拆一個個高低不同的小台板。張敬軒曾説，這個舞台象徵人生，看似平坦，其實有高有低。如放在《笑忘書》的表演情境，舞台猶如起伏不定、變幻難測的香港。張敬軒站在舞台的最高處，手裏拿着波板糖，哼唱着「回憶三歲的香港」，彷彿以陪伴者的身分，勸勉「我們」以初心面對種種突如其來的挑戰。

■ 小結：在大時代中，凝聚香港與海外的香港人

2023 年，張敬軒推出歌曲《隱形遊樂場》，講述人們即使無法選擇生於一個怎樣的世代，活於什麼空間，仍可選擇轉換心態，憑想像力及創造力在一個失去樂園的時代，重建一個「隱形」遊樂場。MV 在英國拍攝，記錄着一班港人在當地生活的一點一滴。結合歌詞，讓人聯想到整個音樂製作都是用來鼓勵身處在不同角落的香港人。張敬軒再一次扮演療癒者的角色，藉歌曲道盡部分港人的心事。

千禧初年，離鄉背井隻身來港發展的張敬軒，被部分傳媒視為外來者；但隨着歷史的轉變，以及他在歷史轉折之下作出的抉擇及付出的努力，他已成為了一位承載香港文化價值的樂壇巨星，不僅能連結新舊樂壇，更能凝聚留在本地，或散於世界各地的香港人。

只是在一個欠缺灰色地帶，且劍拔弩張的二元世界裏，到處都埋藏着地雷。一旦標準的界線有變，那些曾被廣泛認同的人都有機會徘徊於懸崖周邊，甚至被排除在外。轉變來得太突然，人的命運愈來愈難預料。當時代改變，香港需要重新為「標準」劃界，以致於一些事物被遺忘之時，但願我們仍然能記住，在 2021 年那個漫長且深沉的黑夜裏，張敬軒的歌聲為我們帶來一線暖光。

1 據張敬軒在《The Next 20 Hins Live in Hong Kong》演唱會所述，小時候有一次，他一直盯着來訪親戚送給他的波板糖，結果被家人指責他有偷竊的念頭。因此，波板糖象徵他的童年陰影。

2 jean jone：〈現場直擊 / The Next 20 張敬軒演唱會 見證獨有音樂風景〉，KKBOX，2022 年 1 月 6 日，https://www.kkbox.com/hk/tc/column/live_reviews-0-565-1.html；劉傳謙：〈台上重演內心掙扎　新版《笑忘書》贈香港笑中有淚〉，《香港 01》，2021 年 12 月 24 日，https://www.hk01.com/%E7%9C%BE%E6%A8%82%E8%BF%B7/716402/%E5%BC%B5%E6%95%AC%E8%BB%92%E6%BC%94%E5%94%B1%E6%9C%83-%E5%8F%B0%E4%B8%8A%E9%87%8D%E6%BC%94%E5%85%A7%E5%BF%83%E6%8E%99%E6%89%8E-%E6%96%B0%E7%89%88-%E7%AC%91%E5%BF%98%E6%9B%B8-%E8%B4%88%E9%A6%99%E6%B8%AF%E7%AC%91%E4%B8%AD%E6%9C%89%E6%B7%9A。

3 森美：〈愛香港的張敬軒〉，《星島日報》，2021 年 12 月 28 日，https://www.stheadline.com/columnists/lifestyle/3010715/%E6%98%9F%E4%B9%8B%E6%AC%84%E6%84%9B%E9%A6%99%E6%B8%AF%E7%9A%84%E5%BC%B5%E6%95%AC%E8%BB%92。

4 當時大部分傳媒都以正面的態度對待非本地的創作歌手，視他們為多才多藝及具實力的新星，例如《新 Monday》在 2003 年就以「國內的音樂勢力」、「能編能奏」描述內地創作歌手胡彥斌及張敬軒。《明報》在 2003 年又以「擁有雄厚實力」的「創作型歌手」來形容張敬軒。電子傳媒方面，來自不同地方的創作歌手，都有機會於香港各個電台得到重要的獎項，例如台灣唱作歌手周杰倫，就分別於 2002 及 2003 年獲頒唱作人獎項及歌曲大獎。這些情況都反映香港在大方向上對非本地的唱作人持接受的態度。

5 除為創作自己的音樂作品之外，張敬軒在出道之初已為其他歌手寫歌。例如，麥浚龍的《玩得》(2003)、余文樂的《最愛指數》(2003，作曲)、關心妍的《終點》(2005，填詞)。

6 例如 2003 年《新 Monday》就曾以「大陸歌手」形容他。

7 〈大陸歌手張敬軒嚟香港搶飯碗〉，《新 Monday》，2003 年 11 月 8 日。

8 〈樂壇外勞受盡歧視唱出頭 張敬軒：大陸仔要謙卑〉，《蘋果日報》，2007 年 9 月 30 日。

9 〈餐廳開騷黃凱芹避忌　張敬軒細菌咪四圍遞靠害 Fans〉，《太陽報》，2003 年 4 月 2 日。

10 這段時期，張敬軒很多歌曲都能捕捉都市生活的特性及其對人的影響。2007 年，他以都市作為主題，推出大碟《Urban Emotions》。例如《櫻花樹下》以櫻花象徵美好，表達「投入幾番競技賽」的都市人對愛情的期盼，同時記錄香港的城市景觀；《狐》描述都市裏沒有固定伴侶關係的感情生活；《酩酊天使》從懷念故人的片言隻字，側寫城市繁忙而枯燥的生活狀況；《不吐不快》寫城市急促的生活方式對人情的破壞，反思城市人的價值觀。

11 張敬軒製作了一張向八、九十年代香港致敬的專輯，找來資深音樂人如杜自持、倫永亮、徐日勤、林子祥等參與創作。專輯內的歌曲亦具舊香港樂壇的氣息，例如《相對論》帶有林子祥式的拉丁音樂風格；《無名指的光環》華麗堂皇的音樂風格跟張學友的《妳的名字我的姓氏》（1996）及《愛是永恆》（1997）有相似之處；《單打獨鬥》則是向陳百強致敬的作品，前奏令人聯想到陳百強的情歌。

12 例如，2009 年他跟方大同為《903id Club 拉闊音樂會：方大同 x 張敬軒》演出時，選唱了大量爵士、R & B、藍調、靈魂樂歌曲，令演唱會的音樂元素更豐富。2011 年，他跟香港管弦樂團舉辦《港樂 x 張敬軒交響音樂會》，以管弦樂演奏流行曲，將所謂的「雅」與「俗」音樂融合起來，為香港流行音樂帶來更多可能性。

13 〈由文化孤島至「省港澳」認同〉，《明報》，2007 年 3 月 13 日。

14 〈一路走來 張敬軒〉，《忽然一周》，2013 年 12 月 6 日。

15 羅永生：〈香港本土意識的前世今生〉，《獨立媒體》，2015 年 3 月 4 日，https://www.inmediahk.net/node/1032059。

16 〈一路走來 張敬軒〉，《忽然一周》，2013 年 12 月 6 日。

17 同上註。

18 〈張敬軒擔心家人　政總止步〉，《明報》，2012 年 9 月 9 日。

19 〈軒仔不想香港變「武力之都」〉，《明報》，2014 年 12 月 2 日。

第四章

探問盛世

「天高海闊都欣賞過嗎／餘下日子都不晚／去或是留／在一念之間／世界是很荒誕／未可改變至少可以共你一起／別散」，是陳蕾作曲、填詞的《念》（2024）。歌者唱到尾聲，跟友人說無論過去與前路如何，都會陪伴其左右，在餘下日子一起觀照天空海闊。

香港樂壇經歷過盛世，也幾曾走入低谷；至於有說盛世再來，已是十數載後的轉念之間。但是，盛世何去何從，以至新舊人事與創作，又有怎樣的崩壞與美好、損傷與治療、迷失與追尋……我們在第四章探問香港樂壇，為何不單是大眾掛念的昔日童話，更會是海闊天空的當下玄關。

在「好」與「壞」之間——謝安琪的兩極形象

海邊欄

出道至今，歌手謝安琪是一個充滿歧義的文本——既被視為賢妻良母，又被想像為「蕩婦」；被想像成具情理並重的知識分子，又被當成是失德的的女子；被視為爭取公義的「女神」，又被認為重利輕義。顯然，謝安琪的性格不足以用來説明歧義出現的原因。這些歧義，扣連着歷史與社會脈絡。

明星作為特定社會的產物，猶如一個具像化的容器，承載不同、且多樣的意識形態、文化內涵及價值體系。當社會其中一種思想觀念（如父權文化）對明星施以影響力時，必然會遭逢其他的意識形態、文化內涵及價值體系，並必然跟它們展開對話——有的相互合作，使明星成為一股已整合且統一的宰制性力量；有的互相對抗，令明星在這化學作用下變成多於一種樣態的文本。

到底這個具爭議性的女星文本是如何形成的？各種文化思潮及價值體系對她帶來了哪些影響？謝安琪在公眾視線，以及在千禧中後期的社會脈絡之下，有沒有能動性？有沒有所謂自主的力量？寄居於這些形象之中的主體，有沒有迴避它們，或反過來調控這些話語的可能？

■ 早期謝安琪的形象及受到認同的社會條件

知性、感性、自我的謝安琪

謝安琪在 2005 年出道，形象與其他女歌手較為不同。她不賣外表、不賣性感，也不演繹情歌表現傳統女性對愛情的追求。唱片公司在她出道時，透過「只派歌而不露面」的舉措，讓樂迷聚焦在她的演繹能力，以及歌曲的訊息上，突顯其擅於歌唱及言之有物的才女形象。縱合她的音樂作品，形象可歸納以下三種：

第一，批判型的知識女性。謝安琪第一首派台歌《姿色份子》（2005），其中「姿」跟「知」同音，似從一個覺醒者（知識份子）的角度，反思當時社會鼓吹及盲目瘦身的不良風氣，讓樂迷對其批判世情的形象留下先入為主的印象。之後，謝安琪不少歌曲不是針砭時弊，就是反思香港人的生活方式。例如，《亡命之途》（2006）批評小巴司機超速駕駛、《開卷快樂》（2005）調侃八卦雜誌的偷窺癖、《私隱線》（2008）批評乘客在車廂內大聲講電話，騷擾乘客。這些歌曲在在反映謝安琪留意社會發生的事，具備一雙審視世情的批判眼睛。

第二，悲天憫人的大愛者。除批判的視角外，謝安琪有一系列的歌曲猶如盛載情感的容器，滿有她的普世關懷。如，《愁人節》（2006）流露對露宿者悲天憫人的情感、《菲情歌》（2006）藉外傭跟戀人分隔異地，表達其對弱勢——既是女性，又是外來者的同情。

第三，具自我意識的波希米亞女性。謝安琪的形象跟王菲相似，具備強烈的自我元素。不同的是，王菲的歌曲傾向抽離現實，謝安琪的歌曲則希望透過改變現實來彰顯自我。"The One & Only"（2005）表現對追夢的熱情、《臭男人》（2005）描述女性在擇偶時的自主性、《喪婆》（2005）及《節外生枝》（2006）的音樂風格迴異，前者輕巧，後者沉重，但同樣突顯走異路及不隨流俗的決心。以上歌曲在曲式、唱腔、歌詞素材各不相同，卻一致地表現她追求自由、特立獨行、熱愛浪漫的生活風格。樂迷聽她的歌曲，就如看見一位波希米亞女子，向他們娓娓道來自己的想法。

這三個早期的形象為謝安琪之後的發展奠定基調，基本上她往後的歌曲形象，都是按以上三條主線繼續發展。謝安琪在當時的確具與別不同的氣質，而這些氣質得以被社會大眾接受，甚至被深化或鞏固，必然有歷史的條件。

後物質主義的理想人設

謝安琪出道的時間，正是七十年代末至八十年代初出生的人踏入成人的階段。跟上一個世代比較，這個世代的人生活在繁榮安定的社會裏，大都不愁衣食，且擁有較高的學問、較優越的社會條件，令他們樂於視物質以外的事物，如價值信念為人生目標。他們追求人的自主性，強調透過追尋個人理想成就自我的實現；又擁抱普世價值，如支持公民參與、言論自由、性別平等、環境保護、社區及弱勢關懷等等。謝安琪的作品給人的印象，是具強烈的自我意識，且極度關注物質以外的各種價值：她以「做音樂」作為理想，並勇敢追求；具性別自覺，以創作關注女性處境；重視人文關懷，關心本地社區，也重視環保；富獨立思考，敢於批判社會。以上種種價值加起來，正契合了後物質主義社會的人們對所謂「理想人物」的想像。

■ 謝安琪形象的變化

作為社會的產物，明星進入公眾視線之後，必然跟各個社會媒介，如電子傳媒、報紙雜誌等扯上關係。它們按着各自遵循的意識形態或價值體系，對明星施加影響力，而這些力量的交流，令明星隨時勢而產生多元且持續變化的形象。我們可從閱讀明星中，了解社會的各種文化價值，以及彼此間交流互動的過程。謝安琪早期在音樂作品中呈現的形象是鮮明一致的，然而隨着她的冒起，各個媒介的介入愈來愈多，形象出現了不同程度的變異。那麼，這些變異跟香港社會發展，以及各種文化價值的互動有何關係？

電子傳媒接收下正面與多面的謝安琪

唱片公司、製作公司、音樂單位跟電子傳媒屬夥伴及合作關係。一般來説，電子傳媒都願意為歌手建立正面形象。由出道至今，若非遭逢特殊狀況，謝安琪一直得到電視台及電台支持，對其形象的塑造扮演重要的角色。[1]

電子傳媒在歌手的形象中，選取較認同的特質，並將之深化，讓歌手能在符合意識形態的條件下，協助推廣節目。例如，叱咤 903 一直以支持本地音樂及原創作品為目標，聽眾主要為年輕人，故謝安琪「賣音樂」、跟所謂一般「成人價值」稍有不同的波希米亞特質，就成為了該台為她推廣的主要形象。謝安琪有大量機會能於大氣電波推廣自己的音樂作品，如在電台的訪談節目裏，細説創作緣由、跟音樂人合作的經過、歌曲的唱法、想要傳遞的訊息等等。這些分享除了加強專業歌者的形象，也向聽眾傳達謝安琪是一個音樂創作人。謝安琪曾多次參與商台主辦的音樂會，展示不同的演出風格。如，2008 年，商台以「向香港歌手致敬」為題舉辦音樂表演，謝安琪選擇向 Beyond 致敬，在台上手持結他，剛柔並濟地演繹 Beyond 的搖滾樂曲；2011 年，她跟蘇永康、RubberBand 共同參與了《903id Club 拉闊音樂會》，嘗試演繹不同年代、語言、曲風、類型的音樂作品，塑造多元音樂人的形象。

又例如作為公共廣播機構的香港電台，其中一個功能是教育大眾，為大眾提供「正面」及「健康」的訊息，喚起他們關心不同羣體、社會以及世界大事的意識。因此，香港電台讓謝安琪參與不同的資訊節目，致力建構謝安琪熱情卻不失法度、具女性意識卻不重私慾、用大愛關懷社會而不破壞秩序的現代女性形象。謝安琪在 2011 年成為《女人 King》的主持，以類似説書人的身分交代香港社會的發展跟現代都市女性的關係，以及探討她們的生活情況。在 2018 年的《第四十一屆十大中文金曲「用心・聽」音樂會》中，謝安琪演唱了《前塵》（1990，原唱林憶蓮）、《女神》（2016，原唱鄭欣宜）及《山林道》（2016），呈現女性過去受傷害的情況、面對逆境展現的堅韌，以及不違背初衷的心態。這些節目及演出，讓她成為女性的啟蒙或教育者，帶領樂迷從不同角度，了解女性的處境。

至於無綫電視於千禧時代仍是得到社會大眾肯定的大台，觀眾類型甚多，口味亦不同，故節目類型必定比當時其他的電子傳媒豐富，因此謝安琪在 TVB 的形象更趨向多元化。除音樂節目外，謝安琪曾參與其他訪談節目、文化節目、綜藝節目，又有機會製作音樂特輯等等。這些節目雖不一定以推廣音樂作為宗旨，甚至因着「太富娛樂性」遭人詬病，但提高了歌手的曝光率，還讓歌手在節目中呈現音樂形象之外的一面，拉近受眾與歌手之間的距離。例如謝安琪曾在《星星同學會》(2009) 中，表達其初入行的「辛酸」往事，塑造她不怕困難，勇敢追夢的特質，又契合了「只要努力，就會出人頭地」的意識形態，加強了她在樂迷心目中的認受性。音樂特輯《謝安琪玩謝安琪》(2009) 中，謝安琪放下了以往做音樂時嚴肅及認真的樣子，跟其他嘉賓以「玩樂」的心態，挑戰各種天馬行空的事情，展現謝安琪真率、調皮、熱情及孩子氣的一面。

整體而言，幾個電子傳媒機構對謝安琪形象的建構是有差別的，卻未有背離她幾個形象的主線。可以說，它們在有意無意間，共同形塑出謝安琪「好女人」的屬性。

紙媒視角下兩極化的女性形象與羣眾的接受

在千禧年代，除電子傳媒外，雜誌、報章對明星形象的建構都起着舉足輕重的作用。當時，香港以娛樂為主題的雜誌繁多，而雜誌的宗旨、賣點、銷售對象各有不同，故呈現出來的明星特點，自然具備難以化約的差異性，有時甚至出現截然相反的樣態，謝安琪正是其中一個被置於兩極——「極好」及「極壞」的位置。

一些比較重視報導的深度、以歌手的音樂、價值觀、生活方式作為主題的報章或雜誌，都會正面地描述謝安琪，跟電子傳媒及其音樂作品中的形象呈現互相補足的關係。例如《囍帖街》(2008) 推出後不久，《明報》就有一篇題為〈分析女子謝安琪〉的訪談，內容呈現謝安琪對城市發展的看法，深化其重視文化保育的特點。[2] 又例如《東 TOUCH》有一篇題為〈Revolutionary Roll〉的文章，描述謝安琪如何在風浪中勇敢發聲。[3] 這些報導都是沿着後物質主義的思潮，呈現謝安琪重視價值的一面。

另一邊廂，千禧年代是「八卦雜誌」非常暢銷的時期，這些八卦雜誌善於以尖酸刻薄的言辭，誇張的手法揭秘、再現或建構明星的感情生活，其塑造出來的謝安琪跟前述的形象完全相反。謝安琪憑《囍帖街》冒起之後，部分八卦雜誌把她描述成「極壞」的女性典型。當部分媒體肯定謝安琪具知性，樂於表達想法的特質時，八卦雜誌會形容她是「不懂慎言」及「不善交際」的滋事者；當部分傳媒認為她是勇敢及率性的女性代表時，八卦雜誌會批評她未婚懷孕的行為「不理智」；當電子傳媒把她塑造成符合社會規範的女性時，一些八卦雜誌卻認為她「姣冧」其他歌手，暗指她不守婦道。[4]

八卦雜誌的描述中，記者經常以一種父權或審判者的口吻指責謝安琪。以《東方新地》一則標題為〈湊仔擺天后款 謝安琪大鬧託兒所〉的文章為例，記者先指出她「遙控」傭人陪囝囝玩，自己「眼看手勿動」，表現其控制慾及頤指氣使的特質。然後，文章又指其子撲向她時，她「木無表情」，「雙手插袋」，暗示她缺乏愛心。[5] 另一則題為〈疑似 Kay 臣慾照流出 謝安琪扮 Cute 冧夫〉的文章指出她「拋夫棄子」，表面上愛丈夫，實際上「不瞧老公一眼」，又寫其為「一家之主」，家中所有人「仰其鼻息」。[6] 以上描述似有意塑造出一個父權社會裏人見人憎的女性典型——不及格的母親、不及格的妻子，以及不及格的媳婦，當中隱含強烈的厭女情緒。[7] 讀者閱讀、接受，甚至樂於傳播文章，不一定是因為它反映「現實」，而是文字呈現的權力結構能滿足其內在需要。其中一個可能性，是這些文章能為受眾充權，借助記者的文字，充當審判者／有權力的人，以父權的標準批判作為「他者」的謝安琪，確認自己掌控權力，或處理在今日社會未必能宣之於口的厭女情結。這種潛意識的滿足，成為了謝安琪「壞女人」形象的助燃劑，讓此形象在當時一直傳播下去，變成了謝安琪「另一面」的刻板印象。

謝安琪「壞女人」形象的傳播，引起了部分支持她的媒體的注意。這些媒體透過訪談，讓她作出澄清及回應；或通過報導，直指那些八卦雜誌藉文字來「攻擊」她。這些內容喚起了部分觀眾的同情，間接深化她勇敢、不向惡勢力低頭的取態。「壞女人」的形象意外地成為了建構「好女人」形象的資本。

網絡世界裏性的符號及其跟現實世界的互動

千禧年初期，網上討論區的流行，徹底改變了社會傳播信息的途徑。網絡傳播流動多變，同時可為民眾建構出集體情感及共識。當參與網上論壇成為了民眾日常生活的習慣，這傳播方式自然也成為了一股干預現實的力量。謝安琪出道時，恰好遇上了網上討論區興起的年代。當中的情感及觀點，成為了左右謝安琪形象的另一種話語。

在 2009 年，當八卦雜誌持續借謝安琪的緋聞，暗示她愛向男性賣弄風騷之時，網民將這些內容發酵，把她想像為性的符號。就算緋聞冷卻，謝安琪作為性的符號猶如已撒下的種子，在虛擬世界裏發芽，並持續轉化。2010 年後，「女神」一詞成為流行用語，網上論壇紛紛舉辦女神選舉，讓民眾表達他們對女星的喜好。謝安琪在網上被想像成樣子姣好、身形豐滿，且具備性吸引力的女星，因此，謝安琪曾四次奪得「高登（討論區）女神選舉」的冠軍。自此，女神一詞跟謝安琪扯上關係。

網絡世界的力量足以為謝安琪帶來不一樣的元素，有時會跟現實世界結合，成為了一股建構謝安琪形象的強大力量。上文提到謝安琪代表的性符號，就是由八卦雜誌及網絡世界背後隱藏的父權意識及厭女情結共構而成。[8] 除此之外，網絡世界賦予謝安琪的特質，亦有可能因為現實社會的狀況，生起另一層意義。以女神的形象為例，女神雖指涉「精神的理念」，但在網絡世界裏得到這稱呼的重要條件卻是姣好的外表。女神是男權文化為漂亮女性設計的一個美麗面紗，通過命名，人們就可對她們進行持續的想像。不過，香港社會的歷史發展與謝安琪的音樂作品，令「女神」所指變得更豐富。2010 年之後，香港社會前景不明。謝安琪於當時選唱一些關心社會及反映部分市民心聲的歌曲，得到人們的稱讚，而報章及互聯網的推波助瀾更為「女神」這個命名賦予更多道德的因子。有些報章甚至在「女神」前面加上「民主」二字，對其當時的行為作出了充分的肯定。

謝安琪的能動性

以上可見，謝安琪有時是勇於追夢的音樂人、有時是兼顧工作與家庭，符合社會期待的現代女性、有時被視為不守婦道的壞女子、有時又化身意態撩人的性感女神。這些形象互相排斥，又互相補足。它們的內在變化，在很大程度上取決於各種社會條件。與其説謝安琪這個明星文本是一個真實的人物，不如説它是一個意識形態的流動場，隨社會條件的改變而出現各種變化。然而，這是否表示她在公眾面前，完全沒有能力去建構主體的位置？這又不盡然。建構主體的方式，不一定要推翻已有的秩序及價值。透過協商，並在其中製造「我」的聲音，都不失為一種自我實現的方法。謝安琪沒有如戰士一樣站出來，反抗外界對其定位，而是採用各種柔性的策略，使自己遊走於一個「既不是此，也不是彼」的「中間」位置，以提升其能動性。

直接回應外界的聲音

謝安琪曾在訪問中指出，外界對她有很多誤解，自己被扭曲的情況經常出現。[9] 面對各種「被設置」的形象，她決意直面它們，且持續作出回應。例如有人認為謝安琪推出《姿色份子》，批評瘦身及過度美容的風氣同時，又注意自己的美貌及體型，是自相矛盾的表現。對此，謝安琪接受外界對歌曲解讀方式，但也找機會指出自己製作《姿色份子》的初心——「立場」不是最重要，最重要是提醒人們不要為了符合社會的要求而「迷失自我」，希望樂迷多思考減肥瘦身對自己是否具備意義。[10] 這些回應，讓她「反思者」的形象跟外界認為她是「反對者」的身分並存於同一個時空。

面對具貶義的稱呼，謝安琪沒有迴避，反而在訪問裏主動討論，説明自己性格不是如此，但因「不會影響自己」而不介意其繼續流傳。[11] 貶義的命名把主體置於「被看者」及「客體」的位置，謝安琪經沉澱及消化後改變了命名製造出來的權力關係，以毫不在意的心態，視之為正面的事物。這舉措帶來了一種「回視」的效果，調控了自己被置於「客體」的位置。

用作品說話

除了直接回應外，謝安琪亦嘗試透過作品，表達自己的想法。雖說歌曲是團隊合作的成果，但不能否定謝安琪在歌曲意念、構思上扮演關鍵的角色。當社會以「女神」一詞形容謝安琪，她跟創作團隊以歌曲《十倍奉還》（2014，周博賢詞）作為回應。歌曲指出讚美「令人振奮」，卻「誇張得有點過分」，只是別人製造出來的美夢，暗示「女神」的形象，很大程度只是別人的慾望，而非等於真實的她。這種「知道別人在看及定義你」，並利用創作，由「我」思考「你」或「他」這樣將「我」命名的原因，帶來的是一種反客為主的效果，也說明她不願被人隨便定義。

在社會動盪不安之時，不少人指責她沒有像以往一樣發聲，批評她遺忘當初的堅持，暗示她以前做的「好事」都是為了「呃 Like」。謝安琪沒有選擇正面回應，卻在成立自己唱片公司「淺白本部」後，推出親自作曲、填詞的單曲《離不開》（2021）。歌曲以氣候的變化隱喻現實的異常，而面對事物的異變，她在歌曲中指出「我所愛的我不改」，並願意如花卉盛開一樣，用最純粹的心活出生命的價值，間接回應了外間指她「未能堅守初心」及「虛偽」的批評。此歌曲重申「我」就是「我」，卻未有詳細交代「我」是一個怎樣的人。這樣做能為自己留一個空白，使自己跟外界保持距離，同時也不會跌入外界為她設定的既定框架之中。

行事不被預設形象所限

謝安琪在熒幕前工作了多年，觀眾必然會對她的形象產生各種預設。謝安琪在訪問中曾表示自己理解這些預設無可避免，但她沒有因為「理解」，而在製作音樂時規定自己必須滿足這些期待。例如，謝安琪關心社會的形象早已深入民心，但她在 2017 年加入「幻・國文化」後，突破了這種預設，以浦銘心這個角色推出歌曲，如《人妻的偽術》(2018)、《一個女人和浴室》(2018)、《我們的基因》(2019)等歌曲，表達對愛情的感覺，跟其以往具備「社會性」的特點截然不同。另外，一些歌曲如《偷情的禮儀》(2019)、《沐春風》(2018)等，都圍繞偷情及婚外情，主題前衛且頽廢。[12] 2019 年，她的演唱會以《kay… isn't me》命名，似暗示外界定義的 Kay 不一定是「我」。演唱會主題談的是「人生的殘缺」，選擇的歌曲都跟「人過度的慾望」、「人性的陰暗面」、「身體及心靈之間的矛盾」等元素有關，富頽廢委靡的特色。這些音樂及表演的選擇，也反映她不受「好女人」的形象限制，按照自己的思考及觀點來行事。

2021 年，謝安琪離開了「幻・國文化」，創立自家品牌。當人們紛紛認為那個在歌曲反映民生的謝安琪回來時，她卻不按理出牌。有時，她會呼應大眾的情感需要，在歌曲中寫香港的舊事舊物（《憶年》〔2022〕）、又會跟林阿 P 合作，直接寫自己「不可以假裝一切正常」（《晚安》〔2023〕）；有時候卻創作一些曲式偏鋒，哼唱「不需要為誰」而唱的歌曲（《靜夜歌》〔2021〕），或演繹個人心態轉變的自家創作（《團圓説》〔2021〕）。這些實踐都顯示謝安琪跟外界的遊戲規則進行不同程度的協商，雖然效果不大，很快會被評價的洪流沖刷淨盡，亦不會對既定社會結構帶來改變，然而「自我」如曇花一樣，在四季的交替裏按時盛開。

■ 小結：謝安琪是複合體

謝安琪這個明星文本是一個複合體，其多元、矛盾的形象由製作人、受眾、媒體及背後的意識形態共構而成，並沒有所謂絕對的「真我」及「自性」。分析它的形象，與其說可讓我們更深了解謝安琪，不如說能讓我們體察一個社會隱藏的兩極文化的價值。

面對社會各種文化價值為其附加的特點或限制，謝安琪沒有用激進方式，建立一個與之徹底對立的形象，或大聲疾呼外界的問題，突破種種限制。相反，她選擇了跟這些設定「玩遊戲」，用一種持續反思及互相協調的方式，在受到追捧時走到時代的尖端，跟受眾一同思考改變的可能；在受到猛烈批評時竭力將之消化，透過生活實踐來讓自己的聲音並存於公共領域裏。明星研究其中一個初心，都是希望透過研究獲得一些跟生活有關的領悟。或許，謝安琪的生活哲學，能對我們帶來一點啟迪。

1 例如 2009 年底，電視廣播有限公司（TVB）因版稅問題暫停跟四大唱片公司環球、華納、Sony 及 EMI 合作。所以，TVB 沒有提供機會，讓屬於環球旗下的謝安琪參與節目，故謝安琪跟 TVB 有一段時間沒有合作關係。

2 鄧小樺：〈分析女子謝安琪〉，《明報》，2008 年 8 月 17 日。

3 〈Revolutionary Roll〉，《東 TOUCH》，2009 年 3 月 3 日。

4 〈謝安琪姣冧 Eason 阿徐發爛渣〉，《東方新地》，2009 年 5 月 12 日。

5 〈湊仔擺天后款 謝安琪大鬧託兒所〉，《東方新地》，2009 年 3 月 17 日。

6 〈疑似 Kay 臣慾照流出 謝安琪扮 Cute 冧夫〉，《東方新地》，2009 年 11 月 24 日。

7 姜貞吟：〈必須「賢淑」：五種父權家庭拒斥的女性〉，載《這是愛女，也是厭女——如何看穿這世界拉攏與懲戒女人的兩手策略》，王曉丹編（新北：大家出版，2019），29 - 37。

8 謝安琪當時被雜誌及網民稱為「淫 Kay」，稱呼有兩層意思：第一層含道德的批判，指其身體特質及言行舉止違反婦道；另一層則是指她的外表及身體，具備一種性的魅惑。這個稱呼隱藏着父權文化的思考邏輯，將問題罪責全歸於女性。

9 彭嘉彬：〈逆轉紅館思維 不被既定模式框死：有壓力但做得爽〉，《香港 01》，2019 年 10 月 7 日，https://www.hk01.com/%E7%9C%BE%E6%A8%82%E8%BF%B7/383139/%E8%AC%9D%E5%AE%89%E7%90%AA%E6%BC%94%E5%94%B1%E6%9C%83-%E9%80%86%E8%BD%89%E7%B4%85%E9%A4%A8%E6%80%9D%E7%B6%AD-%E4%B8%8D%E8%A2%AB%E6%97%A2%E5%AE%9A%E6%A8%A1%E5%BC%8F%E6%A1%86%E6%AD%BB-%E6%9C%89%E5%A3%93%E5%8A%9B%E4%BD%86%E5%81%9A%E5%BE%97%E7%88%BD。

10 2022 年，謝安琪曾在叱咤 903 節目《宇宙船》中表達了自己對《姿色份子》的看法。

11 謝安琪於在 YouTube 頻道《米紙》中主動表達自己對「淫 Kay」稱呼的看法，指她不介意網民這樣描述，視之為「另一種讚美」。米紙：〈謝安琪被網民封最索人妻感壓力（節錄）〉，YouTube，2023 年 9 月 19 日，https://www.youtube.com/watch?v=POg1RLmalJM&t=484s。

12 2017 年，謝安琪加入由麥浚龍創立及經營的「幻・國文化娛樂有限公司」。其後，謝安琪及麥浚龍合作，謝安琪飾演浦銘心，麥浚龍飾演董折，以多首歌曲述説浦銘心與董折的愛情故事。

「輕」與「療癒」——黃妍、鄧小巧、岑寧兒

吳子瑜

當香港經歷了多場社會運動，緊接是疫情肆虐，社會氣氛沉重。流行曲成為撫慰大眾某種難以癒合的傷痕的媒介，也成為了樂迷生活上的出口，「療癒」的概念因而慢慢走進大眾眼前。

作家董啟章提到，香港樂壇從前沒有療癒的概念，現在卻「進入了療癒的時代」，尤其當年輕人在現實中感受種種挫折後，心靈渴望得到認同和撫慰——很多流行曲不論具體的題材，都帶着療癒的功能，予人結伴同行的感覺，包容人的脆弱，唱出恰好的正面和樂觀。[1] 他指出療癒系歌曲能達至「療癒」目的，有兩個重點：一，歌詞同時描繪「輕」與「重」的感覺；二，歌手溫柔空靈的聲音，讓樂迷有被包容的感覺。[2]

董啟章所言的「輕」與「重」，指的是某些歌詞用字，給人感覺溫柔與暴烈，「重中有輕」，使歌曲既能表現現實的殘酷，又讓樂迷的心靈創傷可以得到包容和理解。這或可參考伊塔羅・卡爾維諾（Italo Calvino）談論文學研究時的看法，面對沉重的現實時，利用「輕逸」（Lightness）的思考方式，回應遇到的困苦。[3] 卡爾維諾認為文學中，予人「輕逸」感覺的意象和用字，如「風」、「雲」、「飛翔」、「跳躍」，可引導讀者從另一個角度思考，消化和轉化現實的「沉重」，從文字當中找到脫苦的出口。[4] 由此，歌曲中一些予人感覺較「輕」的用字或意象，能轉化樂迷活於現實的苦況，成為了療癒的關鍵。

第二，從「輕」到「療癒」的概念，不應只限於文字與思考上的應用，還可以包括聲音的演繹。董啟章認為療癒系的歌曲，有賴於歌者的形象、歌曲、歌聲、歌詞等等的組合而成，但他未對「歌聲」的部分加以深究，只用了「美聲」概括療癒系歌手的聲線特質。其實，歌曲、歌詞與歌聲之間互相牽連，學者陳培豐曾提出歌聲、唱腔是一種「表情」的展現，是經由其歷史經驗、社會際遇所凝結的美學意識和集體情緒。[5] 近年被視為療癒系的歌曲，不難發現歌手的演繹用聲都偏向輕柔，讓人感覺被理解和包容。

雖然黃妍、鄧小巧、岑寧兒少以療癒系歌手自居，但她們對作品的論述，往往充滿了個人對社會的感受和思考，展現出對人的關懷和理解，特別是在社會的抑壓下，那些無處可放的負面情緒，都可藉由她們的歌曲得到認同和回應。

■ 輕盈地檢視自身的疤痕——黃妍的自我發掘與紓解

董啟章描寫「療癒」的概念時，就是以黃妍的《Little People》（2022）為例。他認為王樂儀那份輕中有重，重中有輕的歌詞，以及黃妍的美聲，如一邊說到溫柔正面的「愛」——是「輕盈」的用字；同時又充滿「病患」、「哀號」、「卑鄙」和「渺小」等「沉重」的詞彙，造就了歌曲既開放又包容的療癒真諦。[6]

黃妍自一次在台北的女巫店演出，被唱片公司員工發掘出道，作品從最初簡樸的日常生活主題，後來大多專注於人與人之間的關係，並提倡以輕盈的心態轉化當中的沉重。她製作第二張專輯《九道痕跡》（2021）時，便是以自身為出發點，檢視個人成長的疤痕，例如與家人的衝突、與患病親人的溝通困難，或是長大後對現實世界的失望等等。兩代的溝通與價值觀的不同，往往導致大大小小的衝突和負面情緒。本來，黃妍不善於表達自己成長的不快，但自與填詞人王樂儀合作後，黃妍學懂直接發掘及指出自己的傷痛，並用輕盈的態度，檢視傷痕背後的體會和得着。[7]

專輯中收錄的《輕盈》（2021，王樂儀詞），是她希望帶着輕盈的態度，消化過去沉重的經驗。歌詞中雖有「噩耗」、「漆黑」、「鯨魚」等讓人感覺「沉重」的用字，但可以從中「柔軟地撥開」壞消息、漆黑中「闊步有風」，甚至連鯨魚都變得「輕巧」。由此可見，黃妍處理過去的傷痕時，會重新思考箇中意義，沒有一直被困在其中。《刮骨》（2021，王樂儀詞）表達歌者成長中的痛楚，純真的自己不斷被成人世界消磨。「刮骨」本是帶來痛苦的動作，但療傷之後，就換來「稚氣」如「初生」般。黃妍提到錄製這首歌時，回想當時社會或是成長的不快情緒，但她不選擇以具爆發力的唱法反抗，而是用軟弱、掙扎的聲線，表現在困難中匍匐向前的力量。[8]

至於《牆身有裂》（2020，王樂儀詞）則是討論歌者與家人的矛盾。歌曲借用「牆」與「壁」，說明與家人有隔膜、感覺沉重的意象，縱然如此卻仍有機會鑿壁偷光，使「光」照到心中的深處。雖然黃妍與家人在相處時出現裂痕，但關係仍可以修補改善。黃妍錄音時曾想過用憤怒有力的聲線，表達對家人的不滿；後來理解父母的管教，某程度也是一種愛，只是雙方的溝通不夠完美，而轉用糾結的情緒處理這首歌。[9]

黃妍對自我的重新思考與發掘，改變了成長時的自我認同，也突破了外界對她的定型。當世界給予自己巨大的壓力時，她運用輕盈的態度回應，使自己不致被世界拖累。[10] 她演繹《世界以痛吻我而我歌唱》(2022，王樂儀詞）時，強調了聲線強弱的對比。歌者雖因傷而顯得軟弱，但唱到「若有傷／能豢養／來哼出你的軟弱」時，以硬朗的真音展現歌者不願與世界為伍的立場，勇敢正視身上的「傷痕」；在過渡句的「舔着／一切的藥」則用較溫柔的氣聲，表現面對絕境時輕盈的心態。[11] 這種唱法呈現了黃妍以柔制剛地面對世界的沉重，為僵化的社會開闢一條包容柔軟、敏感和生命的道路，最後唱到「開窗／會聽到風／會穿過一磚一瓦／鬆開方向」，就是歌者面對傷痕，如「風」一樣流動，在沉重的社會找到新出口。

黃妍的作品談到自身成長的傷痕和社會的困難，但沒一再描述環境的艱辛，而是以輕盈的態度，溫柔地抵抗外界給予的壓迫，並以柔軟的聲音，表達她對自身、家人，以至世界的理解和堅持，為自己保留一道喘息的空間。

■ 與人同行 —— 鄧小巧安撫別人的痛

當社會面臨各種挑戰，生活在其中的人無可避免受到影響，有時累積了不少的情緒，卻未必能好好處理。在困難的時期，鄧小巧選擇直視情緒的起伏高低，並成為同行者。鄧小巧 2009 年參加無綫電視的《超級巨聲》，直至 2016 年才正式出道，製作首張迷你專輯《The Strength of Weakness》。專輯以療癒（Healing）為主題，找了當時受情緒困擾的藍奕邦包辦全碟歌詞，抒發也認同人有情緒起伏。[12]

鄧小巧認為生命總會經歷很多難過，但要學懂自我接受，了解自己的不同面貌，才是解開情緒困擾的第一步。[13]《強弱》（2016，藍奕邦詞）是藍奕邦自言開啟了療癒系創作的第一首歌。[14] 歌詞談到一個不願承認軟弱的人走進困局，呼籲大家不要壓抑情緒的需要，任由情緒自然流露，「如若崩潰／肆然崩潰」，「無需多逞強」，也説明「軟弱沒有錯」，「痛亦沒有錯」，將情緒化「重」為「輕」。《煩可寧》（2016，藍奕邦詞）借用一種有鎮靜作用的藥物，談到失眠者不能入睡，又不想依賴藥物的無奈。鄧小巧演繹歌曲時，為了要表達失眠者的混沌情況，以輕巧的氣聲唱出「願我這晚上／不再輾轉反側失眠」。[15] 由於失眠的煩惱難以跟人分享，使人份外孤獨與無助，監製謝國維表示，不想歌曲太有壓迫感，是以表達的力度要特別講究。[16] 鄧小巧演繹就像是為受情緒困擾的失眠者，保留了一條自我喘息的生命線，甚至最後談到歌者不願被「麻藥制服」，直面自身的問題，與「自我的對話」。

鄧小巧的氣聲總是如此溫柔，讓每個吐字都叫人聽得泰然，像與懂得自己的人分享心事一樣。鄧小巧創作《與人同行》（2020，鄧小巧詞）時，正值香港疫情高峰，她翻閱歌迷寄給她的留言，發現每一個人都渴望得到理解，於是寫下這首歌，着人「難過更要與人同行」，不要獨自「把傷痛軟禁」，希望透過結伴、理解，與他人一起面對「惡夢」的來襲。她演繹歌曲時，採取了較平淡的唱法，營造了願意聆聽的感覺，又藉着溫暖的聲音，讓樂迷在困難時，找到同行相伴的感覺。[17]

當香港經歷了多番重創，家庭冷戰、指責、爭執已屢見不鮮，人與人之間的隔閡，也絕非三語兩言能夠化解，當中的情緒更是難以整理。《同檯》（2020，藍奕邦詞）正要呈現如此複雜的情緒變化。鄧小巧認為這些家庭的隔膜，不是出於仇恨，更是一種與親愛的人漸行漸遠的痛，所以編曲選擇低了半度，使歌曲變得溫柔。[18] 鄧小巧演繹此歌時，一開首透過重氣息和輕聲的運用，表現家人之間雖然面面相覷，還是有愛的存在。即使彼此都「敏感」對方的界線，卻又用「客套幽默」掩飾，避免雙方因為矛盾而傷害感情。或許，當人有太多的掩遮與隱瞞，總會有內心缺堤的時候，所以在後半部分，鄧小巧聲嘶力竭地唱，「摑下來掟下來／不需要再慷慨／或能令我倆心底那鬱結化得開／恨到底／還是愛」，後來才慢慢回到了氣聲，彷彿歌者在情緒失控之後，仍有體諒與扶持，包容了一些對方失衡的舉止。

鄧小巧的歌曲盡訴了他人之沉重，囊括了失眠、情緒繃緊、社會壓力、家庭決裂等不同情況，尤其着眼於人內心的傷痛，而她樂於成為同行者，與他人分享當中的難過，沒有任何批判。她的聲音溫柔、細膩，像給予別人一個輕鬆的空間，包容所有情緒的自然流動。

■ 哀歎時世的艱難——岑寧兒給離家者的祝福

情緒的壓力，有時候源於成長，有時候源於與人的相處，也有時候源於某種不可控制的命運。近年，香港掀起了另一波移民潮，「家」的概念變為一種疑惑，勾起很多人的懷疑與恐懼。岑寧兒在 2011 年推出首張個人迷你專輯，後擔任不同歌手的演唱會和音，大多時間旅居台灣，又在世界各地工作，直至疫情後才回香港，經常面對「何處是家」的問題。

她製作迷你專輯《Home is...》（2022）時，揚言身分危機是香港人的特色，但無礙她確立身分認同。[19] 她藉《無常家》（2022，周耀輝詞）一曲重新定義「家」，提到身體是靈魂的載具，人可以到處磨練，無須死守一個地方，開放自我反而讓人獲得更大的自由，[20]「請給我時間」——從思考「家」的意義，看破了「家」的藩籬，讓樂迷能夠在複雜而難解的情況下，抒發語言難以表達的情緒。

這些輕聲細語的氣聲，可以是與人同行的慰問，亦是對親愛的人的一種囑咐。岑寧兒製作《勿念》（2021年，陳詠謙詞）時，希望記錄一種離家者的心聲，歌者跟聽筒的另一端交代自己一切安好，叮囑家鄉的人不要掛念。岑寧兒認為這首歌表面上一切安好，歌者的心中卻有太多的惦掛與無奈的沉重。[21] 為了讓歌曲呈現如此的矛盾，岑寧兒刻意在錄音時，將咪高峰的敏感度調到最大，讓自己最微細的聲音和氣聲都一一收錄。[22] 唱至最後一段，「下次／要吃吃喝喝／説説笑笑／與你看看月圓」，本來只是一段簡單的約定，岑寧兒在氣聲唱了「説説笑笑」後，加了一個微弱的呼吸聲，使這些看似簡單的事，充滿了未知和變數。縱使約定再見，實際上卻是相見無期。岑寧兒在沉重且不可抗力的命途中，放大了呼吸的微弱氣息，表達出那些收藏在大時代之下，難以描繪的感歎與無奈。

岑寧兒在《勿念》中以微弱呼吸聲，令歌曲意義變得難測與曖昧，而她在自己作曲的《盡力呼吸》（2018，周耀輝詞）中，同樣以氣聲展現了一種在苦難時求生的掙扎。歌詞道出一種相當宏觀的生命輪迴的感覺，唱出生命中重複的期待與失落。[23] 就算有期待遇見的人，但是「背影愈來愈瘦」，説那個想見的人再次走遠，好似一切都在無了期的期望與追逐一樣。在歌曲中段，拍子聲愈來愈重，如像命運的喪鐘般響鬧，岑寧兒依然柔弱地反覆唱，「盡力呼吸／在望清之後／亦呼吸／在認出之後／亦呼吸」及「沒什麼依舊／桃花依舊／在呼吸」。「呼吸」及其氣息皆成為了歌曲輕盈的意象，與沉重的生命感覺始起彼落，生命與生命所難以承受的命運注定連在一起，不斷地互相糾纏、掙扎與舞蹈。盡力的呼吸，就是盡力的與沉重相處，只要一息尚存，生命就有更多的可能。

岑寧兒的歌曲，描繪了人活在動盪時世的艱難與無奈。岑寧兒的「輕」，是即如每個人微小卻堅強的生命力，就算在時代巨輪的面前，仍然努力呼吸，盡力活着以抵過殘酷的命途，鼓勵被迫離家的人與鼓勵一些慨歎着時勢弄人的人。

■ 小結：生命的美好在於剎那的烏托邦

命運或者混沌，城市或者沉重，生命的誕生抑或摧毀，都只有為生存掙扎之後，才會得悉自己原來有求生的本能，以及承受一切動盪的能力。過去幾年，城中各人因着無情的現實而受盡創傷，理想的破滅與人性的醜惡，都讓人對美好的世界失去信心。可是，絕望過後，新一輪的曙光總會重現，未有壓城的漆黑，又豈會知道當中微弱的光線，會比藍天的猛烈陽光更加有希望？

「城內愈覺得迷茫／沿路愈愛捉迷藏／但求剎那的烏托邦」，岑寧兒在《剎那的烏托邦》（2018，周耀輝詞）中用她溫柔的聲音，哼唱着一種生命的擇善固執。填詞人周耀輝提及：「當你感覺過一剎那的烏托邦，便可繼續追尋。」[24] 生命曾經有過美好的出現，讓人在餘下的荊棘路上，都可以充滿希望地走下去，如黃妍面對困難時自我心態的轉變。又或是，現實可能未必讓人感覺朝氣勃勃，但有的歌手如鄧小巧，以溫暖、療癒的聲音，在沉重的社會氣氛下，唱着屬於生命的溫柔、脆弱、關懷和柔韌，撫慰同行者。當世界變得灰暗時，還有像他們療癒的聲音在身邊，哪怕只是一首不過幾分鐘的流行曲，都足以成就另一個剎那的烏托邦。

1 董啟章：〈從勵志到療癒〉，《明報周刊》，2022 年 5 月 20 日，https://www.mpweekly.com/culture/ 董啟章 - 黃妍 - 王樂儀 - 203654。

2 同上註。

3 伊塔羅・卡爾維諾（Italo Calvino）：《給下一輪太平盛世的備忘錄》，吳潤誠校譯（台北：時報文化，1996），31 - 47。

4 同上註。

5 陳培豐：《歌唱臺灣：連續殖民下臺語歌曲的變遷》（新北：衛城出版，2020），7 - 22。

6 董啟章：〈從勵志到療癒〉。

7 Cath Wong 黃妍：〈訪問填詞人王樂儀 創作專輯《九道痕跡》的概念與黃妍生活有關的故事 | 月曜日文創園 Ep11 | Cath Wong 黃妍（中文字幕）〉，YouTube，2021 年 10 月 22 日，https://www.youtube.com/watch?v=6N9RPTyFaho。

8 MEeeep More：〈黃妍錄音撞正生理期　紀錄《刮骨》之痛〉，YouTube，2019 年 12 月 27 日，https://www.youtube.com/watch?v=MKzNSfJHuuE。

9 MEeeep More：〈黃妍《牆身有裂》一場誤會的情緒裂痕〉，YouTube，2020 年 6 月 19 日，https://www.youtube.com/watch?v=6EJbWRenqaY。

10《吒咤樂壇》：〈黃妍率先同你聽世界以痛吻我而我歌唱〉，商業電台，2022 年 6 月 9 日。

11 如上註。

12《吒咤樂壇》：〈吒咤樂壇——鄧小巧〉，商業電台，2016 年 12 月 15 日。

13 USTAR academy：〈【人生逆境波】試過叫喊嗌救命 鄧小巧不藥而癒〉，YouTube，2017 年 9 月 25 日，https://www.youtube.com/watch?v=YiV-p-_kXNE。

14 藍奕邦 Pong Nan：〈《強弱》The Strength of Weakness - Live from SNUG IN MY ARMS 2023〉，YouTube，2023 年 11 月 16 日，https://www.youtube.com/watch?v=QbOjAItsucU。

15 私家音樂：〈細聽鄧小巧 靜聽煩可寧〉，YouTube，2016 年 4 月 27 日，https://www.youtube.com/watch?v=QtfxXMWkDvY。

16 同上註。

17《吒咤樂壇》：〈鄧小巧與人同行療癒你既傷口〉，商業電台，2020 年 5 月 22 日。

18《吒咤樂壇》:〈鄧小巧同藍奕邦製作同檯差啲反枱〉，商業電台，2020年8月4日。

19《吒咤樂壇》：〈岑寧兒解構勿念冇事中有事既 moment〉，商業電台，2021 年 10 月 18 日。

20《吒咤樂壇》：〈岑寧兒無常家紀錄無常嘅世界〉，商業電台，2022 年 3 月 10 日。

21《吒咤樂壇》：〈岑寧兒剖析勿念當中既矛盾〉，商業電台，2021 年 10 月 19 日。

22《吒咤樂壇》：〈岑寧兒勿念挖出自己既脆弱幫你療癒〉，商業電台，2021 年 10 月 20 日。

23 張鐵志：〈岑寧兒：當創作遇到瓶頸，我就開始炒蛋〉，《新活水》，2019 年 1 月 17 日，https://www.fountain.org.tw/subject/music/yoyo-sham。

24 LORRAINE：〈流行・跨界・劇場〉，《藝文青》，2016 年 10 月 6 日。

就算世界無童話，我用想像實現它
——王菀之、陳卓賢、Serrini 的童話風格

吳子瑜

香港從來都是一個經濟主導的城市——大家愛談利益，拒絕不切實際，讓這個地方遠離了人情味。在這個城市談童話，好像不合時宜，但不少填詞人都會以童話題材作詞，強調夢幻與純真，提醒香港人生活中尚有美好的追求。童話將平凡的真實世界幻化為美麗、超現實的虛構故事，把動植物和沒有生命的物體擬人化，帶領兒童追求美好生活和崇高信念，也給成年人尋回童年的純真，追求真善美。[1]

就此，林夕曾撰文説，香港的童話都讓位給經濟，讓社會所夢想的都是華而不實的奢侈。[2] 他填詞的《就算世界無童話》(2008，原唱衛蘭)，提到希望「這世界如童話」,「錯失」能「得到寬待」、「純良仍然能被記載」，提醒大眾在利益當道的時代，活得不如意的時候，要對人性有所堅持，用自己的力量創造屬於自己的童話。

黃偉文同樣認為童話是少年時期的一種追求。他填詞的作品中，不少都有童話的色彩。如，《尋找獨角獸》(2007，原唱薛凱琪) 和《南瓜車》(2007，原唱薛凱琪)，將歌者描述成單純相信童話的少女，就算現實不如理想，也要相信童話的存在；在《紅屋頂》(2007，原唱何韻詩) 與《黃色大門》(2006，原唱容祖兒)，描述歌者在家裏看到「小鹿」、「天使」、「恐龍」、「火箭」等，就像為她們建構了一個超現實的樂園，保存着現實不容許的理想世界。填詞人在香港流行曲的歌詞裏，借用童話故事的人物、事物為意象，為生活在現實城市的樂迷，提供一種如童年純真的想像。

近年，香港正面臨着鉅變，問題不只是經濟層面上的變化，還有在社會層面，以至意識形態上的變化。在眾説紛紜的年代，有不少創作人仍然堅持創作，包括王菀之、Serrini、陳卓賢這三個不同年代的唱作人，將個人純真的內心，以童話的方式保留在歌曲內，給予樂迷一種活在幻想與現實之間的想像。

■ 是你變了成人，心不再一樣 —— 王菀之

王菀之自 2005 年從幕後走到幕前，以唱作人的身分出道，同年推出首張迷你專輯《Ivana》，收錄的八首歌由她包辦曲詞，討論在現實世界中，堅持純真的困難。歌者在《把戲》形容自己擁有改變痛苦世界的魔法，還能夠與「灰姑娘」和「迴旋木馬」玩遊戲；在《想飛》想像自己在夢幻世界遊歷，愉快地到處飛翔，而在《多得你夢》的夢幻世界，歌者可以「騎着白雲」看彩虹、在「銀河」上跳舞，而且有「跳躍小種子喜歡春天氣味」，展示她追求夢想時的勇氣。王菀之在以上歌曲，利用童話風格的詞語，表達她會用純真的心，面對現實世界的挑戰。梁偉詩認為王菀之創作《Ivana》時，大量運用色彩、動物、景物，及至魔法、飛行等童話化筆觸，對世界流露着單純好奇，對未來有期盼的童心。[3]

王菀之對世界的純真，驅使她關心社會上被忽略的弱勢，但被人扭曲她的原意。2012 年，王菀之曾因社會普遍關心政府官員疑似僭建，而較少聚焦老人生果金的問題，在社交媒體上發表感想。結果，她的文字招來別人質疑，就算她一再強調「我討厭政治，但不代表我不關心社會」，依然無法改變大眾對她「討厭政治」的印象。[4] 2015 年，王菀之繼續以作品表達自己的意見，並把想法放在作品《小俠》中。

《小俠》講述人在成長的路途上，總會因外界的各種衝擊，讓純真的自己，變得老練而複雜。歌曲先描繪了一個難堪的環境給主角「小俠」出場：

月光下起舞變身／自製閃光小法器
然後緊握小布偶追尋
為對付巨型怪物／如受傷隱隱作痛
前路起跌需要勇敢

「小俠」如像童話的角色般在月光下誕生，拿着武器開展自己的旅程，準備對付「巨型怪物」，但他不是強大的主角，只是拿着枯萎的花，垂死在「水中央」。弱小的「小俠」唯有奮力前行，靠着自己內心的善良，將面前的漆黑變成光明。

心中有光環照遍沿途／到處泥濘森林
遇怪獸繼續行／有樂土／變真
是為何令色彩轉暗／記憶中迷路心力下沉
心中有光環賜你力量／笑看從前疤痕
是你變了成人／心不再一樣

「小俠」是主角內心最單純的部分，只是經過了成長的年月，將自己曾經的單純都拋下了。當一個人經歷了社會歷練，「變了成人」，難免變得世故、現實和複雜，連心也「不再一樣」，甚至質疑他人純粹的好意，如像曾經單純的「小俠」死了。

雖然歌曲形容「小俠」離開了，但在以動畫呈現的 MV 卻有另一個解讀的結局。有一位女孩，本來出生於黑暗的森林，但遇上王菀之創作、代表她內心小孩的卡通角色——肥波兔。[5] 肥波兔對世界充滿愛心、善良和好奇，帶領女孩由黑白的世界，走到彩色的王國，讓她學會勇敢。代表「小俠」的肥波兔，在保護女孩時不幸犧牲，卻推動女孩鼓起勇氣，奮力打倒怪獸。人有時在現實世界受到挑戰，但內心的純真終將帶領人，回到如像童話一樣的美麗世界。

王菀之藉早期的歌曲和《小俠》，借用童話的元素來談人的成長。在王菀之的詞作中，雖然童話的意象還是表達純真的意思，卻同時面對了很多成人世界的複雜和現實，訴說了人在現實中保持純真的困難。

■ 過去便過去，別在故我寄居——陳卓賢

童話不止追求純真，還提醒人可追求更高層次的價值。王菀之的作品有對純真的堅持，但陳卓賢（Ian）的詞作雖然有童話角色的敍事者視角，卻是藉着童話角色的哀愁，表現人無私付出的精神。2018 年，陳卓賢參與《全民造星》，後以男子組合 MIRROR 身分出道，而他的個人作品則大部分由自己作曲，也有少數自行填詞。《鯨落》（2020）及《地球上的最後一朵花》（2022）是其中兩首由他包辦曲詞的歌曲，當中的意象分別令人聯想起兩個為人熟知的童話——《木偶奇遇記》和《小王子》。

《鯨落》描述鯨魚死後浸沒大海的定理，陳卓賢藉此訴説生命總有遺

憾和悲哀，是另一種犧牲和付出。[6]「鯨魚」的意象在童話故事中，表達了人類更高尚的情操，與人的犧牲和付出連結上關係。歌曲一開始是鯨魚死後在海洋浮沉的情況，勾勒各種關於死亡的意象，如「安躺」、「水作棺殮」、「沉沒」、「落入大海」。然而，伴隨死亡的意象，不是悲哀終局。

鯨落入大海只有冷仍綻放
寂靜在暗淵漸降
海魚即管吃喝
遺愛後葬於海溝這軀殼

鄒芷茵認為像鯨魚這些「大魚」，常常出現於童話故事之中，如《木偶奇遇記》以小木偶落入大魚肚腹之黑暗，刻畫人性的迷惘與自省。[7]當《鯨落》中的鯨魚，同樣落入深海的黑暗時，也可引發另一種對生命的反思。歌詞把鯨魚之死形容為一種必不可避的傷痛，鯨落入大海之後，只會墜進「冷」和「寂靜」的深淵，但悲哀背後是鯨身化作了其他海洋生物的食糧，視為愛的餽贈。陳卓賢借用鯨魚的意象，表達出生命與死亡的相依相連，將鯨魚的死亡視為一種貢獻。鯨魚死後，牠的「魂魄附泡沫上水面 / 乘蒸氣盡化煙」，也有着丹麥童話《美人魚》為愛捨身的情操。[8]

至於《地球上的最後一朵花》，陳卓賢曾在訪問中提到，歌曲與《小王子》童話的孤獨感相似。[9]創作意念來自陳卓賢將自己幻想成為一朵處於末世的孤花，起初覺得孤獨無助，慢慢心態轉變，積極地想像遠處有同類的相伴。在歌曲中，「花」擺脱被動、脆弱的傳統形象，並變得相對堅強和獨立。

讓冷雨被熱血勸退
對抗着挫折躊躇
過去便過去／別在故我寄居
前方／風光明媚
叢林山野／綠丘千里
那裏亦有／會遇上／的你
能假想也是美

「花」雖然處於困境，如「冷雨」迎面，但未曾撤退，反而藉自身的信念，用「熱血」將「冷雨」趕走，並勇於對抗一切挑戰。於是，「花」可以「過去便過去」，不在「故我寄居」，放低了過去的牽絆，離開曾經軟弱的自己，向着未來的風光出發。

歌曲中「花」的意象，與《小王子》的「玫瑰」有着相似的處境——唯一一朵在 B612 星球的玫瑰，是小王子珍與重之、處處呵護的伴侶，然而在小王子離開之後，玫瑰就要獨自面對無盡的孤獨。周保松曾提出那朵 B612 星球的玫瑰，可能因為孤獨而學會獨立自主，離開從屬於小王子的地位，擁有真正屬於玫瑰的自主生命。[10] 所以，「花」在不同的解讀下，有着煥然一新的意義。

陳卓賢提到自己填詞時，會以第三身的角度，描述敍事者身處的環境，之後才以第一身角度描述感受。[11] 陳卓賢先景後情的創作方法，揭示他相當敏感於外在環境對個人的影響，包括一些不能控制的命運和意外。如陳卓賢解釋創作《地球上的最後一朵花》，是在 2022 年 MIRROR 演唱會意外後，在外在環境的不樂觀，自己的情緒也受影響時，仍然希望關顧舞蹈員的心理健康。[12]

《地球上的最後一朵花》那種不計較自身限制，為別人付出的精神，跟《鯨落》藉鯨魚死後可回饋海洋的想法類近，都是表達在有限生命中的犧牲和付出。陳卓賢將童話的角色成為歌曲的敘事者，強調面對現實世界的無奈，或許陳卓賢的童話意象沒有王菀之的天真單純，卻是通曉人性苦難的矛盾。有時候現實的困難根本無法完全獨善其身，亦無法主動控制事情的變化，只容許人們在有限的環境下，做最好的選擇。

■ 開發你新的秩序 —— Serrini

有人會記住童話最基本的純真，有人借童話角色回應困難，也有人會改寫童話，開展童話世界的另一種可能，重視埋藏在主流論述底下的多元聲音。Serrini 是獨立唱作歌手，過往的作品風格多變，歌詞亦能夠涉獵不同題材，其作品或個人言論常質疑社會上的約定俗成。她在《Let Us Go Then You and I》(2017) 的 MV 中有過一段獨白：

> 我哋香港呢，係好正㗎！成日呢，啲人喺到話香港無 Future，Well，我哋自己寫出嚟囉！讀多啲書，飲多啲水，食多啲健康嘅食物，唔好食咁多糖，各位小朋友，我哋將來就係社會嘅棟樑！

歌名源於詩人艾略特（T. S. Eliot）的《阿普情歌》（*The Love Song of J. Alfred Prufrock*），意思是「那麼一起走吧，我和你」，不一定是與情人的對話，也可以安慰內心怯慌的自己，鼓勵大家不要放棄，用自己的想法走出新的方向。從以上的獨白，可見 Serrini 不跟從主流的説法，以自己的話語另闢主流之外的論述空間。她在構思專輯《邪童謠》(2019) 時，亦延續了以上的想法，借用不同童話故事的框架，重新詮釋當中的意義，讓樂迷發掘更多面對社會的方法。[13] 當中有幾首歌曲的靈感來自童話中的女性角色，但扭轉了女性於傳統童話的受害者的位置，讓她們抒發另一種的情緒。[14]

《灰黛》續寫了灰姑娘攀上高位後，明白善良無用，親身對付仇人，決意玩弄、殘害、虐待遇到的惡人。

Let my pet pigeons peck your eyes out
They hungry
Let my pet pigeons peck your eyes out
They hungry

歌詞寫道灰姑娘叫她的小鳥朋友攻擊仇人的眼睛，要仇人活着受苦和求饒。她不再是《灰姑娘》中那個被繼母與姐姐欺負，刻苦耐勞、楚楚可憐，等待着王子帶着玻璃鞋拯救的角色，而是獨立自強的新女性。

而《小紅》中，小紅帽不再是童話中純情無害、被豺狼欺騙的女孩，而是早就洞悉豺狼心懷不軌，變成可以有力量對付豺狼的「血染彎刀 Serrini」。

你雙手／今晚我斬走
新居的梳化一片鮮紅流流

艷麗地磚都彷似你傷口
做乜咁驚啫？最多我咪細力啲囉

從前代表力量、狡猾的豺狼，在《小紅》裏變得懦弱驚慌，豺狼會「驚」、「哭泣」和「抽搐」，而歌詞用上粗俗和口語的形容，如「撕爆你傷口」、「滴滴淚水不夠我啷口」，使小紅帽顯得乾脆、決斷、無情，教訓豺狼對小紅帽的魯莽試探。《小紅》與《灰黛》同樣將原來童話中無助的女性角色，變得強大而獨立，推倒以往童話常見的，需要王子拯救的傳統女性形象。

Serrini 在《邪童謠》挪用童話故事的傳統形象加以改寫，引發另一種想像的可能。她理解童話的方法，與作家 Daniela Kato 有不謀而合之處。Daniela Kato 分析現代童話的生物文化空間時，認為傳統理解童話故事的方法，受着資本主義、殖民主義及家庭觀念的影響，使女性在現代童話的形象仍然與未開發的森林一樣，是有待馴化的對象；但她提出可利用多物種共存的角度閱讀童話，讓森林不再是與人對立的空間，也使女性在童話中擺脱從屬的位置。[15]

Serrini 的詞作就從既有的童話故事中，開發出另一種閱讀的可能。《邪童謠》改寫了傳統童話故事的女性角色，讓某些存活於社會已久，認為是不可推翻的説法，變得流動且多變，也將受壓抑的情感宣洩。這是一種主宰了自身話語權的行為，抵抗任何外來者對自己的描述和控制，尤其是在當下的社會情況，維持自己的話語也是重要的處世之道。

■ 小結：就算世界無童話，我用想像實現它

這個給香港的童話故事，不會再像傳統的童話般，只表達天馬行空的想像，以及盲目呼籲對純真的追求，或者相信「從此以後，王子與公主過着幸福快樂的生活」永遠不變的大團圓結局。相反，創作人經歷不同的困局後，書寫的童話故事，雖然依然會叫人保持善良和純真，但也要有力量，抵抗複雜世界的質疑和挑戰，並重新建立一種屬於自己立場的故事。是以，王菀之在現實中對純真的堅持、陳卓賢對高尚人性的追求和 Serrini 主宰自我的話語權，都是他們通過自身經歷，回應了現今社會的答案——縱然面對着很多不同程度的變化，但人還是可以有對美好世界的堅持。

1 廖佩莉：〈香港小學中國語文科童話教學的誤區和建議〉，《中國語文通訊》第 93 卷第 2 期（2014 年 7 月），103 - 116，https://cuhk.edu.hk/ics/clrc/crcl_93_2/liu.pdf。

2 林夕：《我所痛愛的香港》（香港：亮光文化有限公司，2014），209 - 212。

3 朱耀偉、梁偉詩：《後九七香港粵語流行歌詞研究 II》（香港：亮光文化有限公司，2015），142 - 151。

4 王菀之曾於其個人 Facebook 的專頁回應當時網民對她的質疑。Ivana Wong 王菀之：〈回應上一個關於長者的 post〉，Facebook，2012 年 12 月 1 日，https://www.facebook.com/thisisivana/posts/pfbid02da73ujov2p7cXpo81hLgU8QNsSMgsJwU6ASc3YjeBMWoJYgpFVWzeyEB1hZNFP1vl。

5 〈王菀之讚林盛斌識用聲線演繹：好傳神〉，《東網》，2015 年 9 月 15 日，https://hk.on.cc/hk/bkn/cnt/entertainment/20150915/bkn-20150915164755361-0915_00862_001.html。

6 陳芷穎：〈陳卓賢創作《鯨落》現真我　顧全大局寧犧牲：性格好難改〉，《香港 01》，2020 年 8 月 21 日，https://www.hk01.com/article/510202?utm_source=01articlecopy&utm_medium=referral。

7 鄒芷茵：〈深海見鯨落 古籍談大魚〉，《文匯報》，2021 年 9 月 29 日。

8 同上註。

9 《早霸王》：〈以後大家知道 Ian 講野慢係咩原因喇〉，商業電台，2022 年 12 月 6 日。

10 周保松：《小王子的領悟》（香港：香港中文大學出版社，2017），142 - 153。

11 《叱咤樂壇》：〈陳卓賢一手包辦送你地球上的最後一朵花〉，商業電台，2022 年 11 月 18 日。

12 同上註。

13 CPlusMusic 私家音樂：〈Chapter 8 - 妖后登基！（上）Serrini 的邪童謠〉，YouTube，2019 年 4 月 15 日，https://www.youtube.com/watch?v=re38fhkPUQw&t=133s；CPlusMusic 私家音樂：〈Chapter 8 - 妖后登基！（下）Serrini 的邪童謠〉，YouTube，2019 年 4 月 15 日，https://www.youtube.com/watch?v=qOXQWk97T24。

14 同上註。

15 Daniela Kato, "The Plantation, the Garden, and the Forest Biocultural Borderlands in Angela Carter's 'Penetrating to the Heart of the Forest' " in eds., Mayako Murai & Luciana Cardi, *Re-Orienting the Fairy Tale: Contemporary Adaptations Across Cultures*（Detroit, Michigan: Wayne State University Press. 2020）, 226 - 240.

當我在世界迷失的時候——陳蕾的擇善固執

吳子瑜

一直以來，香港都吸引到五湖四海的異鄉人來發展。從本地流行樂壇史來看，歷年有不少歌手從中國大陸來港發展，如王菲、黎明、張敬軒、組合 C AllStar 成員吳崇銘（King）。不過，這些歌手都不是主導自己大部分作品詞曲的唱作人，未必能透過作品完全展露在港打拼的感受。唯獨從廣州來港發展的陳蕾，同時有着異鄉人，以及創作人的身分，使陳蕾的詞作帶有過往香港填詞人未有的特色。

這種以香港作為異鄉的想法，可能不只是來自異鄉人的觀點，還因着歷史的背景、社會的變遷，連香港人也有一種迷茫，以至「身屬何處」的飄泊感。雖然陳蕾藉詞作書寫自身經歷，卻又能回應了同樣無助、失意的香港人，鼓勵他們一同奮力向前。同時，陳蕾離鄉打拼的經歷，使她的眼光不只停留在一座城市，更敏感於社會，以至世界其他問題。歌詞也更宏觀提及人文關懷、普世價值。陳蕾與香港之間，那種曖昧不清的距離，使她的詞作，既能呼應香港人的感情，又能讓香港人跳脱慣常的桎梏，思考更多人性上的需求。

■ 從香港出發，訴説自己的經歷——城市的疏離和人情的親密

「香港」固然是香港人的家，同時也是陳蕾實踐夢想、努力打拼的場地。陳蕾在 2009 年參加亞洲電視舉辦的《亞洲星光大道》，獲得第四名；後來參加《中國好歌曲》，直到 2015 年才正式出道。自 2017 年成立音樂品牌「自由意志」至今，陳蕾一直包辦自己大部分作品的詞曲創作，藉着創作表達自己的心聲。陳蕾在接受訪問時提到，一直嚮往在香港工作。[1] 然而，她也曾在電視節目中直言，在香港斷

續地工作了十多年，也未有正式的香港居民身分，致使她對這個地方仍然欠缺歸屬感。[2] 也就是，在陳蕾的心中，香港似是一個既親近又疏離的弔詭城市，而她的創作似是沒有融入香港的語境，卻又與香港有着某種微妙的牽連。

在陳蕾一系列討論離鄉打拼的歌曲裏，香港是迷失、焦慮與快樂夾雜出現的空間，當中的情緒既矛盾且複雜，迷失、焦慮源於事業的失意，而快樂卻是在這個城市得到樂迷的喜愛和音樂夥伴的信任，使她總會用樂觀的態度，消化生活在城市的不安。

因着起初的事業發展跌跌碰碰，陳蕾的歌曲總是充滿傷痕、挫敗和不如意。她在 2014 年完成了電視台的合約後，曾一度回到廣州重整旗鼓，2016 至 2018 年期間，也輾轉換了兩間唱片公司，為她的事業帶來一些波折。不難想像，在這幾年間，她在香港經歷過無助與困惑。於是，陳蕾在《出走》（2017）、《娛樂人生》（2018）和《當我迷失時聽着的歌》（2019）都將她工作的地方 —— 香港，形容成滿是「傷口」、「困難」、「抑壓」、「變質」和「難關」的地方，讓陳蕾感覺疏離，難以融入，但這種打擊沒有使她卻步。縱然有不如意，陳蕾總在歌詞的尾段自我勉勵，堅持向着目標出發。就如她在這三首歌中，都將失落的經歷，視為一種「自救」和「娛樂」，並因此訓練了自己的勇氣，面對再艱辛的經歷，也可說出「再都不怕」。

雖然香港是一個充滿矛盾、壓抑與刺激的地方，但陳蕾憑着心態上的改變，相信這個城市存在樂觀的一面，如她在《相信一切是最好的安排》（2019）所言，「未來千姿百態」，只是「緣分尚未到」，一定要「相信一切是最好的安排」。就算當時事業不如意，她仍堅信這個讓她感覺疏離的城市，總會有融洽的時候，而樂迷的支持，還有音樂夥伴的信任，亦成為了她的動力。[3] 縱然香港是一個講求實際的地方，但陳蕾與香港的關係，並非單單建立於工作與利益之上，她在這城連結的人和感情，亦可以抵過獨身在香港打拼的壓力。

如此，陳蕾的《熒光》（2019）記錄了她在事業阻滯時，堅持不放棄的態度。[4]「熒光」是微弱的光，不足以照亮黑暗的世界，更不能為迷失的人指引方向，陳蕾卻不斷重複地唱「你是熒光」，也說「哪怕沒有光」，仍然堅持「再盛放」，最後還有小孩的合唱，讓微弱的力量有積少成多的感覺，彷彿陳蕾因着別人的支持，獲得堅持下去的動力，甚至能夠鼓勵他人。

這些作品，或者是陳蕾在事業上迷失時的呼喊，以此勉勵自己不要放棄，卻敲中不少迷惘、無助的香港人，讓她的作品獲得大眾樂迷的欣賞。後來，陳蕾將這份對人的信任和關懷，發展成她往後作品的另一種特色。

■ 准我陪着你，不要怕 —— 關心疏離城市中的人

城市雖然給人感覺疏離，但當中的人情讓人感覺溫暖。陳蕾經歷過一段事業低潮後，在 2019 年跟華納唱片公司開始有相對穩定的合作關係，也因新公司給予陳蕾充分的支持，讓她的創作少了對未來的焦慮和不安，更有空間關注他人。[5]

在疫情期間，陳蕾得知認識的速遞員才剛找到理想的工作，又因為新一波疫情爆發，使工作停頓，感覺命運多舛。[6] 於是，她寫了《世界與你無關》(2022)，道出生命總有時機的安排，願大家「學會舒坦」，並「在折翼裏進化」，學習順應各種順流逆流。有趣的是，陳蕾在寫給自己的《相信一切是最好的安排》，訴説「世界」是「很大」，也是「千姿百態」的，鼓勵自己不要氣餒，在為別人而寫的《世界與你無關》，卻將世界描述成「病態」與「荒誕」的——這種對「世界」的不同看法，是體會別人遭遇逆境時的感受，願意跟對方一起「分擔」，不讓對方感到「孤單」。陳蕾用過來人的身分安慰對方，認同世界雖然無法掌握，但只是時機未到，崩塌有時，美好有時，不必着緊於一時的不如意。

陳蕾創作《青年危機》(2023) 的靈感，則源於歌迷向她傾訴生活的苦惱，而且覺得社會似乎未有好好討論青年的危機，於是藉着歌曲寫出青年人心中的不安與無助，安慰樂迷受傷的內心。歌中提到很多青年人覺得前路茫茫，看見除了自己，「誰都有後路」，覺得「不知所措」，也沒有辦法跟「這個比／哪個比」。陳蕾提醒樂迷不要被自己「偏執」的想法困住，不需要作無謂的比較，或追求別人的認同，只有改變自己的心態面對外來的挑戰，最美麗的自己才會誕生。

陳蕾在《相信一切是最好的安排》、《世界與你無關》及《青年危機》這三首歌，同樣把「人」(陳蕾或樂迷) 與「世界」(無法控制的外界／環境) 描述成二元對立的狀態。人會隨着「世界」的變化而受到傷害，唯有自己察覺外界的一切苛刻要求，拒絕外界給予的定型和壓迫，才能重新欣賞自身的與別不同。陳蕾在歌詞中對人的關懷，也是對於生命的重視，希望樂迷都可以在困難的世道裏，好好欣賞和愛惜自己。

這種對他人關懷亦於陳蕾往後的作品延續。她説過作為創作歌手，最大的滿足感莫過於有人因為她的作品，放下自尋短見的念頭，以生命影響生命。[7] 陳蕾在創作《念》（2024）時，就是描述了人面對世界的無奈，縱然她的能力有限，仍希望陪伴他們渡過難關。歌曲雖然延續了過去陳蕾對「世界是很荒誕」，是不理想的描述，卻希望對方不要因此放棄生命，安慰身處黑暗的對方，「准我陪着你／不要怕」，甚至直説「也許我沒法感受你的傷痛」，但仍想跟對方表達她的愛與關心。

陳蕾曾經歷事業的不如意，但因着其他人的支持與信任，而繼續留在香港發展。當她走過低谷後，也願意回饋這座城市，透過作品書寫愛與關懷，關心有需要的人。

■ 無論再多經歷也不被打死——人性本善的堅持

陳蕾的歌詞一直討論人與世界的關係，當世界不如自己想像時，就會引發對自我存在的不肯定，使自己放棄生命，又或放棄人性價值。陳蕾的作品常有關於世界的描述，都是混亂且複雜的——「世界是很荒誕」，或者「世界病了」（或世界是「病態」的），但是她有足夠的信心，不受到外界影響，更藉歌詞關心社會、關心別人。[8] 陳蕾描繪的世界，沒有指向任何一個地域，以較宏觀的角度重新審視世界面對的問題。

世界有惡與善的存在。《娑婆》(2020)及《沙門》(2021),歌名皆取自佛學的用詞,描繪世界的惡與善。「娑婆」其中一個解釋是指人類受苦之地,[9] 而《娑婆》正是描述人世間的種種罪惡及人心腐敗,歌曲充滿各種消極的情緒,以表達生命必不可避的痛苦。陳蕾以沉實低音帶出活在娑婆世界的重量,重複吟唱「生於娑婆/哪有着童話」,批評人類為了滿足慾望,甘於淪落凡塵俗世。《沙門》則表現對世界的擇善固執。「沙門」有僧人、苦行者、修行人的意思。[10] 主角本來盡受世界之惡的迷惑,不能自拔,但念頭一轉,學會用善良的心消化外界的壓迫,「修正劣根本性」,以好的言行回應世界,讓世界的惡意不再延續。

惡意可以化成不同的形態,如上流人士對年輕人的打壓。《下流社會》(2022)的創作意念,源於日本的低慾望社會現象,反抗社會既得利益者的剝削。[11] 歌曲以偏激的用詞和語調,描述現今年輕人面對的壓力,歌詞模仿既得利益者的惡意批評,如「揭開你的腦袋/全都裝些豬糞」,以至其他保守的意見,藉此批判僵化的社會,讓擁有一腔熱情的年輕人無能為力,只得「睜開雙眼」任由社會繼續墮落,而沒有改變的機會。

更甚,惡意的想法會肆意傷害別人,而陳蕾藉創作,希望世界回到愛與和平的基本。《旁觀有罪》(2021)的靈感來自於韓國的「N 號房事件」,表達旁觀者的罪惡。[12] 甚至,歌者唱到「旁觀者都應該接受懲戒」,直指旁觀者都有份製造罪惡,抨擊人性扭曲。如果社會任由墮落的情況蔓延,世界只會變得愈來愈壞。《以正義之名》(2023)則是回應網絡欺凌事件,批評人的偽善。[13] 歌曲指摘「聖人」唯獨見到罪人的時候才會現身,嘲諷這些人不是真正維護正義,只是趁着有可攻擊的對象時，以「正義」作掩飾，滿足一己私慾。是以，他們在行使「正義」之名時，說話也絕非大義凜然，而是暴力、嗜血、瘋狂的謾罵。

至於《窮人的薔薇》(2023)，靈感則是源於俄烏戰爭。2022 年 2 月 24 日，俄羅斯入侵烏克蘭，正式點燃戰火。陳蕾坦言難以想像現今仍然會有權力，以戰爭解決問題。[14] 於是，歌者不斷提問，如開首提出大家「何時開始喜歡相爭相剋相害」，也問這些爭奪是否「重要」，也說到人類「貪婪」，帶來生靈塗炭。[15] 陳蕾在《窮人的薔薇》流露反戰思想，強調愛與和平。

雖然，世界四處充斥着無法控制的壞事情，陳蕾卻在《神的不在場證明》(2023) 提出人的韌性，認為不應任由世界決定自己的命運。有些人的生命過得非常不順暢，甚至有一種連神也不看顧自己的感覺，於是提問「難道你（神）也不願去拯救我麼？」表面似是歌者向上帝控訴，歌者卻說「無論再多經歷也不被打死」，盡力用自己的力量抵抗世界的惡意。

陳蕾筆下的「世界」是混亂且複雜的，充滿着各種的惡意、變態、瘋狂和殘忍，但她不是想消極地面對世界淪落，反而希望樂迷相信人性本善的一面。所以，陳蕾在《下流社會》、《旁觀有罪》、《以正義之名》及《窮人的薔薇》直接批評社會的敗壞，但歌曲結尾不完全絕望，如歌者在《下流社會》用嘶吼唱腔（Scream）拒絕融入醜陋的世界、《以正義之名》的主角用自信抵抗別人的無理取鬧，而《窮人的薔薇》用人聲和唱、軍樂鼓聲，寓意用生命阻止惡意蔓延。陳蕾到最後都希望用正面的態度消化世界之惡，擇善固執。如此堅持信念的用意，就是陳蕾在《神的不在場證明》最後所言的，如果感覺神不在身邊的話，就請用自己的生命做證，相信人有突破命運、改善世界的能力。陳蕾的作品不只關心身處的社會，也指涉世界的大事，提示樂迷就算面對世界的崩壞，尚有着普世價值值得追求，如對善良、愛、同理心的堅持。

■ 小結：一念善即天堂

陳蕾從廣州來香港發展，以異鄉人的眼光持續為這座城市譜上曲詞。她曾經歷事業的低潮，把香港視為苦難、受傷之地，然而藉着他人的信任，繼續堅持，讓她終於在樂壇找到自己的位置。這些經歷也致使她更加敏感社會上的事，透過音樂作品，表達對世界的看法——在她的筆下，世界不完美，也充滿惡意，卻仍然相信人的力量，能透過擇善固執，改變周圍的環境。陳蕾的詞作提供了一種局限之外的看法，讓人可以脫離慣常思考城市的窠臼，回歸更基本的人類普世價值問題，貫徹了陳蕾從人到世界的正面思考。

城市或許不如人意，但每一個生活在城市的人，都有能力拒絕被城市，乃至拒絕讓世界變壞。雖然，每人的能力有限，關心的可能只是城市的一部分人，當中反映的卻是隱藏在城市背後，善良而重要的普世價值。從陳蕾的詞作可以看到，每一個帶有善意的小舉動，都有機會成為別人的祝福。

1 志雲頻道 stephenchannel：〈〔Stephen・傾〕（嘉賓：陳蕾）〉，YouTube，2020 年 11 月 26 日，https://www.youtube.com/watch?v=PqmltmW5OmQ。

2 《歌手・門》：〈第 1 集｜旋轉門－陳蕾 x 岑寧兒〉，ViuTV，2021 年 11 月 22 日。

3 Calvin Wong：〈【Gen Z Power】唱作歌手陳蕾：既然我選擇了香港，我便會留守這地〉，《Cosmopolitan》，2019 年 3 月 19 日，https://www.cosmopolitan.com.hk/fashion/gen-z-power-panther-chan-interview/。

4 Warnermusichk：〈陳蕾 Panther Chan《熒光》大解構〉，YouTube，2019 年 10 月 24 日，https://www.youtube.com/watch?v=UZLIAy18Z9A。

5 Alex Ng：〈陳蕾：執著之境為幻相，萬法皆為遊戲｜ MING'S 二月號封面人物〉，《MING'S》，2021 年 2 月 1 日，https://www.mings.hk/cover-persona-078-game2gether- 陳蕾 - 311788/。

6 《歌手・門》：〈第 1 集｜旋轉門－陳蕾 x 岑寧兒〉。

7 《叱咤樂壇》：〈陳蕾多謝每一位歌迷活生生嘅説話〉，商業電台，2024 年 1 月 3 日。

8 《叱咤樂壇》：〈陳蕾將神的不在場証明嘅正能量送俾大家〉，商業電台，2023 年 10 月 17 日；〈陳蕾多謝每一位歌迷活生生嘅説話〉。

9 Robert E. Buswell, et al., *The Princeton Dictionary of Buddhism* (Princeton: Princeton University Press, 2014), 736.

10 Robert E. Buswell et al., *The Princeton Dictionary of Buddhism*, 849.

11 《叱咤樂壇》：〈陳蕾於下流社會是無能為力，但也竭盡全力〉，商業電台，2022 年 8 月 24 日。

12 《叱咤樂壇》：〈陳蕾旁觀有罪成為更好既自己〉，商業電台，2020 年 12 月 9 日。

13 《叱咤樂壇》：〈陳蕾俾你聽客氣版嘅以正義之名〉，商業電台，2023 年 12 月 19 日。

14 《叱咤樂壇》：〈陳蕾想你知道窮人的薔薇嘅奧秘〉，商業電台，2023 年 2 月 7 日。

15 同上註。

社會、爭議與自我——姜濤的身分追尋

海邊欄

明星生產是販賣幻想的工業。唱片公司與經理人公司透過經營，為明星建立一個符合市場需要的形象及特定的人設，明確地告訴受眾「這是誰」，才能喚起受眾的想像，進入可供幻想的夢鄉。然而，有些歌手的自我意識較強，他們在有意或無意間，呈現出不一樣的「自我」。這個「我」有時溢出了製作團隊為其設定的形象界限，有時推翻受眾的預設，為受眾帶來截然不同的想像，甚至引起爭議。

姜濤，屬於自我意識較強的歌手。我曾在〈黑暗中獨舞——姜濤的脆弱、強悍與溫柔〉一文指出，姜濤的形象跟一般青春偶像的預設有所不同。[1] 他的作品總是表現出「自我」與外界的矛盾，以及「我」在面對矛盾時的內在經驗。這些出現在作品裏的複雜，且傾向「灰暗」及「悲觀」的情感，跟其強烈的自我意識有密切的關連。2021 年開始，他的歌曲的核心主題，大部分都跟「我是誰」有關，似要透過作品再現「我」在社會的位置。[2]

姜濤進入公眾視線之後，香港社會及香港樂壇出現分水嶺，姜濤「自我追尋」的形象恰好契合人們在變幻的世界裏尋找新身分的渴望，因此，姜濤借作品來定義自己之時，人們都對其進行定位。這些定位對姜濤的形象帶來什麼影響？ 2020 年之後，姜濤成功獲得廣泛的注視，但注視換來爭議，這些爭議無疑為他帶來衝擊。在這些衝突的影響下，姜濤作品中的自我定位亦出現不同的變化。究竟近年他的作品呈現出怎樣的身分追求？

■《Master Class》── 界限分明的反抗者

世代矛盾是香港一直存在的社會問題。部分有權力者、成年人或建制裏的人，要求下一代遵循既定的生活方式行事，此舉令一些年輕人感到不滿。針對以上現象，近年社會逐漸生起了一套論述：年輕人有其主體性，應按心中所想反抗一些僵化的規條。姜濤曾表示，創作《Master Class》(2021) 是希望分享個人經驗，鼓勵自己以及年輕人要有勇氣去突破及創新，不要被外在框架影響自己，而此創作理念無意間與時代呼應。在黃偉文筆下，《Master Class》的「我」變成了一個破舊立新的時代新主人。

《Master Class》呈現一個由保守 vs 創新、當權者 vs 無權者、新一代 vs 上一代的衝突構築而成的世界。姜濤在歌中扮演一個受到權力壓制的新人類。在面對敵對者以「咸豐」的過時標準、採取不同的規訓手段否定「我」時，「我」縱然感到不解及痛苦，卻依舊充滿自信、不妥協，不退縮，為的就是尋獲一個能代表自己的身分（「我目標只想似我」)，創造一個全新的世界（「能否將星系換過／呆板的請讓座」)。

《Master Class》主人公的「勇者」、「突破者」身分，是透過跟他者的對比呈現。他者的「權力」用來突顯「我」的「弱勢」；他者的「落伍」用來烘托「我」的「先鋒」；他者的「保守」用來陪襯「我」的「創新」。外來力量對「我」的模塑，用來表現「我」真正的內心，而他者的「無理」用來對比「我」的「理直氣壯」。此二元對立的敍述結構，把「我」置於「正確」或「合理」的一邊，區隔那些被視為「舊」、「老」、「外加」、「控制別人」等負面的事物，主體的身分顯得具有明確的界線，毫無模糊的地方。

■《鏡中鏡》── 多面、持續演化的「我」

《Master Class》中的「我」清晰而統一，能召喚認同。然而，它只呈現「我」其中一面 ── 和應時代潮流的主體。在這個身分之外，主體仍有無數個不同的「我」存在於平行時空。[3] 姜濤在接受訪問時表示，入行後外界對其進行不同的定位，除「可愛」、「得意」外，希望觀眾了解自己的另一面。[4] 基於以上原因，由小克填寫的《鏡中鏡》(2022)，其實是主體發現多於一面的自己，以及面對外界對自己定位之時，作出的身分調整。

跟《Master Class》不同，《鏡中鏡》的「我」是複雜而多元的：除了具主控位置的「我」之外，還有其他發出雜音的「我」存在於同一時空之中，例如因外界對「我」的不同評價而出現的另一個「我」；又或是在過去時空中曾受傷或不被認同的「我」。[5]

《鏡中鏡》要呈現的是處於主控位置的「我」處理其他雜音的過程。在歌曲第一節，「我」對外界的聲音，不論是讚美或批評，都持抗拒的態度，並視為干擾自我的破壞物，故「我」在妥協及順從的同時，暗自把它們「掃」諸門外，避免外來者侵擾「我」的領土；又採用不同的方法作出控「訴」，抗衡外來者對「我」的衝擊。在第二節，「我」察覺無論作出怎樣的嘗試，都無法驅除那些外來者，使自己回到「潔白」的狀態。在掙扎的過程中，「我」頓然發現現時這個對外來者抗拒的「我」，源自內在的心結：過去「我」的創傷經驗，以及一直埋藏於內心深處、阻礙我建立主體性的「異態」。

處於主控位置的「我」、外界定位下的「我」，以及兒時受創的「我」環環相扣，難以抽刀斷之。主人公這時才明白，要處理當下困局，必先直面痛處，將創傷「吐」出（有痛苦地面對、傾吐、述説之意），使內心早已蒙上灰塵的心鏡，回到澄明之境，這樣就可以接受主體本來就是多個「我」構成。

《鏡中鏡》呈現「我」多面而分裂的面貌，透過記述「我」由抗拒到接納不同聲音的過程，突顯「我」跟雜音持續角力，又持續協調的身分定位。

■《作品的説話》——奔向世界、連接現實的「我」

《Master Class》是「我」向外宣示獨立身分的作品，《鏡中鏡》則「向內捲」，透過指出「我」的同質性永遠不可能完成，建構一個持續分裂，又持續協調的「我」。到了《作品的説話》（2022，小克詞），「我」竭力「向外推」，建構一個跟現實世界連結起來的「我」。

姜濤曾在訪問時指出，《作品的説話》是「我」的視角，告訴大家現在世界發生了什麼事，並藉此表達「愛與和平」的訊息。[6] 這個創作意圖在無意間把姜濤及普世價值連繫起來，為其形象帶來「與世界接軌」的元素。

「希望用作品説話」是姜濤常掛在嘴邊的口頭禪。他與創作團隊以《作品的説話》為歌名，既為歌曲賦予姜濤的個人色彩，更重要是藉歌曲帶出深刻的意義。受歌曲的主題影響，《作品的説話》的外在世界富有很強的真實性，而且有兩層文本。第一層呈現了歷史洪流裏的藝術創作。主歌一口氣描述了五個關於戰爭、暴力、衝突的藝術作品，包括一張攝於 1945 年廣島原爆的照片、一首主張世界一體的流行曲、一本呈現被納粹德國迫害的猶太少女日記、一幅繪於柏林圍牆的反敵對塗鴉，以及一個主張反核、宣揚和平的國際符號。以這些作品入詞，一方面扣連歌名中「作品」這個概念，同時連結現實，為其賦予世界歷史的深度。

第二層是歌曲本身的故事。副歌部分描述了戰爭的場景，呈現對文明的破壞、對人類情誼及生命的傷害，帶出戰爭的殘酷。兩層文本似是割裂，詞人卻能巧妙地利用共同的「説話」，把兩者連繫起來。第一，它們都反對戰爭，宣揚和平。第二，它們都用一顆最純淨無邪、具智慧的心，在善良及邪惡之間，選擇了前者，用愛擁抱文明及人類。歌曲中的連結以及背後承載的價值觀，為故事中的「我」及演繹歌曲的姜濤帶來善良的形象，同時也為其賦予深刻的「社會性」。

■ 變局下外界對姜濤的定位，以及姜濤的爭議

姜濤在 2018 年透過參加選秀節目《全民造星》，後來組成組合 MIRROR 開展其音樂事業。在他出道後不久，香港迎來了巨大的變化。世事的變幻喚起香港人對追求新定位的渴望。姜濤鍥而不捨在作品中尋找個人身分的情況，跟部分香港人的追求相似，令他們把

他當成認同對象。另一方面，2020 年之後，香港樂壇迎來新舊交替的格局。當部分樂迷認為香港樂壇回不去昔日的盛世之時，廣東歌及香港歌手再一次受到關注，社會大眾需要一個新圖標，為香港樂壇重新定位，正在冒起的姜濤符合了他們的需要。以上兩個因素，令一些樂迷視他為香港歌手的代表，認同其音樂製作反映出來的「自我」形象，並將他置放在一個較高的位置。

由於《鏡中鏡》及《作品的説話》有其破格之處，故推出後都引起了極大的迴響。一些姜濤的 Fans，以至音樂界、學術界人士嘗試將姜濤的音樂作品置於香港樂壇及社會轉變的脈絡裏，開展討論，對其進行定位。以《鏡中鏡》為例，論者分析歌曲的旋律，指出其歌曲揉合了 Hip hop、日韓流行音樂、弦樂、古典音樂[7]等元素，藉此論證《鏡中鏡》的創作團隊在音樂上如何突破過去廣東歌的既定曲式及音樂風格。[8]有論者解讀歌詞，指出歌曲能鼓勵人「欣賞自己」，暗示其具有社會意義；[9]亦有論者指出歌詞對「鏡」這個意象的形塑，以及對「鏡中自我」的討論，突顯香港流行音樂正向「深度的追求」邁進，從中肯定姜濤對音樂的執著及其形象上的多元性。[10]除此之外，有人從整首歌的製作、音樂類型、歌曲隱含的哲理，指出歌曲是「雅俗共賞」的作品，並認同姜濤及此曲對流行曲範式的轉變起牽頭作用。[11]以上評論，除突顯姜濤勇於破格、有個人理想及信念外，更強化他跟香港樂壇的連結，暗示其帶動樂壇開創新一頁。

《作品的説話》同樣受到外界的關注。歌曲在 2022 年 4 月推出，當時世界各地及香港都正值多事之秋。2 月，俄羅斯入侵烏克蘭，人們在新聞與網上目睹戰火與轟炸的畫面，深深體會戰爭為手無寸鐵的平民帶來無意義的痛苦。這個時候，以反戰為題材的歌曲能引起大眾的共鳴；另一方面，以往香港是一個重視普世價值的地方，烏克蘭的戰火再一次喚起人們，特別是知識分子，對普世價值的思考。以社會問題作為素材的《作品的説話》正好提供機會，讓他們表達對某些價值的看法。

董啟章指出姜濤除了透過《鏡中鏡》進行自我探索外，還透過《作品的説話》關注人類共同的生存處境，兩者都在追求如何成為一個更好的「人」。這種對「人」的追求帶來的生命超越了地域、國族、性別及階層等等，故董啟章讚揚這羣年輕人（其中一個是姜濤）的「視野和情感也肯定是世界性的」。[12] 李照興從時代價值的角度，肯定《作品的説話》是對「大時代的反暴力回應」，同時讚揚音樂人在崩潰的世界裏，仍舊以普世關懷的態度，去「關切地球上每個苦難的角落，去關聯，去團結，去呼喚」。[13] 鄧正健則從社會責任評價姜濤，認為這歌曲反映姜濤「樂意」，且「非常懂得」運用自己的影響力，傳揚反戰信息及表達「人類善良的盼望」，肯定具備「公共知識分子」的責任。[14]

以上觀點，肯定姜濤在時代中扮演的角色，賦予他豐富的社會意義。姜濤冒起以來，一直惹來各方爭議。[15] 當這些正面評價開始改變部分樂迷對其印象的時候，發生幾件重要事情，為其事業發展帶來變化。第一，2022 年 7 月 MIRROR 的紅館演唱會《MIRROR. WE.ARE LIVE CONCERT 2022》出現意外事故。為調整狀態，團隊中所有成員需停工兩個月，姜濤暫時消失於公眾的視線之中。第二，2022 年 11 月，姜濤參與《903 AllStar 籃球賽》時受傷。在休息期間，他的身型出現改變，遭一些網民嘲笑。[16] 第三，姜濤於《叱咤樂壇流行榜頒獎典禮 2022》，表演《鏡中鏡》時表現異常，惹來網上大量負評，部分網民甚至就其表演進行惡搞式的二次創作，嘲諷他當日的失準表現，自此，技藝不足成為一些樂迷對他的印象。第四，他在《CHILL CLUB 推介榜年度推介 22/23》頒獎禮得獎後，花數分鐘表達對 MIRROR 各成員的感受。事件發生後，引來大量負評，有評價指他在技藝不足下，仍有「小動作」、「扮嘢」，似暗示其自我中心。

2021 年之後，姜濤音樂作品的深度部分將他拉到一個新高度，樂迷對姜濤持高度的評價，認為他在歌曲中傳達的理念，對香港社會或香港樂壇饒富意義。然而，他在頒獎禮中失準表演及失言的情況，令人們覺得他未有足夠的資格，得到那些肯定。經過這幾件事，姜濤的事業處於停滯狀態，2023 年，他在鏡頭下的一舉一動，都引來了無盡的爭議，批評的聲音顯然比以前更多。面對這些批評帶來的身分衝擊，姜濤再一次選擇以音樂，來調整自我形象。

■《Dummy》── 獨立後的異態以及爭議聲中的反思者

在頒獎禮遭逢挫折後，姜濤推出跳唱單曲《Dummy》（2023，梁栢堅詞）回應事件。此曲在表達手法及歌曲演繹上都加入以往不同的元素──自嘲，歌曲主題其實承接他在 2021 至 2022 年的部分作品，仍是探討「我」的存在屬性。據姜濤所說，歌曲延續《鏡中鏡》跟外部世界「對抗」的主題。除了跟《鏡中鏡》有關連外，此曲亦可以說是《Master Class》的續集。《Master Class》及《Dummy》的主角在受到外在壓迫的時候同樣決定「出走」：《Master Class》的「我」誓要擺脫大師班的管控；《Dummy》的「我」拒絕成為被操控的木偶。不同的是，《Master Class》着力呈現的是其對抗權威的果敢及傲氣，而《Dummy》卻聚焦於木偶（即是主角）「甩繩」後，在創造自我時不被認同的情況。

這首歌至少有兩個解讀方向。第一，根據姜濤遇上的挫折拆解歌曲的主題。例如有論者就是從這角度，分析歌詞呼應了他在「叱咤」演出期間的「失控」狀況：[17]「磁場過量／如花式表演誇張」、「布偶似斷纜／製造懸疑怪事」等，似是戲謔姜濤於頒獎禮的「異常」表現。結合姜濤在歌曲中特意加入的笑聲，以及舞蹈中「敲頭」動作，都似是透過自嘲，時刻提醒自己要保持清醒。[18]

雖然如此，樂迷仍可從較宏觀的角度解讀歌詞的意涵。歌曲呈現的其實是主體在覺悟，並建構獨立自我之後的存在狀態，探討一種怪異的存在跟他者的張力，以及思考處理衝突的可能性。當「我」拒絕做別人木偶的主角，在「甩繩」後嘗試「自訂存在意義」，然而其表現出來的「詭態」如「跳躍去放肆」、「失笑中失控」、「目露凶光近視」等等都無法令人接受。主角面對的一種尷尬的處境，跨出了木偶的界限，但那個憑主觀感受形塑出來的自我卻如同怪嬰一樣，不僅惹別人反感，連自己都厭惡自己那樣的形態，可以怎樣處理？

在最後一節副歌中，「我」嘗試以「校對軌跡」、「記得初衷」、「跌過再試」來應付這虛無的困局。這些敍述令身分建構處於一種「現在進行式」的時態，「我」變成了一個持續追問「存在意義」、願意審視自己的異態，以及接受他者聲音對自我監察的反思者。

■《濤》── 容納百川的「我」

2023年7月，姜濤在首個個人演唱會《"WAVES" IN MY SIGHT SOLO CONCERT 2023》前夕，推出主題曲《濤》。歌名以「濤」命名，除意味演唱會將以濤作為主題外，亦暗示是姜濤的作品。歌曲主題跟之前幾首歌曲一樣，仍是探討每個主體須叩問的問題：在外界定位、他人批評、個人歷史、生命創傷交織在一起的生命裏，當下的「我」究竟是什麼？如果《鏡中鏡》欲建構的是一個跟雜音並存的「我」，《濤》的「我」則是追求融和他者、不分你我的狀態。《鏡中鏡》其中一句歌詞「根本我是濤」，顯示「我」承認自己不能跟外界區隔開來，到了《濤》，填詞人小克發揮聯想，利用「根本我是濤」一句，把「我」視作「浪濤」，建構出另一種的身分想像。

首先，如水一樣，「我」對他人來説是矛盾的，使人又愛又恨：具危險的屬性，能「挑逗」別人，其可怕的力量更可把事物翻覆；同時又具備正面的力量，能載起「方舟」，並能起鼓勵作用。其次，水的屬性千變萬化，如同「我」一直順着環境幻化成不同的形態，可由巨浪變成漣漪，再回到靜止的狀態；它時而流動、時而蒸發、時而飄降、時而匯聚，無法被定型，且沒有邊界。而且，「我」雖有自身的脈絡，隨着個人生命的進化「匯聚成十二」，從「順流逆流」中建構「自身意義」，同一時間，它如水一樣能容納萬物，具備高度開放性，能融和他者，在「腦海中」接納「世界百態」，使之成為自己的一部分。

《濤》呈現出來的主體，由各種意外構成，但它承載「我」的思考及經歷，故不能說沒有「我」的元素。另一方面，主體雖有「我」的元素，卻一直受外物定義、影響，跟所謂「世界百態」融和於一起，難以分解，故有「非我」的元素。可見，主體在《濤》一曲之中，介乎於「我」與「非我」之間，永遠無法由一種話語定義。在《濤》Dance Version MV 中，姜濤的髮型一半金色、一半黑色，服飾則以黑為主色，白作映襯。顯然，製作團隊是透過這對比色調的運用，為姜濤注入太極元素，突顯「我」剛柔並濟、看似對立，實際一直處於運行不息的狀態，可生出無限個「我」，又同時歸一，若水的生存狀態。

■ 小結：上下求索的「虛我」

隨高低起跌的經歷，姜濤在歌曲中的「自我」形塑出現不同的變化：由抵抗外在現實，到叩問內心，嘗試跟不同的聲音並存，最後嘗試跟事物融合歸一。因着樂壇形勢，部分民眾的心聲把姜濤推向高峰，卻同時讓他遇上洶湧的逆流。強烈的自我，有助姜濤突破了青春偶像的預設，卻同時使他遇溺，急於在表演中表達情緒，而無法發揮應有的水平，致帶來無盡爭議。這些事例都說明，水可載舟，亦可覆舟的道理。時代無常，受眾無常，自我亦是無常，所謂「我」在他人的視線下，只是假名，主體難以掌握。

人可以做到的，就是回歸內在，體察與調整存在的方式。逆境之路很漫長，在低潮中，姜濤領悟「為水」的意義，並交出了兩份功課：2023 年，姜濤舉辦了四場個人演唱會，以「濤」為主題，呈現他多變及兼容的一面。我們看見了他可以接納不同事物的眼界。

2024年初，在《MIRROR FEEL THE PASSION巡迴演唱會》中，姜濤再次踏上昔日在表演時遭受挫折的舞台，一人跳唱《鏡中鏡》。我們在當中看見他接納自己的勇氣。或許，姜濤的演繹及言行並不完美，以上兩份功課亦未必能即時扭轉外界對他的評價。但至少，姜濤在這一階段裏，能夠以上下求索的態度，建構一個具開放性的「虛我」。

1 海邊欄：〈黑暗中獨舞——姜濤的脆弱、強悍與溫柔〉，載《給下一輪廣東歌盛世備忘錄——香港樂壇變奏》（香港：突破出版社，2022），321 - 332。

2 姜濤不只一次有訪問裏提及，他希望舞台演繹、歌曲主題或歌唱方式，都有屬於「自己」的東西，某程度反映他對「自我」的高度關注。

3 劉紀蕙：《心的變異：現代性的精神形式》（台北：麥田出版，2004），110 - 111。

4 商業電台 Hong Kong Toolbar：〈姜濤第 9 胎受「我最喜愛的男歌手」啟發？質疑到曾出現「兩個姜濤」？〉，YouTube，2022 年 1 月 7 日，https://youtu.be/B2GB4oRKHgM?feature=shared。

5 所謂處於主控位置的「我」，是主體進入象徵秩序後，在各種文化價值及意識形態的要求下，透過摒棄不被接受的特質而建構一個同一、穩固、被認可的身分。在這個處於主控位置的「我」之外，還有其他具「他性」的「我」存在於同一時空裏，這些「我」或許跟文化秩序有衝突、或許破壞主體的同一性、或許帶來不確定的身分，因而被處於主控位置的「我」排除。參考：劉紀蕙：《孤兒・女神・負面書寫：文化符號的徵狀式閱讀》（台北：立緒文化事業有限公司，2000），以及劉紀蕙：《心的變異》。

6 〈姜濤自編自導演反戰新歌《作品的説話》MV 宣揚愛與和平〉，《明報》，2022 年 4 月 30 日，https://ol.mingpao.com/ldy/showbiz/latest/20220430/1651329324867。

7 《鏡中鏡》的結尾十二個琴音，來自愛沙尼亞作曲家 Arvo Pärt 於 1878 寫下的古典樂曲 "Spiegel im Spiegel"。

8 TOMMY SIR 音樂頻道：〈《鏡中鏡》從姜濤的自我覺醒引領世界的揚升之路〉，YouTube，2022 年 1 月 16 日，https://youtu.be/P-bHZCqmzNA?feature=shared。

9 撻着廣東歌（@clickcantopop）：〈人生最大的敵人是你自己，戰勝心魔，覓自我〉，微信，2022 年 5 月 1 日，https://mp.weixin.qq.com/s/Tcph3vr9xFgFHxLKX5AGDA。

10 〈小克、姜濤各有寄託　因緣湊合的《鏡中鏡》〉，《文化者》，2022 年 1 月 17 日，https://theculturist.hk/2022/01/ 展訊 / 地區 / 香港 / 小克、姜濤各有寄託 - 因緣湊合的《鏡中鏡》【創作 /。

11 伍止流（@nylllllk）：〈《鏡中鏡》所引起的文化範式〉，Instagram，2022 年 1 月 25 日，https://www.instagram.com/nylllllk/p/CZJygjKvrHE/?img_index=1。

12 董啟章：〈從作者到作品——姜濤的光速演化〉，《虛詞》，2022 年 5 月 4 日，https://p-articles.com/critics/2934.html。

13 B 鏡：流行世界自由 connect：〈從林子祥到姜濤：香港流行音樂中的普世「大主題」〉，Facebook，2022 年 5 月 6 日，https://www.facebook.com/profile/100063796442088/search/?q= 從林子祥到姜濤。

14 鄧正健：〈星期日文學‧《作品的説話》：如何在流行文本中繼續説反戰〉，《明報》，2022 年 5 月 8 日，https://news.mingpao.com/pns/ 副刊 /article/20220508/s00005/1651946869314/ 星期日文學 -《作品的説話》- 如何在流行文本中繼續説反戰。

15 2021 年，姜濤第一次獲得「叱咤樂壇我最喜愛的男歌手」之後，有網民認為他認受性不足，有人則指出他的歌唱技藝不足，暗示其未夠資格得到該獎項。

16 周逸晞：〈姜濤腳傷後再次上場變成「波」 網民取笑佢進步去晒體重〉，《香港 01》，2023 年 1 月 2 日，https://www.hk01.com/article/852856?utm_source=01articlecopy&utm_medium=referral。

17 馮月明：〈姜濤新作《Dummy》：「甩繩」布偶，自嘲能否令人接受？〉，《關鍵評論》，2023 年 5 月 15 日，https://www.thenewslens.com/article/185533。

18 商業電台 Hong Kong Toolbar：〈自嘲叱咤台上不成熟表現 姜濤：想公司雪藏自己〉，YouTube，2023 年 5 月 31 日，https://youtu.be/aUJtsi6q-LE?feature=shared。

香港家駒與中國 Fans —— 千禧世代的 Beyond 情懷

陳嘉銘

1983 年，Beyond 組隊，距今四十年；1993 年，黃家駒為日本電視台演出時發生意外離世，至今亦超過三十年。這些年來，香港坊間，尤其 Beyond 的支持者，一直把樂隊與家駒視為時代觀照，以回顧昔日本土流行音樂，並以「懷念」為名持續舉行活動。2023 年香港書展，有書商為 Beyond 和家駒出版紀念書刊，記念樂隊組成四十周年，同時緬懷家駒逝世三十周年，藉以紀念八、九十年代的流行文化。[1]

懷念的不止坊間，連特區政府的施政說法，也強調香港流行文化的價值。2023 年舉行的「首屆香港流行文化節」，八、九十年代的本土流行文化儼然成為主角。除卻電影放映、音樂會、展覽之外，更有以藝人為標誌性（Iconic）的活動設計。張國榮和梅艷芳是當中的重點，如香港文化博物館舉行了「繼續寵愛張國榮紀念展」，又以「芳華再續」為題放映張、梅二人的多部經典作品。除此之外，陳百強和羅文也是活動話題中的常客，羅文的《獅子山下》（1979）作為社會和政治論述的載體，在每個年代都曾被不同人翻唱，以迎合某個年代的民間想像與訴求。[2] 而 2024 年 4 月的「第二屆香港流行文化節」，就以「也文也武」為題，將金庸小說的人物，以及顧嘉煇和黃霑的曲詞創作，舉辦相關展覽與音樂會，繼續言說流行文化的本土故事。

Beyond 是香港的經典樂隊，而黃家駒作為當中的代表人物，是香港流行文化的重要一員。黃家駒雖然早逝，但其作品的多樣性，一直以來能夠讓不同背景的支持者，在聽歌與想像裏描畫多元化的意識形態光譜，尤其當官方高調以流行文化作為言說香港故事與身分認同的物事時，標誌性人物已逐一「上場」，而 Beyond 與黃家駒想當然會是一個載體，值得以 Fans 研究作為方法，去探索當中是否必然只有一種（唯一的／同質化的）官方說法，可以收編 Beyond 與黃家駒的指涉。

Beyond 和黃家駒的香港 Fans，早就建立了一套香港流行文化視野，以及身分認同價值；但當考慮樂隊在中國亦有一班樂迷，甚至當中不少是千禧後才出世的新生代，那在「非廣東話」的中國語境，亦在「非共時性」（Unsynchronized）的接收之中，即接收者作為千禧世代，回溯昔日的流行音樂，喜歡早逝的黃家駒等等，是所謂何事？本文正是透過「焦點小組研究」（Focus Group Studies），與四個中國千禧後出生的 Beyond Fans 對談，從中解讀中國內地對於 Beyond 與黃家駒的想像 —— 這是中國民間所理解 Beyond 的多元價值，卻非僅為一種香港故事「服務」。

■ 以「後榮迷」到「後駒迷」的研究參考

對於這種「非廣東話」與「非共時性」的接收，早在張國榮離世之後，涉及「後榮迷」的研究時已有觸及。所謂「後」，是指藝人離世後，一羣新的 Fans 才正式形成，如英語中的 Posthumous Fandom。

張國榮在 2003 年過世，其後出生的一代在網上看到他的演唱或電影而成為 Fans，就被稱作「後榮迷」。美國學者 Wang Yiman 曾研究香港本土與海外的「後榮迷」。[3] 當中有說各地 Fans 都會在網絡媒體接收與發送對偶像的資訊，以展示認同與投入感，「後榮迷」因着網上的追悼活動，慢慢透過參與而成為一個羣體網絡。雖然各地 Fans 大都會在網上集結，內容卻存在微細差異，從而看到香港與海外 Fans，在想像與言說張國榮的時候，反映了不同的面向。

比如對於香港的 Fans 而言，大部分都在成長過程中，同步在電視與音樂媒體上「經歷」張國榮出道，努力發展而到達光芒四射的事業頂峰；即便是千禧後新生代的「後榮迷」，亦會隨着前人積累已久的論述，繼續寵愛、想像張國榮。因此，張國榮的香港 Fans，不論年紀，都會扣連起八、九十年代香港流行樂壇的多姿多彩，同時聯想香港社會起飛的種種發展。張國榮自七十年代末出道，亦是香港媒體與本土意識醞釀與發酵的歷程，雖不至於像羅文的《獅子山下》一樣被連帶為「香港故事」，卻與香港發展的想像唇齒相依，而「哥哥代表香港」的說法，就不脛而走。

「哥哥」是歌迷對張國榮的暱稱，我們反而少有聽說海外 Fans 以「Big brother」等作為對張國榮的稱謂。張國榮的海外 Fans，不少是「非廣東話」族羣，甚或「非華人」種族，都不以廣東話或香港本土 Fans 的慣性語境，去想像張國榮。在前述的研究中，對於這些海外 Fans 來說，「張國榮」更多是以視覺的認知先行，比如張國榮的演出，尤其是他在 2000 年的《熱・情演唱會》上，以 Jean Paul Gaultier 度身訂造的長裙和裙褲為舞台服裝，同時留有長髮，再配合清晰可見的鬚紋，都是「雌雄同體」（Androgynous）的象徵。這讓不少海外的「後榮迷」為他傾倒，甚至聯想外國有相近形象的歌手，比如大衛・寶兒（David Bowie）的演出；這種接收是「非語言性的藝術」（Non-linguistic Art），讓海外 Fans 在一個華人身上，找到多元化的種族與性別想像。這個研究正是以「非廣東話」與「非共時性」的 Fans 接收，解讀不同地域「偶像離世後才成為 Fans」，對喜愛一個偶像的異同。

■ 從喜歡 Beyond 到鍾情香港流行文化

就本文而言，針對 Beyond 和黃家駒的中國 Fans 分析，正是有意揭露他們與香港 Fans 或有不同的接收，從中可見 Beyond，尤其是核心成員黃家駒在中國語境裏，或有另一重意義的多面性，這是為拋磚引玉的研究。透過現於香港都會大學修習創意寫作與電影藝術的中國來港學生王同學，認識了三位現就讀中國不同大學的 Beyond Fans，建立這個焦點研究小組。我們透過網上會面，作了兩次對談。第一次對談日期為 2023 年 7 月 31 日，時間是下午 2 時 15 分至 3 時 45 分；第二次對談日期為 2023 年 8 月 18 日，時間是下午 2 時至 3 時，延續在首次訪談中值得再了解的想法。對談經過錄音後，整理成訪問稿，以作出分析。

四位參與對談的同學的資料，簡列如下：

姓氏	性別	出生年份	現就讀
王	女	2000	香港都會大學，創意寫作與電影藝術
楊	男	2000	北京大學，法學系
任	男	2001	本科中國民用航空飛行學院航天技術；現讀中南大學，數據分析
陳	男	2001	中南大學，計算機學院研究生

四位同學都是中國湖南人，贊同以真實姓氏代表身分，以下的分析會以「某（姓氏）同學」作為對他們的稱謂。

訪談的內容以前述的「非共時性」與「非廣東話」脈絡，解讀他們作為「後騶迷」，以及喜愛 Beyond 的原因與想像。當中有兩個方向，建立對談的細節，包括：第一，世代「錯置」：八、九十年代的 Beyond 對千禧後出生及成長的一輩，意義是什麼？第二，地方「轉移」：香港本土的 Beyond，對中國內地的新生代，有怎樣的認同甚至身分想像？廣東歌及香港流行文化，對他們來說又有怎樣的價值？

對談是以「為什麼喜歡 Beyond ？」及「從什麼時候開始喜歡他們？」打開話匣子。四位同學不約而同地說到，都是因家人播放 Beyond 的歌，聽歌以後開始喜歡這隊樂隊。[4] 可以說，他們是在上一輩家人的習慣中，認識 Beyond 的歌，吸引他們了解香港八、九十年代的流行音樂，而慢慢愛上了香港流行文化。

這幾位對談的同學都是千禧後出生的一代，父母都是在八、九十年代成長的一輩，深受香港的流行文化薰陶，所以在日常生活裏偶有觸及廣東歌，陳同學有説：

> 我是在家人的車上第一次聽到 Beyond 的《Amani》（1991），當時我沒有聽過粵語歌，這首歌是唱什麼，我完全聽不懂，也猜不到它是什麼意思。但是，聽這歌第一個感覺是，旋律好聽，像聽古典音樂一樣，就會讓人愛上；黃家駒的唱法是很有穿透性和感染力。這首歌的副歌部分，「AMANI NAKUPENDA NAKUPENDA WE WE」，邀請了非洲的難民兒童一起唱，是非常非常有力量。自此 Beyond 決定了我的審美，去聽搖滾。

陳同學的説法，是他小時候在家庭生活裏聽到 Beyond，而愛上這隊樂隊和搖滾樂；但更重要的，是他因聽到 Beyond 而建立他所言的「審美」，非關語言，只是音樂與搖滾。

也有對談者指出，Beyond 並非自己首次接觸香港流行文化的對象，如楊同學所言：

> 我中三開始特別喜歡張國榮。我覺得香港娛樂文化是非常光輝的，比如七十年代有許冠傑，八十年代有張國榮、譚詠麟、林子祥，到九十年代有四大天王。這二十多年的香港娛樂文化，算是中國文化非常有標誌性的時期。Beyond 給我的感覺是，在眾多香港歌手中最有人文關懷的樂隊，以很多題材打動人的情感。

「後榮迷」楊同學強調了香港流行文化的「光輝歲月」，是有不同類型的歌手輩出；而「人文關懷」的説法，楊同學解釋不少流行歌皆出於電視與電影，觸動普羅大眾的情感，但就沒有再為這個説法與 Beyond 的想像加深闡釋。

至於王同學就説自己小時候已有看香港電影，及至近年修讀電影，回看九十年代的港產片，更了解當時的電影工業。當中最讓她感到有特色的是，港產片的類型豐富，有武打片、鬼片、黑幫片、喜劇等等，而她也非常喜歡周星馳。若果電影有用上背景音樂或流行歌，她會翻聽當中的歌曲。

這種對香港電影類型、音樂應用等等的多元化説法，任同學就補充了中國的接收狀況：

> 現在中港有很多大片，但有點感覺像是流水生產的，劇情很單一。回看八、九十年代，大陸是改革開放嘛，也把香港的娛樂文化帶過來，讓人感覺很多元化和新鮮；比如那時候周潤發的《英雄本色》（1986，吳宇森導演）吧，它在大陸都很火，另外亦有很多人喜歡香港的流行歌。很多歌手、演員，都是在那個年代紅起來，到今日仍有演出。

任同學説近年最愛的電影是周潤發和郭富城主演的《無雙》（2018，莊文強導演），喚起了他對八、九十年代警匪與黑幫片的回憶，如他所提及的《英雄本色》。值得留意的是，這幾位同學都是千禧後世代，他們所言的「喚起」與「回憶」，其實並不與作品生產年代同步，那是他們在近十多年才接觸的香港流行文化。換句話說，那是「非共時性」的香港流行文化，跨出了時間的維度，讓後來的世代在重溫裏，竟能夠把昔日的影視作品如數家珍，甚至當成是自己的同代「回憶」，以「喚起」懷舊情感。

任同學的解釋是，中國的改革開放，引入了香港的流行文化；而楊同學前述香港流行文化自七十年代的「光輝」，與王同學所感受港產片的「豐富」，成就了中國當年以及其後新生代所接收香港流行文化的多元價值。是故本文所見的「非共時性」，對受眾而言皆有跡可尋，那就是香港文化的多元化，與適時的流通性，造就今天的中國新生代，會以昔日的香港流行物事為傲。

■ 由《海闊天空》聽出校園情懷

這幾位同學有因着喜愛八、九十年代的香港流行文化，而看港產片和聽廣東歌，也有因着喜愛 Beyond 而刺激他們發掘香港流行文化。他們從網絡接收音樂，除了陳同學之外，其他都不會購買唱片，選擇在中國的「QQ 音樂」和「網易雲」付費聽歌。[5] 即便王同學稱自己只是 Beyond 的「路人粉」[6]，但她都會在網路上翻查樂隊的資訊，更在網上平台參與討論。最特別的「追星行動」，是自新冠肺炎爆發後，中國各地大學經歷停課，陳同學和任同學在各自的大學裏，與其他喜歡 Beyond 的同學，相約坐在草地上一起聽樂隊的歌。

問到他們喜歡 Beyond 哪一些歌，王同學和任同學說是《真的愛你》(1989) 和《光輝歲月》(1990)，都是樂隊於 1989 至 1990 年間在「四子時期」的作品。他們喜愛這些歌，都是因為動聽的旋律，後來才讀廣東話歌詞了解內容。至於陳同學就指出喜歡收錄在專輯《繼續革命》(1992)的《早班列車》，以及黃家駒過身後，在 Beyond「三子時期」的專輯《不見不散》(1998)內的《星期天》，以及與專輯同名的《不見不散》。陳同學指《早班列車》有一種「很上口」的感覺，另外兩首則是 Beyond 開始更另類的音樂創作，同樣動聽。

綜觀幾位同學的說法，他們喜愛 Beyond，大都是樂隊在 1989 年的「四子時期」，甚或黃家駒過身後的「三子時期」，反而沒有人提及 Beyond 在 1982 年初成立時的「地下時期」，以及 1988 年或之前的「五子時期」。對這一輩千禧後出生的中國 Fans 來說，Beyond 的「四子時期」及黃家駒離世後的發展，才是他們的「集體回憶」。[7]

而最重要的 Beyond 作品，幾位同學不約而同指出是《海闊天空》(1993)，當中兩位同學都有指：

> (任同學)《海闊天空》有一種很寬廣胸懷的感覺，對男生來說，聽到這首歌感到很豪邁，所以最喜歡。

> (王同學)我們很多同學是從小學、中學開始聽 Beyond，主要是男生，會忽然開始唱《海闊天空》，然後感到一種即將離別的情懷，這首歌讓同學有走在一起，很青春和有理想的感覺。

兩位同學都談到歌曲的音樂和旋律，強調這是先入為主而喜愛歌曲的原因，如前所述，對歌詞的理解都是後話；但或正是那種「豪邁」和「離別」，也有談到理想的感覺，讓他們投入歌中的想像。

《海闊天空》是黃家駒在逝世前創作的，歌詞所唱的「理想」被聯想成他作為樂隊靈魂人物的心聲。樂評人關栩溢的《踏着 Beyond 的軌跡 I ── 歌詞篇》提到，《BBC 中文網》在〈《海闊天空》25 年〉裏訪問過幾位香港 DJ，他們都説雖然這是 Beyond 成立十週年的重點歌；但最初歌曲派台時，只被想作普通的勵志曲，甚至幾近受冷待而要唱片公司換歌補上。由此可見，這首歌在香港本土是經過論述的轉化，即使 Beyond 當年已是叱吒樂壇，但歌曲在初派台時仍不受重視；直至黃家駒過身後，這首歌就成了「神曲」，後來更曾在不少社運場面中多次播放。

還未完的論述轉化，是《海闊天空》作為廣東歌，在中國的普通話語境被多次再現。比如 2008 年北京奧運，劉翔因傷退出跨欄預賽，場內就即時播出《海闊天空》；2013 年陳可辛導演的電影《中國合伙人》，説三個朋友開授英語班，雖然侵犯外國字典版權卻夢想成為美股上市公司 ── 他們的「奮鬥」，在戲內配上了廣東話的《海闊天空》，有説香港歌迷為此看得瞠目結舌。

還未計黃貫中和黃家強近年在中國演出時都會唱到《海闊天空》，劉德華甚至在 2008 年汶川地震後，改填上普通話版本的《承諾》，為災民打氣。至於近十年湖南衛視的綜藝節目《我是歌手》系列中，多次有參加者唱到這首歌；2022 年，同樣在湖南衛視製作的首集《聲生不息》，尾聲更有葉蒨文、李玟、楊千嬅、炎明熹，與中國歌手周筆暢、劉惜君、安崎和單依純帶動全場合唱《海闊天空》，甚至在第二次副歌後用大銀幕放映黃家駒昔日的現場演唱，如同為節目「同台演出」去製造高潮效果，都為這首歌加入了中國語境的想像。

至此，《海闊天空》在香港與中國的接收，是兩碼子的認知與想像——前者是關於樂隊成立與黃家駒的理想，後者已是關乎「奮鬥」和「振作」，以及中國綜藝節目的挪用。但任同學就為此補白，以作為 Beyond Fans 的立場，明白黃家駒的創作，但也直言：

> 那個時候，大陸的中學，尤其在畢業晚會，我們很多校園樂隊，都會唱《海闊天空》。很多時候，幾個男生在學校旁邊，抱着結他就會唱。我們在 KTV，無論懂不懂粵語，都會唱這首歌。相信是有種「很有情懷」的感覺。

這個說法，無疑是強化了《海闊天空》在中國語境裏，所涉及的校園文化，點出男生在校園內、畢業晚會或卡啦 OK 都會選唱這首歌曲，而這似乎並非香港校園的「標誌性」歌曲，那就可見幾位中國同學的說法，為前述中港相異的理解，加添青年學生的想像。

這就讓人更明白《中國合伙人》配上《海闊天空》的廣東話原曲，並非無的放矢。電影雖為中港合拍片，但以中國作為目標市場，用上一首對大陸千禧後世代也是滿有共鳴，而攸關「奮鬥」和「振作」的作品，自有另一種意義。陳同學就說：

> （電影放這首歌進去）沒有格格不入，因為那段戲是主角在北京的工廠裏，賺了第一桶金，然後在 KTV 盡情歌唱。這首歌很有釋放的感覺，主角之前碰上各種各樣的困難，到現在有點起色，同時兄弟都回來一起實踐夢想，讓人淚目。

由此可見，《海闊天空》作為一首歌的論述，其實是多元化的。即便電影英文名字是 *American Dreams in China*，明言中國人有「美國夢」，卻以一首香港樂隊經典承載了電影角色和故事。雖或被香港 Fans 指是背棄了原曲的意義，無可否認的是，受眾的詮釋空間，為這首歌、黃家駒與 Beyond，附加了中國語境的挪用。

■ 為廣東話附加湖南身分

這個中國語境的挪用，當然是因為 Beyond 與黃家駒創作中所表現的「理想」，以及在上述例子所言的「奮鬥」和「振作」，而與中國的一些場域吻合。最奇妙的地方是，Beyond 的歌以廣東話填詞，讓四位同學在不明白內容的情況下，多次強調是音樂先打動他們，再翻閱歌詞去了解歌的意義，從而更肯定 Beyond 為所愛的樂隊。

如此所言的肯定，在兩位同學的說法裏，都可見對廣東歌，甚至廣東話的正面想像：

> （陳同學）我認為粵語是很好聽的，因為它有九聲六調，而粵語流行歌的填詞方法，是要填到很精準的音調裏，歌唱出來，就跟平時說話的感覺一樣，是非常舒服的。
>
> （楊同學）自己不清楚廣東的方言，聽廣東歌會盡力聽得更仔細。

廣東話的確比普通話的音調更廣，字詞的發聲有更準確和細緻的區分，才能讓人辨別所指；為歌曲譜詞，更要求字與曲的調子完全吻合，這與普通話或英語歌詞的作法明顯不同，後兩者不必然以詞的聲調與歌的曲調吻合才能譜詞。陳同學所言，正是那種填詞與日常談話的音調並無二致，所以感到聽廣東歌，與聽人説廣東話無異，突出了廣東話與廣東歌的語言價值，亦教人明白「非廣東話」語系的樂迷，為何跟楊同學一樣，希望仔細聽到歌詞內容。

除了調子與詞作這類涉及技術的問題之外，在文化上強調一種語言，也是對身分認同的反映，以見大眾如何重視自身的本土語言而肯定社會身分。這四位同學沒有隨着香港七十年代同步成長的背景，雖説前述楊同學提到七十年代香港樂壇的許冠傑，但對於許氏兄弟的歌影視創作，如何扮演了粵語流行音樂的重要推手，卻並沒有親歷其境。是故，在對談中提出「文化身分」這個概念時，四位同學都沒有説及「香港人」或「本土身分」等等論述，卻更多是想到自身作為「湖南人」的關聯性。

本次對談研究首先聯繫在港就讀大學的王同學，由她介紹的受訪者朋友都在中國讀書，在湖南出生長大。作為中國南方的一個省份，幾位湖南同學有意識針對搖滾樂樂隊，談及中國南北兩方的接收會有不同。陳同學為此解説：

> 可以舉兩個樂隊例子説明。第一個是「五條人」，來自廣東海豐的樂隊，一聽他們就會聽到海洋風的氣息，是南方的代表；北方的例子可以是「萬能青年旅店」，來自河北石家莊，他們的歌讓人一聽就有一種很重的工業味，感覺是受中原文化所影響。兩者可以代表南北的不同。

這種以中國南北二分的樂隊特色，是香港樂迷不曾有過的想像。香港是一個面積很小的城市，雖説在過去半世紀的流行文化能夠發熱至影響全球，但要在當中區分「地域特色」則並非中國南北，又或美國東西兩岸等等的宏大聯想，可作參照。

這種中國南北的二分，對四位同學來説，是有清楚的風格想像和身分意識。比如前述陳同學在提及樂隊的例子時，會説到不同樂隊來自哪個省份；但 Beyond 的聯想，自然是香港的樂隊，非關南北。如王同學所言：

> 從傳統文化來説，北方多一點山歌民謠，南方就多一點小調；可能 Beyond 的同一首歌，向北方和南方的人問到能夠聯想什麼，或會問出不同的答案。

王同學的意思，是根據中國南北樂迷的聆聽習慣，對歌曲的想像會有不同，因此聽 Beyond 時，或會因着自身的習慣聽出不一樣的感覺，難以把他們歸類；更不能因為如前述陳同學所言，南方較有「海洋風」而北方較有「工業味」，把 Beyond 視作來自南方的香港，而與「海洋風」掛鉤。

陳同學於此就直言：

> Beyond 不是南北兩者加起來的風格，他們受到歐美音樂的影響，早期的創作有很多流行和搖滾元素，後期就有更多龐克的感覺，包融了很多東西。

這個説法雖然是點出了 Beyond 的樂隊特色，也反映了八十年代香港流行樂壇，以至香港文化的混雜性——那是兼容並包、揉合東西的組成物事，讓今日的「非共時性」中國千禧後 Fans，非但不會用既有的「香港身分」去想像，也難以用「非廣東話」語境的中國南北風格與脈絡去區分其時的流行樂隊。文化研究的英語用字有云香港文化的「Hybridity」，中文可譯作「混雜性」，或曰「含糊性」（Ambiguity）甚至「模棱兩可」，正正是香港八、九十年代流行文化，以至今天好些本地創作的特色，可見當中的多元性，是不為單一的説法收編。

然而，這種香港（流行）文化的混雜性亦可以在中國的語境裏得到言説。比如在對談中有同學指出，香港文化是中國文化的一部分，如陳同學就説到：

> 香港流行文化是二十世紀中國文化發展的一個重要代表。整個中華地區的搖滾，有各個地方的「方言搖滾」，比如説台灣和中國東南沿海的「客家搖滾」，還有中國北方或西北方，都有自己的方言搖滾。那香港八、九十年代的廣東歌，只是用自己的文化和方言去表達自己。中國文化本就是一個兼容並包的文化，即無論裏面有多少差異也好，也都是求同存異的。

中國文化本來就多元，所説的「兼容並包」，是「求同存異」的前設和條件。任同學和王同學就乘着這個説法，不約而同補充説「香港文化本來與中國文化就沒有距離」，也正是建基於這種中國地大以及裏頭的方言多樣性，卻沒有高低之分。

這裏所說「沒有距離」，因為香港既為中國南方的一個城市，經歷百年殖民，以及四十年代不少南來文化藝術專才遷入，讓香港醞釀出自成一家的混雜文化已是歷史。但要強調「沒有距離」，也是暗示了兩者皆為不同的東西，中國文化與香港文化雖非二元對立，卻因為「距離」一語點出那是兩個體系，從而需要肯定各自的存在與關聯。同學的說法因此也道出了流行文化的面貌，必然可見地域的互動與異同，本應互相看重。

■ 想家駒到中國發展

雖然香港與中國的流行文化體系一直存在互動，但過去幾年間，尤其香港經歷社會運動而偶有出現流行偶像「留港」或「北上」發展的論爭，[8] 甚至還牽涉不少本作政治議題的事件，因歌手的表態而被歌迷批評。[9] 可見香港歌手的發展取向，會是樂迷對他們政治立場的探熱針。

那如果今天黃家駒仍然在世，於中國千禧後出生的 Fans 眼中，他與 Beyond 是否應該去中國發展？在對談中同學都有正面回應：

> （陳同學）回中國發展是很正常的，中國的娛樂產業市場一定更大，人口更多嘛，那喜歡他的人也一定會更多。
>
> （楊同學）如果有人覺得（歌手）離開香港發展就是拋棄香港的話，那是一個很奇怪的想法。香港歌手到另一個地方發展，都

是把自己的文化帶出去，而到中國發展就是把自己的文化傳到內地。

陳同學和楊同學的説法，一方面是理所當然地從市場的角度考慮，也想到香港歌手到中國發展會得到更多人的認識和喜愛；另一方面，也會以「把自己文化帶出去」的説法，強調了香港歌手在中國發展，有機會影響及中國流行文化物事或體系。

陳同學舉出了 Beyond 到日本和台灣發展的例子，把原曲的廣東話詞作改成日文或國語，分別開拓日本和台灣的市場。[10] 陳同學就為國語改編補充説：

那是有兩個方面的改編，一種是把粵語的詞改成國語，另一種是把編曲擺脱早期怨曲的感覺，讓本來的流行元素，改得另類一些。我覺得如果黃家駒還在生，他應該蠻希望來中國發展，去嘗試更新原有的音樂。

除了點出了市場考慮之外，這個説法更重要的是樂隊能在另一個語境裏，把本來對香港樂迷來説非常熟悉的編曲作另行創作，從而豐富原來的作品。這是到另一個語境／地域發展的可能性，卻並非純粹以功利角度，單單為了經濟收入而去打開市場。

然而，前述的「留港」相對「北上」發展的論爭，正是因為有説「北上」必然會洗擦掉原有的「港味」，讓香港的創作為遷就中國市場，放下本來的特色。任同學在前述提到自己喜歡《英雄本色》，並與王同學一樣喜歡八、九十年代的不少類型片，但也承認在今日的中港合拍片主導市場之下，不能再拍這些類型片，令到中國電影的大片就比較同質化。以合拍片想像流行音樂，亦解釋了為何「北上」發展會讓香港樂迷憂慮「港味」的失色。所以，王同學亦有說：

> 我希望可以看到香港保留自己的特色。最近幾年有一些獨立的香港創作，比如電影，我都覺得非常有意思。我在香港已生活了一段時間，當然喜歡這些東西，但我擔心對大陸或整個華語文化來說，會因為不了解這些香港的東西，任它消失。

王同學有說，即便「北上」發展，香港創作人能保留自己的風格和視野還是非常重要；陳同學為此就補充：「一個事物再好，都是需要一個發展的過程，才能夠生存、繼續，再有一些生機。」幾位同學也認同香港流行文化發展，不能單靠過往的輝煌而停留，卻是要在不同地方，去發揮自己優秀的專長。

因此，同學們不會為香港坊間「留港」與「北上」的論爭而糾結，更想像假如黃家駒仍然在世，「北上」中國發展是必經的事業歷程。這對市場、影響力，以及創作空間甚至經典更新來說，都有豐富的可能性。

同學的這些說法，最重要是沒有任何國族或國家色彩的聯想——姑勿論那是與事實相符抑或矛盾，都是中國千禧後世代歌迷的心思，也足見在「非共時性」與「非廣東話」的語境裏，這幾位同學對Beyond風格及粵語創作，能夠愛惜如初，而作為歌迷情意，就像當年。

■ 小結：喜歡家駒，並非官式搞作的俾面派對

本文以焦點小組研究，與四位中國湖南千禧後成長的 Beyond Fans 對談，以見 Beyond 與黃家駒作為八、九十年代的經典樂隊與靈魂人物，都有着「非共時性」與「非廣東話」的接收脈絡，豐富在香港本土以外，跨世代與地方的論述。首先可見的是，四位同學都對香港八、九十年代的流行文化非常感興趣，甚至如數家珍，有彷如置身當年的熱情。

他們喜歡 Beyond，與懷抱香港流行文化互為因果，卻又衍生出中國語境的多元性與挪用。其中昭然若揭的是，《海闊天空》作為黃家駒的言志作品，在中國有着青年學生的奮鬥想像。中國樂迷雖不能即時明白廣東話的歌詞，卻以音樂先入為主，同時因着湖南人的身分背景，將 Beyond 對照到中國南北的搖滾音樂，並發現 Beyond 與香港流行文化的混雜性，是難以歸類的多元面貌。

因此，對於當下香港流行文化物事選擇到中國發展，幾位同學都認同那是持續尋找生機的必經之路，而以黃家駒仍然在世的聯想，同學亦能想像他在中國語境裏，能夠嘗試的音樂創作必然更多。同學以 Fans 角度去看，期待偶像能夠有多元化發展與創作，亦可見中國千禧後新生代，看重的是自由創作，並非跟從任何同質化的論述或意識形態，觀照所熱愛的文化物事。

Beyond 成軍已有四十年，黃家駒逝世亦有三十年，來到今天，香港官方以八、九十年代流行文化再次言説香港故事，可喜之處是重提

昔日本土娛樂，讓人回憶光影聲色；但從本文可見，即便中國千禧後世代也不會以同質化的想像，去演繹 Beyond 和黃家駒，更何況香港民間，又豈會只希望得到一種官方言說的香港故事？

幾位同學為訪談作結，分別以幾個詞語説出對黃家駒的印象，是「真實」、「希望」與「未來」；明乎此，喜歡黃家駒與 Beyond，就不會是官式搞作的「俾面派對」，因為流行文化的光輝歲月，皆可跨出時間和語境，讓詮釋變得海闊天空。

1 比如關栩溢：《踏着 Beyond 的軌跡 I —— 歌詞篇》（香港：非凡出版，2023），以及 Leslie Lee：《Beyond The Dream：永遠高唱我歌・家駒 30》（香港：火柴頭工作室，2023）。

2 最經典的例子，是 2002 年 4 月，時任財政司司長梁錦松宣讀財政預算案時，借用了《獅子山下》的歌詞，言説自食其力、白手興家的香港精神和神話。2013 年 4 月，特區政府以「家是香港」的活動，邀請張學友和陳奕迅合唱主題曲《同舟之情》，當中挪用了《獅子山下》的曲詞。另外，民間的社會運動與官方的煙花匯演都用上這首歌，足見這首歌能夠成為不同場域的象徵與意義，以滿足各種意識形態的説法。

3 Yiman Wang, "A Star is Dead: A Legend is Born: Practicing Leslie Cheung's Posthumous Fandom," in *Stardom and Celebrity: A Reader*, eds. Sean Redmond and Su Holmes (London: SAGE Publications, 2007), 326 - 340.

4 Beyond 於黃家駒在世的 1990 至 1993 年期間，分別在香港的新藝寶唱片公司及台灣的滾石唱片公司，發行過幾張改編香港經典的國語專輯，包括《大地》(1990)、《光輝歲月》(1991)、《信念》(1992) 及《海闊天空》(1993)；在黃家駒逝世之後的 1994 至 1998 年之間，滾石繼續為 Beyond 推出三張國語專輯，包括《Paradise》(1994)、《愛與生活》(1995) 及《這裏那裏》(1998)。Beyond 雖有國語專輯，但對談的同學都是聽 Beyond 的廣東歌。

5 「QQ 音樂」和「網易雲」分別是騰訊公司與網易的音樂平台。

6 「路人粉」是中國的 Fans 文化用語，指偶爾留意偶像動態的 Fans，而不是狂熱式的參與。

7 一般所說的「四子時期」，是指由黃家駒、黃家強、黃貫中和葉世榮組成的 Beyond。由 1982 年樂隊組成時的「地下時期」，成員先後有鄧煒謙、關寶璇、陳時安、李榮潮（其中鄧、關、陳都負責主音結他，李負責低音結他）；至「五子時期」，除了四位主要成員，亦有劉志遠的加入（負責主音結他、鍵盤及和音）。1993 年黃家駒逝世之後，黃仲賢亦有協助演出（負責主音結他）。

8 比如謝安琪被視為留港發展的歌手；鄧紫琪就是幾年前在中國發展的歌手，至去年年初回港發展卻有說被歌迷「唾棄」，可見 Flexin：〈G.E.M. 返港發展被唾棄 重溫巨肺小天后跌落神壇之路〉，《新 Monday》，2023 年 1 月 20 日，https://www.nmplus.hk/entertainment/gem - 鄧紫琪 - 回港 - 1110989/。

9 比如陳奕迅因着新疆棉爭議停止為品牌 Adidas 代言，引來 Fans 批評。

10 比如在日語專輯《This Is Love 1》(1993)，收錄了《命運是你家》及《海闊天空》等的日文版；1994 年，Beyond 在「三子時期」的日語專輯《Second Floor》，也有《遙遠的 Paradise》等的日文版。至於國語版本，有前述由香港新藝寶，以及之後台灣滾石發行的國語專輯，當中有不少歌曲是改編作品。

結語

2024 年 5 月，黃家駒的墳墓遭人破壞。

Beyond 樂隊的支持者感到心痛，普羅大眾也難過。經歷過 1993 年 6 月家駒逝世噩耗的香港人，更會因為今日的破壞，回想昔日。

事件象徵的崩壞，就是當下的現實。香港樂壇其實也經歷耗損，亦有被惡意褻瀆的時刻，更有現在時有所聞的喜慶和綜藝，要本土流行文化的歷史，作另一種似是而非的呈現。

這都是暴力。伴隨流行文化成長的一代，當下目睹這些呈現，或如看到紀念地景遭到破壞一樣，感觸世態已是另一片天；至於現實畢竟會有不問情由的暴力，意圖瓦解大眾熟知的，又珍而重之的物事。

兩年前《給下一輪廣東歌盛世備忘錄 —— 香港樂壇變奏》的出版，是因為樂壇有變，讓我們為香港幾十年來的電視、電影、流行歌所積累的寶藏，感恩香港文化與創作空間的瑰麗寬宏，才能孕育出多元可變的流行物事和新鮮氣象。我們感到今日的新意，是因為昔日的神采，亦讓 2019 年後廣東歌盛世的再次出現，在港人經歷創傷的同時，可以在光影聲色中肯定，流行文化的光環，照耀着散失的心靈。

這兩年，我們幾位作者也在經歷轉化 —— 有為心緒與地方的前行不懈，亦有為書寫與思考的 Encore 不止，更有為自我與記憶的療養不息。我們或與很多人都有同感，面對在轉化中的時代，我們難以説「不」；但我們都坦誠地以香港流行音樂作為在地思考，看到前人的不鬆懈、不止息的努力，而我們透過「備忘」去再現廣東歌的成就，與有榮焉，原來都是記錄將逝的過去。

如果過去總要面對被暴力瓦解的宿命，我們究竟應以怎樣的心態去面對？這是《給香港樂壇寫笑忘書》出現的原由。作為前作的續篇，它有意延伸更多之前未有討論的議題，也是我們幾位作者在這兩年裏，面對世態而沉澱感受的種種再思。「人類對抗權力的鬥爭，就是記憶與遺忘的鬥爭。」米蘭昆德拉此説是回應當年布拉格的歷史，卻萬料不及那是對世界政治現實的一語成讖。人類怕遺忘，甚至更會以病理名之「失憶症」或「腦退化」；但社會的遺忘（或刻意遺忘），有時難免是一種集體（不）意願——説到底，是「情」非得已。那就唯有讓真實的情味，另行展示。

這本書的二十六篇文章，就是我們再為香港樂壇分析之餘，盡力以學術文獻、報刊紀錄、人物訪談等等，展示和討論流行文化之為與眾同樂，也有同悲的點點滴滴，就是我們一再強調的「記憶」。或者作為生活日常的消閒娛樂，它們似是微不足道，但作為公眾感情的投射與認同，都是不可或缺。我們從香港樂壇勾勒時代、撿拾小節，更寫到最新近的氣象……今天謂之「新」，來日也會成為經典、記憶，只盼將來的另一番盛世，會無視瓦解的宿命，坦誠地擁抱真實的情味——無論歷史有多少功，與過。

我們感謝每一位支持香港流行音樂的朋友，更感激裏頭每一位創作人與演出者。續篇得以成書，我們要再次感謝突破出版社的同事，而編輯史曉晴作為香港流行文化的擁躉，無時無刻都為我們提供專業，而滿有感情的建議，着實理順了我們的書寫。

我們更要衷心感謝推薦序的作者，包括朱耀偉教授、潘源良老師，以及黃志淙博士；而我們也為台灣廣播人、作家馬世芳老師的具名推薦，深表謝意。我們尤其感恩的，是你們每一位曾經寫過的文字，讓我們得以啟蒙，踏上為流行音樂書寫的路。

謹以此書與前作，希望與更多同路人相知相遇，繼續坦誠地面對我們的時代——縱使每個時代都有它的破壞者。

給香港樂壇寫笑忘書

作者／陳嘉銘、吳子瑜、海邊欄
策劃編輯／史曉晴
協力編輯／李曉彤
封面裝幀／鄭志偉 @ SomethingMoon Design
內頁設計／邵清
出版發行／突破出版社
香港沙田亞公角山路33號突破青年村
電話：2632 0000　傳真：2632 0388
電郵：breakthrough@breakthrough.org.hk
網址：http://www.breakthrough.org.hk
http://www.btproduct.com
2024年7月初版1刷

The Book of Unforgetting Canto-pop
by Chan Ka-ming, Billy Ng Tsz-yu & Sea
First Printing, First Edition, July 2024

Printed in Hong Kong
ISBN 978-988-8846-07-8

誠邀閣下就突破出版社的書籍發表意見
歡迎加入突破出版社 Facebook page—http://www.facebook.com/btbooks.page
本書採用環保油墨印刷